# 会 计 学

## ——从传统视角到管理视角

主 编 赵 娜
副主编 杨 梓 孔乙侨

中国矿业大学出版社
· 徐州 ·

## 内容简介

本书以《企业会计准则》(2020年)及其变动内容和以财政部、税务总局、海关总署2019年第39号《关于调整增值税税率的通知》为依据,全面、系统地介绍了会计学的基本理论、基本方法和基本操作技能。本书将会计工作的基本流程和环节分为会计基本理论、日常业务处理和期末业务处理三大模块,具体项目包括会计的基本认知、会计科目与账户、会计记账方法、企业主要经济业务核算、会计凭证、会计账簿、财产清查、财务报表的编制和会计核算组织程序。为了便于学习,每章前面有本章概述;为了培养学生分析问题、解决问题和实际操作的能力,按章设计了习题。

本书可作为高校经济管理类各专业教材,也可作为经济管理人员的培训教材和参考资料。

**图书在版编目(CIP)数据**

会计学:从传统视角到管理视角/赵娜主编.—徐州:中国矿业大学出版社,2021.5(2024.7重印)

ISBN 978-7-5646-4892-3

Ⅰ.①会… Ⅱ.①赵… Ⅲ.①会计学 Ⅳ.①F230

中国版本图书馆CIP数据核字(2020)第256751号

**书　　名**　会计学——从传统视角到管理视角
**主　　编**　赵　娜
**责任编辑**　马晓彦
**出版发行**　中国矿业大学出版社有限责任公司
　　　　　　(江苏省徐州市解放南路　邮编221008)
**营销热线**　(0516)83885370　83884103
**出版服务**　(0516)83995789　83884920
**网　　址**　http://www.cumtp.com　**E-mail**:cumtpvip@cumtp.com
**印　　刷**　苏州市古得堡数码印刷有限公司
**开　　本**　787 mm×1092 mm　1/16　**印张** 15.75　**字数** 400千字
**版次印次**　2021年5月第1版　2024年7月第3次印刷
**定　　价**　48.00元

# 前　言

在当今市场经济发展进程中，会计已成为一门世界通用的商业语言。这种语言所表述的经济信息在企业经营发展、国家宏观经济调控等方面发挥着巨大作用，即所谓经济越发展，会计越重要。我国的会计理论研究和会计改革一直在不断地深化发展。

本书的编写宗旨是突出应用型特色，将会计理论与会计实务紧密结合，提升学生的会计理论水平并培养其会计实践能力。本书在编写过程中重点论述会计基本原理和基本技术方法，强调理论联系实际，以制造业企业完整的基本经济业务内容为主线，阐释会计的基本理论和基本操作方法，所举实例力求接近企业和市场经济发展的实际；针对每一章的要点按章设计了习题，便于初学者练习、理解和掌握。

本书的总体结构和各章内容安排遵循由浅入深、循序渐进的认识规律和会计理论之间的内在逻辑关系，在语言表述方面尽量做到通俗易懂、言简意赅。

本书由赵娜主编，第一章至第四章由赵娜编写，第五章、第六章由杨悦辰编写，第七章、第八章由阮征编写，第九章由朱琼编写。

在本书编写过程中，编者参阅了一些不同版本、不同层次的会计方面的文献资料，在此向这些文献资料的作者和出版者表示感谢。

由于编者学识水平和教学经验有限，书中难免有不妥之处，恳请读者批评指正。

编　者

2020 年 12 月

# 目　录

## 会 计 理 论

# 习 题

# 会计理论

# 第一章　会计概述

**本章概述**

本章主要包括四部分内容，第一部分是介绍会计的基本概念、工作职能和要实现的目标；第二部分是会计工作依据的基本假设、会计核算基础以及会计信息要达到的质量要求；第三部分是会计要核算的具体内容（会计要素）及其核算方法（计量属性）；第四部分是会计核算的具体流程和方法，从设置会计科目开始，填制凭证，登记账簿，进行财产清查，到最后出具财务报告。

## 第一节　会计概念、职能和目标

### 会计概念

会计是以货币为主要计量单位，采用专门方法和程序，对企业和行政、事业单位的经济活动进行完整的、连续的、系统的核算和监督，以提供经济信息和反映受托责任履行情况为主要目的的经济活动。

### 会计职能

会计职能，是指会计在经济管理过程中所具有的功能。

#### 一、基本职能

1. 核算职能

会计核算职能，是指会计以货币为主要计量单位，对特定主体的经济活动进行确认、计量、记录和报告。

会计核算的内容主要包括：

（1）款项和有价证券的收付；

（2）财物的收发、增减和使用；

（3）债权、债务的发生和结算；

（4）资本、基金的增减；

（5）收入、支出、费用、成本的计算；

（6）财务成果的计算和处理；

（7）需要办理会计手续、进行会计核算的其他事项。

2．监督职能

会计监督职能，是指对特定主体经济活动和相关会计核算的真实性、合法性和合理性进行审查。

3．会计核算与会计监督的关系

（1）会计核算与会计监督是相辅相成、辩证统一的；

（2）会计核算是会计监督的基础，没有核算提供的各种信息，监督就失去了依据；

（3）会计监督又是会计核算质量的保障，只有核算没有监督，就难以保证核算提供信息的质量。

### 二、拓展职能

预测经济前景——判断和推测经济活动的发展变化规律，以指导和调节经济活动，提高经济效益。

参与经济决策——根据信息对备选方案进行可行性分析，并为决策提供相关信息。

评价经营业绩——对经营业绩做出真实、客观、公正的综合评判。

## 会计目标

会计目标，是指要求会计工作完成的任务或达到的标准。

会计目标主要包括：

（1）向财务报告使用者提供与企业财务状况、经营成果和现金流量等有关的会计信息；

（2）反映企业管理层受托责任履行情况；

（3）有助于财务报告使用者作出经济决策。

# 第二节　会计基本假设、会计基础和会计信息质量要求

## 会计基本假设

会计基本假设是对会计核算所处时间、空间环境等所做的合理假定，是企业会计确认、计量、记录和报告的前提。会计基本假设包括会计主体、持续经营、会计分期和货币计量。

### 一、会计主体

会计主体，是指会计工作服务的特定对象，是企业会计确认、计量和报告的空间范围（只能对本身发生的交易或事项核算）。

一般来说，法律主体必然是一个会计主体，但会计主体不一定是法律主体。见表1-1。

**表1-1　会计主体和法律主体**

| 举例 | 会计主体 | 法律主体 |
|---|---|---|
| 中国石化股份有限公司 | 是 | 是 |
| 中石化销售分公司 | 是 | 否 |
| 公司财务部 | 是 | 否 |

## 二、持续经营

持续经营，是指在可以预见的将来，企业将会按当前的规模和状态继续经营下去，不会停业，也不会大规模削减业务。

持续经营明确了会计核算的时间范围。

## 三、会计分期

会计分期，是指将一个会计主体持续经营的生产经营活动划分为一个个连续的、长短相同的期间，以便分期结算账目和编制财务会计报告。

【注意】 会计年度：公历 1 月 1 日至 12 月 31 日。

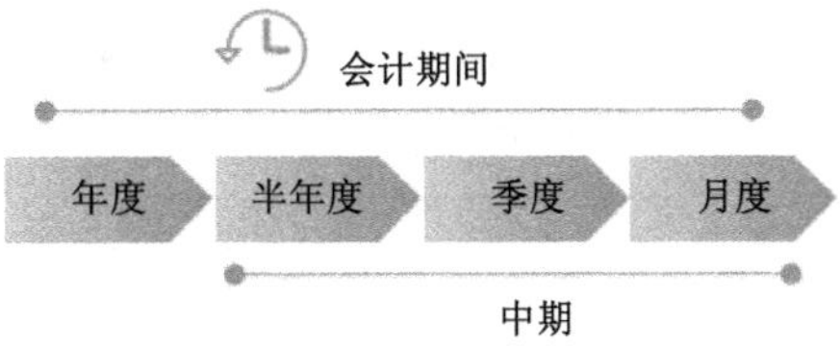


图 1-1　会计期间

## 四、货币计量

货币计量，是指会计主体在会计确认、计量和报告时以货币计量，以反映会计主体的生产经营活动。

在我国，会计核算应以人民币作为记账本位币。业务收支以外币为主的企业，可以选定某种外币作为记账本位币，但是编报的财务会计报告应折算为人民币。

# 会计基础

会计基础，是指会计确认、计量和报告的基础，具体包括权责发生制和收付实现制。

## 一、权责发生制

权责发生制，是指以取得款项的权利或支付款项的义务为标志来确定本期收入和费用的会计核算基础。凡是当期已经实现的收入和已经发生或者应当负担的费用，无论款项是否收付，都应当作为当期的收入和费用，计入利润表；凡是不属于当期的收入和费用，即使款项已经在当期收付，也不应当作为当期的收入和费用。

企业应当以权责发生制为基础进行核算。

## 二、收付实现制

收付实现制，是指以现金的实际收支为标志来确定本期收入和支出的会计核算标准。

政府会计由预算会计和财务会计构成。其中，预算会计采用收付实现制，国务院另有规定的，依照其规定；财务会计采用权责发生制。

表 1-2 权责发生制和收付实现制下的收入

| 举例 | 权责发生制 | 收付实现制 |
| --- | --- | --- |
| 2020 年 3 月销售 100 万元商品，货款在 4 月收到 | 2020 年 3 月收入=100 万元 | 2020 年 3 月收入=0 |
| 2020 年 3 月负担利息费用 10 万元，4 月支付利息 10 万元 | 2020 年 3 月财务费用=10 万元 | 2020 年 3 月财务费用=0 |

## 会计信息质量要求

会计信息质量要求是对企业财务报告所提供会计信息质量的基本要求，是使财务报告所提供会计信息对投资者等信息使用者决策有用应具备的基本特征，主要包括可靠性、相关性、可理解性、可比性、实质重于形式、重要性、谨慎性和及时性等。

### 一、可靠性

可靠性要求企业应当以实际发生的交易或者事项为依据进行确认、计量和报告，如实反映符合确认和计量要求的各项会计要素及其他相关信息，保证会计信息真实可靠、内容完整。

### 二、相关性

相关性要求企业提供的会计信息应当与财务会计报告使用者的经济决策需要相关，有助于财务会计报告使用者对企业过去和现在的情况作出评价，对未来的情况作出预测。

### 三、可理解性

可理解性要求企业提供的会计信息应当清晰明了，便于财务会计报告使用者理解和使用。

### 四、可比性

可比性要求企业提供的会计信息应当相互可以比较。

(1) 同一企业不同时期可比(纵向可比)。即同一企业不同时期发生的相同或者相似的交易或者事项，应当采用一致的会计政策，不得随意变更。但是，如果按照规定或者在会计政策变更后能够提供更可靠、更相关的会计信息，企业可以变更会计政策。有关会计政策变更的情况，应当在财务报表附注中予以说明。

(2) 不同企业相同会计期间可比(横向可比)。即不同企业同一会计期间发生的相同或者相似的交易或者事项，应当采用规定的会计政策，确保会计信息口径一致、相互可比，以使不同企业按照一致的确认、计量和报告要求提供有关会计信息。

### 五、实质重于形式

实质重于形式要求企业应当按照交易或者事项的经济实质进行会计确认、计量和报告，不应仅以交易或者事项的法律形式为依据。比如，企业租入的资产(短期租赁和低值资产租赁除外)视为企业资产核算。

### 六、重要性

重要性要求企业提供的会计信息应当反映与企业财务状况、经营成果和现金流量有关的所有重要交易或者事项。

重要性的应用依赖于职业判断，从项目的性质（质）和金额大小（量）两方面判断。企业发生的某些支出金额较小，从支出的受益期来看，可能需要在若干会计期间进行分摊，但根据重要性要求，可以一次性计入当期损益。

### 七、谨慎性

谨慎性要求企业对交易或者事项进行会计确认、计量和报告时保持应有的谨慎，不应高估资产或者收益，不应低估负债或者费用。比如，要求企业对可能发生的资产减值损失计提资产减值准备（对固定资产计提减值准备）、对售出商品可能发生的保修义务等确认预计负债、对可能承担的环保责任确认预计负债等。

### 八、及时性

及时性要求企业对于已经发生的交易或者事项，应当及时进行确认、计量和报告，不得提前或者延后。

## 第三节　会计要素及其确认与计量

### 会计要素及其确认与计量

会计要素是根据交易或者事项的经济特征所确定的财务会计对象及其基本分类。

会计要素按照其性质分为资产、负债、所有者权益、收入、费用和利润。其中，资产、负债和所有者权益要素侧重于反映企业的财务状况，收入、费用和利润要素侧重于反映企业的经营成果。见图 1-2。

图 1-2　会计要素

### 一、资产

1. 资产的定义

资产，是指企业过去的交易或者事项形成的，由企业拥有或者控制的，预期会给企业带来经济利益的资源。

根据资产的定义，资产具有三方面特征，如表 1-3 所列。

**表 1-3　资产的特征**

| 资产的特征 | 含　　义 |
|---|---|
| 由企业过去的交易或者事项形成的 | 预期在未来发生的交易或者事项不形成资产 |
| 为企业拥有或者控制的资源 | 企业享有某项资源的所有权或者控制权 |
| 预期会给企业带来经济利益 | 资产直接或者间接导致现金和现金等价物流入企业 |

2. 资产的确认条件

将一项资源确认为资产，需要符合资产的定义，还应同时满足以下两个条件。

(1) 与该资源有关的经济利益很可能流入企业；

表 1-4 可能性概率区间

| 结果的可能性 | 对应的概率区间 |
|---|---|
| 基本确定 | 95%<可能性<100% |
| 很可能 | 50%<可能性≤95% |
| 可能 | 5%<可能性≤50% |
| 极小可能 | 0<可能性≤5% |

(2) 该资源的成本或者价值能够可靠地计量(计量属性)。

3. 资产的分类和内容

(1) 流动资产

流动资产包括货币资金、交易性金融资产、衍生金融资产、应收票据、应收账款、应收款项融资、预付款项、其他应收款、存货、合同资产、持有待售资产、一年内到期的非流动资产、其他流动资产等。

(2) 非流动资产

非流动资产包括债权投资、其他债权投资、长期应收款、长期股权投资、其他权益工具投资、其他非流动金融资产、投资性房地产、固定资产、在建工程、生产性生物资产、油气资产、使用权资产、无形资产、开发支出、商誉、长期待摊费用、递延所得税资产、其他非流动资产等。

## 二、负债

1. 负债的定义

负债，是指企业过去的交易或者事项形成的，预期会导致经济利益流出企业的现时义务。

根据负债的定义，负债具有三个方面特征，如表 1-5 所列。

表 1-5 负债的特征

| 特 征 | 含 义 |
|---|---|
| 由企业过去的交易或者事项形成的 | 将在未来发生的承诺签订的合同不形成负债 |
| 企业承担的现时义务 | 未来发生的交易形成的义务不属于现时义务 |
| 预期会导致经济利益流出企业 | 未来需要用资产偿还债务 |

2. 负债的确认条件

根据《企业会计准则—基本准则》第二十四条，将一项现时义务确认为负债，需要符合负债定义的义务，还需要同时满足以下两个条件：

(1) 与该义务有关的经济利益很可能流出企业；

(2) 未来流出的经济利益的金额能够可靠地计量。

3. 负债的分类和内容

(1) 流动负债

流动负债包括短期借款、交易性金融负债、衍生金融负债、应付票据、应付账款、预收款项、合同负债、应付职工薪酬、应交税费、其他应付款、持有待售负债、一年内到期的非流动负债、其他流动负债等。

(2) 非流动负债

非流动负债包括长期借款、应付债券、租赁负债、长期应付款、预计负债、递延收益、递延所得税负债、其他非流动负债等。

## 三、所有者权益

1. 所有者权益的定义

所有者权益,是指企业资产扣除负债后,由所有者享有的剩余权益。公司的所有者权益又称为股东权益(净资产)。

所有者权益的来源包括所有者投入的资本、其他综合收益、留存收益等。

所有者权益通常由股本(或实收资本)、资本公积(含股本溢价或资本溢价、其他资本公积)、其他综合收益、盈余公积和未分配利润等构成。

2. 所有者权益的确认条件

所有者权益体现的是所有者在企业中的剩余权益,因此,所有者权益的确认和计量主要依赖于资产和负债的确认和计量。

## 四、收入

1. 收入的定义

收入,是指企业在日常活动中形成的、会导致所有者权益增加的、与所有者投入资本无关的经济利益的总流入。其中,导致所有者权益增加的事项如表 1-6 所列。

**表 1-6 导致所有者权益增加的事项**

| 事　　项 | 会计科目 |
|---|---|
| 所有者投入资本 | 实收资本、资本公积 |
| 日常销售收入(日常事项) | 收入 |
| 罚款收入和现金盘盈收入(非日常事项) | 营业外收入(利得) |
| 其他权益工具投资增值 | 其他综合收益 |

2. 收入的确认条件(前提)

当企业与客户之间的合同同时满足下列条件时,企业应当在客户取得相关商品控制权时确认收入:

(1) 合同各方已批准该合同并承诺将履行各自义务;

(2) 该合同明确了合同各方与所转让商品或提供劳务相关的权利和义务;

(3) 该合同有明确的与所转让商品或提供劳务相关的支付条款;

(4) 该合同具有商业实质,即履行合同将改变企业未来现金流量的风险、时间分布或金额;

(5) 企业因向客户转让商品或提供劳务而有权取得的对价很可能收回。

## 五、费用

1. 费用的定义

费用，是指企业在日常活动中发生的、会导致所有者权益减少的、与向所有者分配利润无关的经济利益总流出。其中，导致所有者权益减少的事项如表 1-7 所列。

**表 1-7 导致所有者权益减少的事项**

| 事 项 | 会计科目 |
|---|---|
| 向投资者分配利润 | 利润分配 |
| 日常会议费、招待费等费用(日常事项) | 费用 |
| 罚款支出(非日常事项) | 营业外支出(损失) |
| 其他权益工具投资价值下降 | 其他综合收益 |

2. 费用的确认条件

费用的确认除了其应当符合定义外，还至少应当符合以下条件：

(1) 与费用相关的经济利益应当很可能流出企业；

(2) 经济利益流出企业的结果会导致资产的减少或者负债的增加；

(3) 经济利益的流出额能够可靠计量。

## 六、利润

1. 利润的定义

利润，是指企业的经营成果，包括经营利润、利润总额和净利润。

2. 利润公式

公式

利润＝收入－费用±资产处置损益＋营业外收入－营业外支出

直接计入当期损益的利得和损失＝资产处置损益＋营业外收入－营业外支出

营业利润＝收入－费用±资产处置损益

3. 收入与利得的区别(见表 1-8)

**表 1-8 收入与利得区别**

<table>
<tr><th colspan="2">分 类</th><th colspan="2">举 例</th></tr>
<tr><td rowspan="3">利得</td><td rowspan="2">计入损益的利得</td><td>资产处置损益</td><td>① 处置固定资产形成的收益<br>② 处置无形资产所有权形成的收益</td></tr>
<tr><td>营业外收入</td><td>① 罚款收入<br>② 现金盘盈</td></tr>
<tr><td>直接计入所有者权益的利得</td><td>其他综合收益</td><td>① 其他权益工具投资增值<br>② 其他债权投资增值</td></tr>
<tr><td>收入</td><td>主要经济利润流入</td><td colspan="2">① 主营业务收入<br>② 其他业务收入</td></tr>
</table>

4. 费用和损失的区别(见表 1-9)

**表 1-9 费用和损失区别**

<table>
<tr><th colspan="2">分类</th><th colspan="2">举例</th></tr>
<tr><td rowspan="3">损失</td><td rowspan="2">影响损益的损失</td><td>资产处置损益</td><td>① 处置固定资产形成的损失<br>② 处置无形资产所有权形成的损失</td></tr>
<tr><td>营业外支出</td><td>① 罚没支出<br>② 盘亏固定资产和存货净损失</td></tr>
<tr><td>直接计入所有者权益的损失</td><td>其他综合收益</td><td>① 其他权益工具投资公允价值下降<br>② 其他债权投资暂时减值</td></tr>
<tr><td>费用</td><td>主要经济利益流出</td><td colspan="2">① 主营业务成本<br>② 其他业务成本<br>③ 税金及附加<br>④ 管理费用<br>⑤ 财务费用<br>⑥ 销售费用</td></tr>
</table>

## 会计要素计量属性及其应用原则

会计要素计量属性及其应用原则如表 1-10 所列。

**表 1-10 会计要素计量属性及其应用原则**

| 计量属性 | 概　　念 | 主要应用原则 |
|---|---|---|
| 历史成本 | 又称实际成本,是指取得或制造某项财产物资时所实际支付的现金或者现金等价物金额 | 我国企业对会计要素的计量一般采用历史成本 |
| 重置成本 | 又称现行成本,是指按照当前市场条件,重新取得同样一项资产所需支付的现金或者现金等价物金额 | 盘盈固定资产的计量 |
| 可变现净值 | 是指在生产经营过程中,以预计售价减去进一步加工成本和销售所必需的预计税金、费用后的净值 | 存货期末按成本与可变现净值孰低计量 |
| 现值 | 是指对未来现金流量以恰当的折现率进行折现后的价值(考虑货币时间价值) | 资产可收回金额计算口径之一 |
| 公允价值 | 是指市场参与者在计量日发生的有序交易中,出售一项资产所能收到或者转移一项负债所需支付的价格 | 以公允价值计量且其变动计入当期损益的金融资产 |

## 会计等式

会计等式又称会计恒等式、会计方程式或会计平衡公式,是表明会计要素之间基本关系的等式。

## 一、会计等式的表现形式

1. 财务状况等式、基本会计等式或静态会计等式(编制资产负债表的依据、复式记账法的理论基础)

该形式会计等式是反映了企业在某一特定时点资产、负债和所有者权益三者之间的平衡关系的等式。

公式

资产=负债+所有者权益

(1) 资产表明企业拥有什么经济资源和拥有多少经济资源;负债和所有者权益表明经济资源的来源渠道,即谁提供了这些经济资源。

(2) 企业的资产最初来源于两个方面:一是由企业所有者投入;二是由企业向债权人借入。

(3) 所有者和债权人将其拥有的资产提供给企业使用,就相应地对企业的资产享有一种要求权。前者称为所有者权益,后者则称为债权人权益,即负债。

2. 经营成果等式、动态会计等式(编制利润表的依据)

该形式会计等式是反映了企业利润的实现过程的等式。

公式

利润=收入-费用

(1) 企业在取得收入的同时,必然要发生相应的费用。

(2) 通过收入与费用的比较,才能确定一定期间的盈利水平,确定实现的利润总额。

## 二、交易或者事项对会计等式的影响

每一项经济业务的发生,都必然会引起会计等式的一边或两边有关项目相互联系地发生等量变化,即当涉及会计等式的一边时,有关项目的金额发生相反方向的等额变动;当涉及会计等式的两边时,有关项目的金额发生相同方向的等额变动,但始终不会影响会计等式的平衡关系。这些交易可以总结为 9 种类型,见表 1-11。

公式

资产=负债+所有者权益

**表 1-11 9 种交易类型**

| 9 项业务 | 资产 | 负债 | 所有者权益 | 举 例 |
|---|---|---|---|---|
| (1) 一项资产增加、另一项资产等额减少 | ↑ ↓ | | | 提现 2 000 元(现金增加,银行存款减少) |
| (2) 一项资产增加、一项负债等额增加 | ↑ | ↑ | | 借款 5 000 元(银行存款增加,短期借款增加) |

表 1-11(续)

| 9项业务 | 资产 | 负债 | 所有者权益 | 举　例 |
|---|---|---|---|---|
| (3) 一项资产增加、一项所有者权益等额增加 | ↑ |  | ↑ | 股东出资 5 000 元(银行存款增加,股本增加) |
| (4) 一项资产减少、一项负债等额减少 | ↓ | ↓ |  | 偿还短期借款(银行存款减少,短期借款减少) |
| (5) 一项资产减少、一项所有者权益等额减少 | ↓ |  | ↓ | 企业投资者抽回投资款 3 000 万元 |
| (6) 一项负债增加、另一项负债等额减少 |  | ↑↓ |  | 到期的应付票据 2 500 万元,因无力偿还转为应付账款 |
| (7) 一项负债增加、一项所有者权益等额减少 |  | ↑ | ↓ | 向投资者宣告分配现金股利 |
| (8) 一项所有者权益增加、一项负债等额减少 |  | ↓ | ↑ | 将企业债务 5 000 万元转为实收资本 |
| (9) 一项所有者权益增加、另一项所有者权益等额减少 |  |  | ↑↓ | 资本公积转增资本 |

# 第四节　会计科目和借贷记账法

## 会计科目与会计账户

### 一、会计科目与会计账户

1. 会计科目

会计科目是对会计要素的具体内容进行分类核算的项目,是进行会计核算和提供会计信息的基本单元。

2. 会计账户

会计账户是根据会计科目设置的,具有一定格式和结构,用于分类核算会计要素增减变动情况及其结果的载体。

在实际工作中,会计科目和会计账户不加严格区分,而是相互通用的。

### 二、会计科目、会计账户分类

1. 按反映的经济内容分类

(1) 总分类科目:又称总账科目或一级科目,是对会计要素的具体内容进行总括分类、提供总括信息的会计科目。

(2) 明细分类科目:又称明细科目,是对总分类科目做进一步分类,提供更为详细和具体会计信息的科目。

2. 按提供信息的详细程度及其统驭关系分类

(1) 资产类(表 1-12)

(2) 负债类(表 1-13)

(3) 所有者权益类(表 1-14)

(4) 成本类(表 1-15)

(5) 损益类(表 1-16)

(6) 共同类

**表 1-12 资产类**

| | | |
|---|---|---|
| 库存现金 | 委托代销商品 | 累计折旧 |
| 银行存款 | 材料采购 | 固定资产减值准备 |
| 其他货币资金 | 在途物资 | 在建工程 |
| 交易性金融资产 | 原材料 | 工程物资 |
| 应收票据 | 材料成本差异 | 固定资产清理 |
| 应收账款 | 库存商品 | 无形资产 |
| 预付账款 | 发出商品 | 累计摊销 |
| 应收股利 | 委托加工物资 | 无形资产减值准备 |
| 应收利息 | 周转材料 | 长期待摊费用 |
| 其他应收款 | 存货跌价准备 | 递延所得税资产 |
| 坏账准备 | 长期股权投资 | 待处理财产损溢 |
| 合同资产 | 固定资产 | |

**表 1-13 负债类**

| | | |
|---|---|---|
| 短期借款 | 应交税费 | 长期借款 |
| 应付票据 | 应付利息 | 应付债券 |
| 应付账款 | 应付股利 | 长期应付款 |
| 预收账款 | 其他应付款 | 递延所得税负债 |
| 合同负债 | 预计负债 | |
| 应付职工薪酬 | 递延收益 | |

**表 1-14 所有者权益类**

| | | |
|---|---|---|
| 实收资本 | 库存股 | 资本公积 |
| 本年利润 | 利润分配 | 盈余公积 |
| 其他权益工具 | 其他综合收益 | |

**表 1-15 成本类**

| | | |
|---|---|---|
| 生产成本 | 制造费用 | 研发支出 |
| 劳务成本 | 合同取得成本 | 合同履约成本 |

**表 1-16　损益类**

| | | |
|---|---|---|
| 主营业务收入 | 营业外收入 | 财务费用 |
| 其他业务收入 | 主营业务成本 | 资产减值损失 |
| 公允价值变动损益 | 其他业务成本 | 信用减值损失 |
| 投资收益 | 税金及附加 | 营业外支出 |
| 资产处置损益 | 销售费用 | 所得税费用 |
| 其他收益 | 管理费用 | 以前年度损益调整 |

## 复式记账法

复式记账法，是指对于每一笔经济业务，都必须用相等的金额在两个或两个以上相互联系的账户中进行登记，全面、系统地反映会计要素增减变化的一种记账方法。

借贷记账法，是以“借”和“贷”作为记账符号的一种复式记账法。

《企业会计准则》与《政府会计制度》规定，企业、行政单位和事业单位会计核算采用借贷记账法记账。

### 一、借贷记账法的账户结构

借贷记账法下，账户的左方称为借方，右方称为贷方。所有账户的借方和贷方按相反方向记录增加数和减少数，即一方登记增加额，另一方就登记减少额。如图 1-3 所示。

| 借　　　会计科目 | 贷 |
|---|---|
| | |

图 1-3　借贷记账法账户结构

具体哪一方登记增加、哪一方登记减少，取决于账户的性质和该账户所记录的经济内容的性质。

1. 资产类和成本类账户的结构

结构：借方登记增加额，贷方登记减少额，期末若有余额一般在借方。

关系：期末借方余额＝期初借方余额＋本期借方发生额－本期贷方发生额

| 借　　　资产类/成本类 | 贷 |
|---|---|
| 期初余额<br>本期增加额 | 本期减少额 |
| 期末余额 | |

2. 负债类和所有者权益类账户的结构

结构：借方登记减少额，贷方登记增加额，期末若有余额一般在贷方。

关系：期末贷方余额＝期初贷方余额＋本期贷方发生额－本期借方发生额

| 借 | 负债类/所有者权益类 贷 |
|---|---|
| 本期减少额 | 期初余额<br>本期增加额 |
| | 期末余额 |

3. 损益类账户的结构

损益类账户主要包括收入类和费用类账户。

(1) 收入类账户

结构:借方登记减少额,贷方登记增加额,期末本期收入净额转入“本年利润”账户,结转后无余额。

| 借 收入类 | 贷 |
|---|---|
| 本期减少额<br>本期转出额 | 本期增加额 |
| 期末无余额 | 期末无余额 |

(2) 费用类账户

结构:借方登记增加额,贷方登记减少额,期末本期费用净额转入“本年利润”账户,结转后无余额。

| 借 费用类 | 贷 |
|---|---|
| 本期增加额 | 本期减少额<br>本期转出额 |
| 期末无余额 | 期末无余额 |

借贷记账法下各类账户结构如表1-17所列。

**表1-17 借贷记账法下各类账户结构**

| 账户类别 | 借方 | 贷方 | 余额 | 计算公式 |
|---|---|---|---|---|
| 资产类和成本类账户 | + | − | 借方 | 期末余额=期初余额+本期借方发生额−本期贷方发生额 |
| 负债类和所有者权益类账户 | − | + | 贷方 | 期末余额=期初余额+本期贷方发生额−本期借方发生额 |
| 收入、利得(益)类账户 | − | + | 一般无余额 | 期末结转“本年利润”账户,结转后无余额 |
| 费用、损失(损)类账户 | + | − | 一般无余额 | 期末结转“本年利润”账户,结转后无余额 |

注:备抵账户的结构与所调整账户的结构正好相反。

## 二、借贷记账法的记账规则

记账规则,是指采用某种记账方法登记具体经济业务时应当遵循的规律。

借贷记账法的记账规则是“有借必有贷,借贷必相等”。

任何经济业务的发生总会涉及两个或两个以上的相关账户,一方(或几方)记入借方,另一方(或几方)必须记入贷方,记入借方的金额等于记入贷方的金额。如果涉及多个账户,记入借方账户金额的合计数等于记入贷方账户金额的合计数。

## 三、借贷记账法下的账户对应关系与会计分录

1. 账户对应关系

账户对应关系，是指采用借贷记账法对每笔交易或事项进行记录时，相关账户之间形成的应借、应贷的相互关系。存在对应关系的账户称为对应账户。

2. 会计分录

会计分录简称分录，是对每项经济业务列示出应借、应贷的账户名称（科目）及其金额的一种记录（即会计的语言）。在我国，会计分录记载于记账凭证之中。

会计分录由借贷方向、相互对应的会计科目和金额组成。

按照所涉及账户的多少，会计分录分为简单会计分录和复合会计分录。

简单会计分录，是指只涉及一个账户借方和另一个账户贷方的会计分录，即一借一贷的会计分录。

**【示例】**

借：银行存款　　100

　贷：短期借款　　100

复合会计分录，是指由两个以上（不含两个）对应账户组成的会计分录，即一借多贷、一贷多借或多借多贷的会计分录。

**【示例】**

借：应收账款　　113

　贷：主营业务收入　　100

　　应交税费——应交增值税（销项税额）　　13

**【注意】** 复合会计分录实际上是由若干简单会计分录复合而成的，但为了保持账户对应关系清晰，一般不应把不同经济业务合并在一起编制多借多贷的会计分录。

### 例题

**【例 1-1】** 2020 年 1 月 2 日，A 公司接受某外商投资 300 000 元人民币存入银行存款户。

| 借方 | 实收资本 | 贷方 |
|---|---|---|
| | | 300 000 |

⟷

| 借方 | 银行存款 | 贷方 |
|---|---|---|
| 300 000 | | |

**【例 1-2】** 2020 年 1 月 5 日，A 公司以银行存款偿还所欠 B 公司货款 6 000 元。

| 借方 | 银行存款 | 贷方 |
|---|---|---|
| | | 6 000 |

⟷

| 借方 | 应付账款 | 贷方 |
|---|---|---|
| 6 000 | | |

## 四、借贷记账法下的试算平衡

试算平衡，是指根据借贷记账法的记账规则和资产与权益（负债和所有者权益）的恒等关系，通过对所有账户的发生额和余额的汇总计算和比较，检查账户记录是否正确的一种方法。

1. 试算平衡的分类

(1) 发生额试算平衡

发生额试算平衡,是指全部账户本期借方发生额合计与全部账户本期贷方发生额合计保持平衡。

公式

全部账户本期借方发生额合计=全部账户本期贷方发生额合计

发生额试算平衡的直接依据是借贷记账法的记账规则,即“有借必有贷,借贷必相等”。

(2) 余额试算平衡

余额试算平衡,是指全部账户借方期末(初)余额合计与全部账户贷方期末(初)余额合计保持平衡。

公式

全部账户借方期末(初)余额合计=全部账户贷方期末(初)余额合计

余额试算平衡的直接依据是财务状况等式。

公式

资产=负债+所有者权益

**表 1-18 总分类账户试算平衡表**

| 会计科目 | 期初余额 | | 本期发生额 | | 期末余额 | |
|---|---|---|---|---|---|---|
| | 借 方 | 贷 方 | 借 方 | 贷 方 | 借 方 | 贷 方 |
| 库存现金 | 10 000 | | 8 000 | | 18 000 | |
| 银行存款 | 160 000 | | 1 020 000 | 598 000 | 582 000 | |
| 原材料 | 200 000 | | 100 000 | | 300 000 | |
| 固定资产 | 11 000 000 | | 300 000 | | 11 300 000 | |
| 短期借款 | | 130 000 | 200 000 | 600 000 | | 530 000 |
| 应付票据 | | 120 000 | | 50 000 | | 170 000 |
| 应付账款 | | 100 000 | 110 000 | 70 000 | | 60 000 |
| 实收资本 | | 11 020 000 | | 420 000 | | 11 440 000 |
| 合计 | 11 370 000 | 11 370 000 | 1 738 000 | 1 738 000 | 12 200 000 | 12 200 000 |

2. 试算平衡表的编制

试算平衡是通过编制试算平衡表进行的。各大栏中的借方合计与贷方合计应该平衡相等;否则,便存在记账错误。

试算平衡只是通过借贷金额是否平衡来检查账户记录是否正确的一种方法。如果借贷双方发生额或余额相等，表明账户记录基本正确，但有些错误并不影响借贷双方的平衡，因此，试算不平衡，表示记账一定有错误，但试算平衡时，不能表明记账一定正确。

不影响借贷双方平衡关系的错误包括：

(1) 漏记某项经济业务，使本期借贷双方的发生额等额减少，借贷仍然平衡；

(2) 重记某项经济业务，使本期借贷双方的发生额等额虚增，借贷仍然平衡；

(3) 某项经济业务记录的应借、应贷科目正确，但借贷双方金额同时多记或少记且金额一致，借贷仍然平衡；

(4) 某项经济业务记错有关账户，借贷仍然平衡；

(5) 某项经济业务在账户记录中颠倒了记账方向，借贷仍然平衡；

(6) 某借方或贷方发生额中，偶然发生多记和少记并相互抵消，借贷仍然平衡。

# 第五节 会计凭证、会计账簿与账务处理程序

## 会计凭证

会计凭证是记录经济业务发生或完成情况的书面证明，也是登记账簿的依据。会计凭证根据编制程序和用途不同，分为原始凭证和记账凭证。

### 一、原始凭证

1. 种类

原始凭证可以按照取得来源、格式、填制的手续和内容进行分类。

(1) 按取得来源分类

自制原始凭证——如：领料单、产品入库单、借款单、差旅费报销单等。

外来原始凭证——如：购买原材料取得的增值税专用发票，职工出差报销的飞机票、火车票和餐饮费发票等。

(2) 按格式分类

通用凭证——由有关部门统一印制、在一定范围内使用的具有统一格式和使用方法的原始凭证。如：某省(市)印制的在该省(市)通用的发票、收据等；由中国人民银行制作的在全国通用的银行转账结算凭证、由国家税务总局统一印制的全国通用的增值税专用发票等。

专用凭证——由单位自行印刷、仅在本单位内部使用的原始凭证。如：领料单、差旅费报销单、折旧计算表、工资费用分配表等。

(3) 按填制的手续和内容分类

一次凭证——一次填制完成，只记录一笔经济业务且仅一次有效的原始凭证。如：收据、收料单、发货票、银行结算凭证等。

累计凭证——在一定时期内多次记录发生的同类型经济业务且多次有效的原始凭证。如：限额领料单。

汇总凭证——对一定时期内反映经济业务内容相同的若干张原始凭证，按照一定标准综合填制的原始凭证。如：发料凭证汇总表。

2. 原始凭证的基本内容

原始凭证的基本内容如图 1-4 所示。

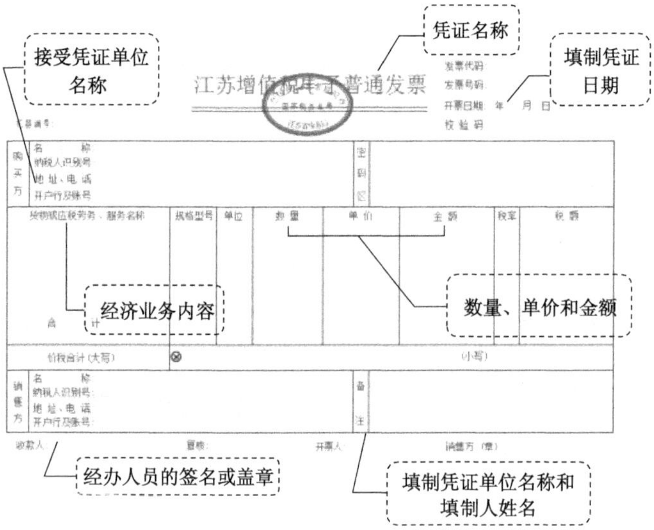


图 1-4　原始凭证的基本内容

3. 原始凭证的填制要求

(1) 记录真实

(2) 内容完整

(3) 手续完备

经办人和有关部门的负责人必须在凭证上签字或盖章，以示对凭证的真实性和正确性负责。

【注意】

① 对外开出的原始凭证，应加盖本单位的公章或财务专用章；

② 从外部取得的原始凭证，应盖有填制单位（或个人）的公章或财务专用章（签名或盖章）；

③ 单位自制的原始凭证，应有经办单位相关负责人的签名盖章。

(4) 书写清楚、规范

(5) 编号连续

已经事先印好编号的凭证作废时，应在作废的凭证上加盖"作废"戳记，连同存根一起保存，不得随意撕毁。

(6) 不得涂改、刮擦、挖补

原始凭证金额有错误的，应当由出具单位重开，不得在原始凭证上更正。

(7) 填制及时

4. 原始凭证的审核

(1) 真实性

审核原始凭证的凭证日期是否真实、业务内容是否真实、数据是否真实等内容的审核。

(2) 合法性

审核原始凭证所记录经济业务是否符合国家法律法规、是否履行了规定的凭证传递和审核程序。

(3) 合理性

审核原始凭证所记录经济业务是否符合企业经济活动的需要、是否符合有关的计划和预算等。

(4) 完整性

审核原始凭证各项基本要素是否齐全、是否有漏项情况、日期是否完整、数字是否清晰、文字是否工整、有关人员签章是否齐全、凭证联次是否正确等。

(5) 正确性

审核原始凭证记载的各项内容是否正确。

## 二、记账凭证

1. 种类

按记账凭证反映的经济业务的内容可将其分为收款凭证、付款凭证和转账凭证。

2. 基本内容

以转账凭证为例,其基本内容如图 1-5 所示。

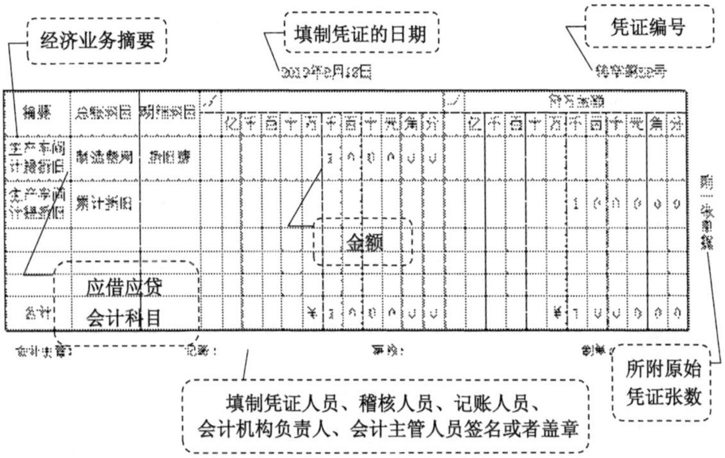


图 1-5 转账凭证基本内容

3. 填制要求

(1) 记账凭证填制的基本要求

记账凭证的填制除要做到内容完整、书写清楚和规范外,还必须符合下列要求:

① 除结账和更正错账可以不附原始凭证外,其他记账凭证必须附原始凭证。

② 记账凭证可以根据每一张原始凭证填制,或根据若干张同类原始凭证汇总填制,也可以根据原始凭证汇总表填制;但不得将不同内容和类别的原始凭证汇总填制在一张记账凭证上。

③ 记账凭证应连续编号。

④ 填制记账凭证时若发生错误,应当重新填制(不用区分金额错误还是其他错误)。

⑤ 记账凭证填制完成后如有空行,应当自金额栏最后一笔金额数字下的空行处至合计

数上的空行处划线注销。

(2) 收款凭证的填制要求(借方科目固定)

收款凭证左上角的借方科目按收款的性质填写“库存现金”或“银行存款”科目。

(3) 付款凭证的填制要求(贷方科目固定)

付款凭证是根据审核无误的有关库存现金和银行存款的付款业务的原始凭证填制的。在付款凭证左上角填列“贷方科目”,即“库存现金”或“银行存款”科目。

【注意】

① 对于涉及“库存现金”和“银行存款”之间的相互划转业务,一般只填制付款凭证,不再填制收款凭证。如取现,只填制银行存款的付款凭证。

② 出纳人员在办理收款或付款业务后,应在原始凭证上加盖“付讫”或“收讫”戳记,以免重收重付。

(4) 转账凭证的填制要求

转账凭证通常是根据有关转账业务的原始凭证填制的。

4. 记账凭证的审核

记账凭证的审核内容如图 1-6 所示。

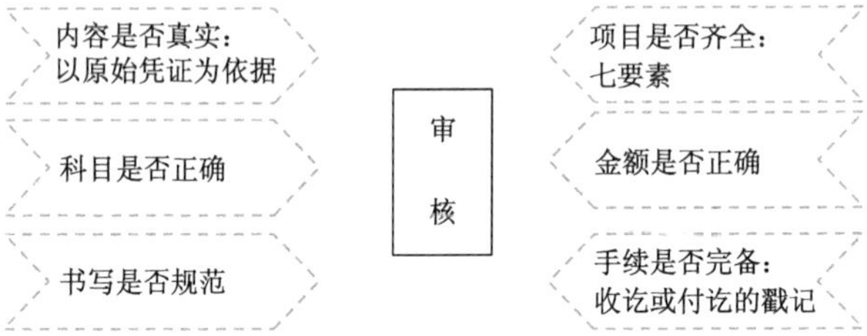


图 1-6 记账凭证的审核

## 三、会计凭证的保管

会计凭证的保管是指会计凭证记账后的整理、装订、归档和存查工作。

会计凭证作为记账的依据,是重要的会计档案和经济资料。

任何单位在完成经济业务手续和记账后,必须将会计凭证按规定的立卷归档制度形成会计档案资料,妥善保管,防止丢失,不得任意销毁,以便日后随时查阅。

# 会计账簿

会计账簿,简称账簿,是指由一定格式的账页组成的,以经过审核的会计凭证为依据,全面、系统、连续地记录各项经济业务的簿籍。

## 一、会计账簿的基本内容

实际工作中,由于各种会计账簿所记录的经济业务不同,账簿的格式也多种多样,但各种账簿都应具备以下基本内容。

1. 封面

封面主要用来标明账簿的名称,如总分类账、各种明细分类账、库存现金日记账、银行存款日记账等。

2. 扉页

扉页主要用来列明会计账簿的使用信息，如科目索引、账簿启用和经管人员一览表等。

3. 账页

账页是会计账簿用来记录经济业务的主要载体，包括账户的名称、日期栏、凭证种类和编号栏、摘要栏、金额栏，以及总页次和分户页次等基本内容。

## 二、会计账簿的种类

会计账簿的分类如图 1-7 所示。

图 1-7 会计账簿分类

1. 按用途分类

会计账簿按照用途不同，可以分为序时账簿、分类账簿和备查账簿。

(1) 序时账簿，又称日记账，是按照经济业务发生时间的先后顺序逐日、逐笔登记的账簿。

(2) 分类账簿，是指按照分类账户设置登记的账簿。

分类账簿是会计账簿的主体，也是编制财务报表的主要依据。按照详略程度，分类账簿可以分为总分类账簿和明细分类账簿。其中：

总分类账簿，简称总账，是根据总分类账户设置的，总括地反映某项经济活动。总账主要为编制财务报表提供直接数据资料，通常采用三栏式。

明细分类账簿，简称明细账，是根据明细分类账户设置的，用来提供明细的核算资料。明细账主要有三栏式明细账、数量金额式明细账等。

(3) 备查账簿，又称辅助登记簿或补充登记簿，是对某些在序时账簿和分类账簿中未能记载或记载不全的经济业务进行补充登记的账簿。如：租入固定资产登记簿等。

【注意】 备查账簿只是对其他账簿记录的一种补充，与其他账簿之间不存在严密的依存和钩稽关系。备查账簿根据企业的实际需要设置，没有固定的格式要求。

2. 按账页格式分类

会计账簿按照账页格式不同，主要分为三栏式账簿、多栏式账簿、数量金额式账簿。

(1) 三栏式账簿，是设有借方、贷方和余额三个金额栏目的账簿。日记账、总账以及资本、债权、债务明细账都可以采用三栏式账簿。

（2）多栏式账簿，是在账簿的两个金额栏目（借方和贷方）按需要分设若干专栏的账簿。它适用于收入、成本、费用明细账。

（3）数量金额式账簿，是在账簿的借方、贷方和余额三个栏目内，每个栏目再分设数量、单价和金额三个小栏，以反映财产物资的实物数量和价值量的账簿。它适用于原材料、库存商品等明细账。

3. 按照外形特征分类

会计账簿按照外形特征不同，可以分为订本式账簿、活页式账簿、卡片式账簿。

（1）订本式账簿，简称订本账，是在启用前将编有顺序页码的一定数量账页装订成册的账簿。

优点：能够避免账页散失和防止抽换页。

缺点：不能准确为各账户预留账页。

它适用于重要的和具有统驭性的总分类账、库存现金日记账和银行存款日记账。

（2）活页式账簿，简称活页账，是将一定数量的账页置于活页夹内，可根据记账内容的变化随时增加或减少部分账页的账簿。

优点：记账时可以根据实际需要，随时将空白账页装入账簿或抽取不需要的账页，便于分工记账。

缺点：如果管理不善，可能会造成账页散失或故意抽换账页。

它适用于明细分类账。

（3）卡片式账簿，简称卡片账，是将一定数量的卡片式账页存放于专设的卡片箱中，可以根据需要随时增添账页的账簿。在我国，企业一般只对固定资产的核算采用卡片账形式，也有少数企业在材料核算中使用材料卡片。

## 三、会计账簿的启用与登记要求

1. 启用

（1）启用会计账簿时，应当在账簿封面上写明单位名称和账簿名称，并在账簿扉页上附启用表。

（2）启用订本式账簿应当从第一页到最后一页顺序编定页码，不得跳页、缺号。

（3）使用活页式账簿应当按账户顺序编号，并须定期装订成册，装订后再按实际使用的账页顺序编定页码，另加目录以便于记明每个账户的名称和页次。

2. 登记

（1）登记会计账簿时，应当将会计凭证日期、编号、业务内容摘要、金额和其他有关资料逐项记入账内。

（2）为了保持账簿记录的持久性，防止涂改，登记账簿必须使用蓝黑墨水或碳素墨水书写，不得使用圆珠笔（银行的复写账簿除外）或者铅笔书写。

【注意】 下列情况可以使用红墨水记账：

① 按照红字冲账的记账凭证，冲销错误记录；

② 在不设借贷等栏的多栏式账页中，登记减少数；

③ 在三栏式账户的余额栏前，如未印明余额方向的，在余额栏内登记负数余额；

④ 根据国家规定可以用红字登记的其他会计记录。

(3) 会计账簿应当按照连续编号的页码顺序登记。

(4) 凡需结出余额的账户,结出余额后,应在"借或贷"栏中注明"借"或"贷"字样,以示余额方向;没有余额的账户,在"借或贷"栏内注明"平"字,并在"余额"栏中的"元"位用"θ"表示。库存现金日记账和银行存款日记账必须逐日结出余额。

(5) 每一账页登记完毕时,应当结出本页发生额合计及余额,在该账页最末一行"摘要"栏注明"转次页"或"过次页",并将这一金额计入下一页第一行有关金额栏内,在该行"摘要"栏注明"承前页",以保持账簿记录的连续性,便于对账和结账。

(6) 账簿记录发生错误时,不得刮擦、挖补或用褪色药水更改字迹,而应采用规定的方法更正。

3. 错账更正的方法

账簿记录发生错误,应当采用正确、规范的方法予以更正,不得涂改、挖补、刮擦或者用药水消除字迹,不得重新抄写。

错账更正的方法一般有划线更正法、红字更正法和补充登记法三种。

(1) 划线更正法

在结账前发现账簿记录有文字或数字错误,而记账凭证没有错误,应当采用划线更正法。

记账凭证中的文字或数字发生错误,在尚未过账前,也可用划线更正法更正。

【注意】 更正时不得只划销错误数字,而应将全部数字划销,并保持原有数字清晰可辨,以便审查。

(2) 红字更正法

红字更正法适用于以下情形:

① 记账后发现记账凭证中应借、应贷会计科目有错误所引起的记账错误;

② 记账后发现记账凭证和账簿记录中应借、应贷会计科目无误,只是所记金额大于应记金额所引起的记账错误。

(3) 补充登记法

记账后发现记账凭证和账簿记录中应借、应贷会计科目无误,只是所记金额小于应记金额时,应当采用补充登记法。

4. 会计账簿的格式与登记方法

(1) 日记账的格式与登记方法

日记账是按照经济业务发生或完成的时间先后顺序逐日逐笔进行登记的账簿。设置日记账的目的,是为了使经济业务的时间顺序清晰地反映在账簿记录中。

在我国,大多数企业一般只设库存现金日记账和银行存款日记账。

① 库存现金日记账的格式与登记方法

三栏式库存现金日记账由出纳人员根据库存现金收款凭证、库存现金付款凭证和银行存款付款凭证(没有银行存款收款凭证),按照库存现金收、付款业务和银行存款付款业务发生时间的先后顺序逐日逐笔登记。

每日终了,应分别计算库存现金收入和付出的合计数,并结出余额,同时将余额与出纳人员的库存现金核对。如账款不符,应查明原因,记录备案。月终同样要计算库存现金收、付和结存的合计数。

【注意】 库存现金日记账必须使用订本式账簿。

② 银行存款日记账的格式与登记方法

银行存款日记账应按企业在银行开立的账户和币种分别设置，每个银行账户设置一本日记账。由出纳人员根据与银行存款收、付业务有关的记账凭证，按时间先后顺序逐日逐笔进行登记。根据银行存款收款凭证和有关的库存现金付款凭证（如现金存入银行的业务）登记银行存款收入栏，根据银行存款付款凭证登记其支出栏，每日结出存款余额。

银行存款日记账的登记方法与库存现金日记账的登记方法基本相同。

银行存款日记账可以采用三栏式，也可以采用多栏式。

（2）总分类账的格式与登记方法

总分类账是按照总分类账户分类登记以提供总括会计信息的账簿。总分类账最常用的格式是三栏式。

总分类账的登记方法因登记的依据不同而有所不同。经济业务少的小型单位的总分类账，可以根据记账凭证逐笔登记；经济业务多的大中型单位的总分类账，可以根据记账凭证汇总表（又称科目汇总表）或汇总记账凭证等定期登记。

（3）明细分类账的格式与登记方法

明细分类账是根据有关明细分类账户设置并登记的账簿。一般采用活页账、卡片账。

根据各种明细分类账所记录经济业务的特点，明细分类账的常用格式主要有：

① 三栏式。三栏式账页是设有借方、贷方和余额三个栏目，用以分类核算各项经济业务，提供详细核算资料的账簿，其格式与三栏式总账格式相同。

② 多栏式。多栏式账页将属于同一个总账科目的各个明细科目合并在一张账页上进行登记，即在这种格式账页的借方或贷方金额栏内按照明细项目设若干专栏。这种格式适用于收入、成本、费用类科目的明细核算。

③ 数量金额式。数量金额式账页适用于既要进行金额核算又要进行数量核算的账户，如原材料、库存商品等存货账户，其借方（收入）、贷方（发出）和余额（结存）都分别设有数量、单价和金额三个专栏。

（4）总分类账与明细分类账的平行登记

平行登记是指对所发生的每项经济业务都要以会计凭证为依据，一方面记入有关总分类账户，另一方面记入所辖明细分类账户的方法。

总分类账户与明细分类账户平行登记的要点：方向相同、期间一致、金额相等。

5．对账与结账

（1）对账

概念：对账是对账簿记录所进行的核对，也就是核对账目。

时间：对账工作一般在记账之后结账之前，即在月末进行。

分类：对账一般分为账证核对、账账核对、账实核对。

① 账证核对：账证核对是指将账簿记录与会计凭证核对，核对账簿记录与原始凭证、记账凭证的时间、凭证字号、内容、金额等是否一致，记账方向是否相符，做到账证相符。

② 账账核对：账账核对的主要内容包括以下几方面。

a．总分类账簿之间的核对。按照“资产＝负债＋所有者权益”这一会计等式和“有借必有贷，借贷必相等”的记账规则，总分类账簿各账户的期初余额、本期发生额和期末余额之间存在对应的平衡关系，各账户的期末借方余额合计和贷方余额合计也存在平衡关系。通过这种等式平衡关系，可以检查总账记录是否正确、完整。

b. 总分类账簿与所辖明细分类账簿之间的核对。总分类账簿各账户的期末余额应与其所辖各明细分类账的期末余额之和核对相符。

c. 总分类账簿与序时账簿之间的核对。主要是指库存现金总账和银行存款总账的期末余额，与库存现金日记账和银行存款日记账的期末余额之间的核对。

d. 明细分类账簿之间的核对。

③ 账实核对：账实核对是指各项财产物资、债权债务等账面余额与实有数额之间的核对，主要包括以下几方面。

a. 库存现金日记账账面余额与现金实际库存数逐日核对是否相符。

b. 银行存款日记账账面余额与银行对账单余额定期核对是否相符。

c. 各项财产物资明细账账面余额与财产物资实有数额定期核对是否相符。

d. 有关债权债务明细账账面余额与对方单位债权债务账面记录核对是否相符。

(2) 结账

结账是将账簿记录定期结算清楚的会计工作。

结账的内容通常包括两个方面：一是结清各种损益类账户，据以计算确定本期利润；二是结出各资产、负债和所有者权益账户的本期发生额合计和期末余额。

结账注意要点如下：

① 对不需按月结计本期发生额的账户，每月最后一笔余额是月末余额。月末结账时，只需在最后一笔经济业务记录下面通栏划单红线，不需要再次结计余额。

② 库存现金、银行存款日记账和需要按月结计发生额的收入、费用等明细账，每月结账时，要在最后一笔经济业务记录下面通栏划单红线，结出本月发生额和余额，在“摘要”栏内注明“本月合计”字样，并在下面通栏划单红线。

③ 对于需要结计本年累计发生额的明细账户，每月结账时，应在“本月合计”行下结出自年初起至本月末止的累计发生额，登记在月份发生额下面，在“摘要”栏内注明“本年累计”字样，并在下面通栏划单红线。12月末的“本年累计”就是全年累计发生额，全年累计发生额下面通栏划双红线。

④ 总账账户平时只需结出月末余额，年终结账时，为总括反映全年各项资金运动情况的全貌，核对账目，要将所有总账账户结出全年发生额和年末余额，在“摘要”栏内注明“本年合计”字样，并在合计数下面通栏划双红线。

⑤ 年度终了结账时，有余额的账户，应将其余额结转下年，并在“摘要”栏注明“结转下年”字样；在下一会计年度新建有关账户的第一行“余额”栏内填写上年结转的余额，并在“摘要”栏注明“上年结转”字样，使年末有余额账户的余额如实地在账户中加以反映，以免混淆有余额的账户和无余额的账户。

## 账务处理程序

企业常用的账务处理程序，主要有记账凭证账务处理程序、汇总记账凭证账务处理程序和科目汇总表账务处理程序，它们之间的主要区别是登记总分类账的依据和方法不同。

## 一、记账凭证账务处理程序

记账凭证账务处理程序，是指对发生的经济业务，先根据原始凭证或汇总原始凭证填制记账凭证，再直接根据记账凭证登记总分类账的一种账务处理程序。如图 1-8 所示。

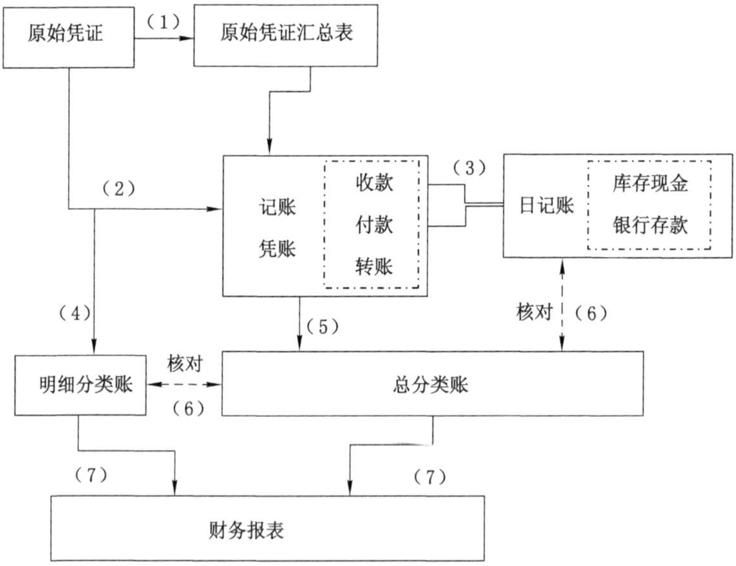


图 1-8 记账凭证账务处理程序图

适用范围：规模较小、经济业务量较少的单位。

优点：简单明了，易于理解，总分类账可以较详细地反映经济业务的发生情况。

缺点：登记总分类账的工作量较大。

## 二、汇总记账凭证账务处理程序

汇总记账凭证账务处理程序，指先根据原始凭证或汇总原始凭证填制记账凭证，定期根据记账凭证分类编制汇总收款凭证、汇总付款凭证和汇总转账凭证，再根据汇总记账凭证登记总分类账的一种账务处理程序。如图 1-9 所示。

适用范围：规模较大、经济业务较多的单位。

优点：减轻了登记总分类账的工作量。

缺点：当转账凭证较多时，编制汇总转账凭证的工作量较大，并且按每一贷方账户编制汇总转账凭证，不利于会计核算的日常分工。

## 三、科目汇总表账务处理程序

科目汇总表账务处理程序，又称记账凭证汇总表账务处理程序，指根据记账凭证定期编制科目汇总表，再根据科目汇总表登记总分类账的一种账务处理程序。如图 1-10 所示。

适用范围：经济业务较多的单位。

优点：减轻了登记总分类账的工作量，易于理解，方便学习，并可做到试算平衡。

缺点：科目汇总表不能反映各个账户之间的对应关系，不利于对账目进行检查。

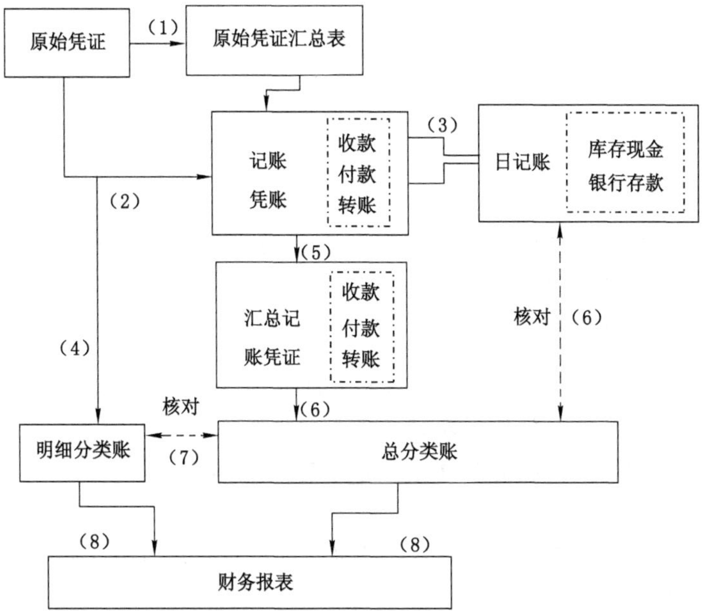


图 1-9 汇总记账凭证账务处理程序图

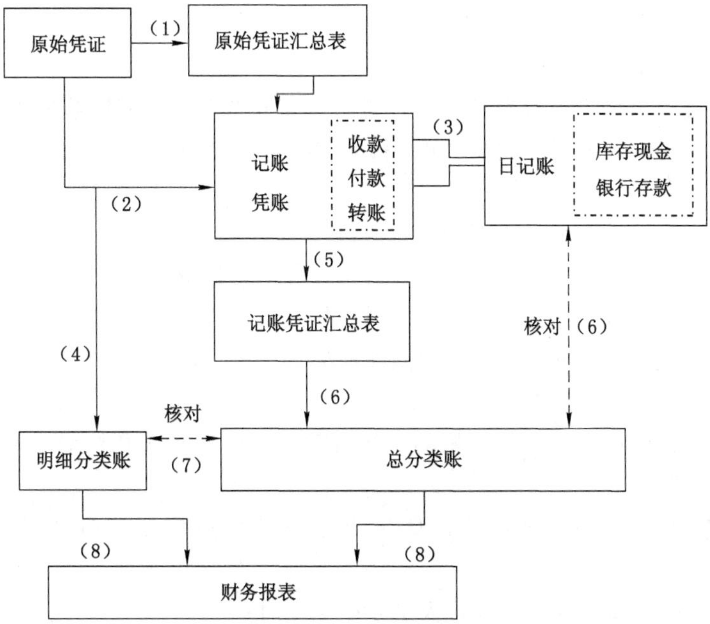


图 1-10 科目汇总表账务处理程序图

# 第六节 财产清查

## 财产清查概述

### 一、概念

财产清查，是指通过对货币资金、实物资产和往来款项等财产物资进行盘点或核对，确定其实存数，查明账存数与实存数是否相符的一种专门方法。

### 二、财产清查的种类

按照清查范围，财产清查分为全面清查和局部清查；

按照清查时间，财产清查分为定期清查和不定期清查；

按照清查的执行系统，财产清查分为内部清查和外部清查。

1. 全面清查和局部清查

全面清查，是指对所有的财产进行全面的盘点和核对。其适用情形为：

① 年终决算前；

② 在合并、撤销或改变隶属关系前；

③ 中外合资、国内合资前；

④ 股份制改造前；

⑤ 开展全面的资产评估、清产核资前；

⑥ 单位主要领导调离工作前等。

局部清查，是指根据需要只对部分财产进行盘点和核对。其适用情形为：

① 对于流动性较大的财产物资，如原材料、在产品、产成品，应根据需要随时轮流盘点或重点抽查；

② 对于贵重的财产物资，每月都要进行盘点；

③ 对于库存现金，每日终了，应由出纳人员进行清点核资；

④ 对于银行存款，企业至少每月同银行核对一次；

⑤ 对债权、债务，企业应当每年至少同债权人、债务人核对一至两次。

2. 定期清查和不定期清查

定期清查，是指按照预先计划安排的时间对财产进行的盘点和核对。定期清查一般在年末、季末、月末进行。

不定期清查，是指事先不规定清查日期，而是根据特殊需要临时进行的盘点和核对。其适用情形为：

① 在财产物资或库存现金的保管人员发生变动时；

② 上级主管或国家有关部门决定对本单位会计进行审查时；

③ 进行临时性清产核资时；

④ 发生自然灾害或意外损失时。

3. 内部清查和外部清查

内部清查，是指由本单位内部自行组织清查工作小组所进行的财产清查工作。大多数财产清查都是内部清查。

外部清查，是指由上级主管部门、审计机关、司法部门、注册会计师等根据国家有关规定或情况需要对本单位进行的财产清查。一般来说，进行外部清查时应有本单位相关人员参加。

### 三、财产清查的一般程序

（1）建立财产清查组织。

（2）组织清查人员学习有关政策规定，掌握有关法律、法规和相关业务知识，以提高财产清查工作的质量。

（3）确定清查对象、范围，明确清查任务。

（4）制订清查方案，具体安排清查内容、时间、步骤、方法以及必要的清查前准备。

（5）清查时本着先清查数量、核对有关账簿记录等，后认定质量的原则进行。

（6）填制盘存清单。

（7）根据盘存清单，填制实物、往来账项清查结果报告表。

## 财产清查的方法与处理

### 一、财产清查的方法

1. 货币资金的清查方法

（1）库存现金的清查

方式：库存现金的清查采用实地盘点法。

参加人员：库存现金清查一般由主管会计或财务负责人和出纳人员共同清点出各种纸币的张数和硬币的个数，并填制库存现金盘点报告表。对库存现金进行盘点时，出纳人员必须在场。

清查后：盘点结束后，应填制“库存现金盘点报告表”，作为原始凭证。

（2）银行存款的清查

方式：银行存款的清查采用与开户银行核对账目的方法，即将本单位银行存款日记账的账簿与开户银行转来的对账单逐笔进行核对，以查明银行存款的实有数额。

准备工作：

① 将截至清查日所有银行存款的收付业务都登记入账后，对发生的错账、漏账应及时查清更正，再与银行的对账单逐笔核对。

② 如果二者余额不相符，则可能是企业或银行一方或双方记账过程有错误或者存在未达账项。

未达账项，是指企业与银行之间，一方收到凭证并已入账，另一方未收到凭证因而未能入账的账项。如果企业存在“未达账项”，则需要编制“银行存款余额调节表”。银行存款余额调节表的编制，以双方账面余额为基础，各自分别加上对方已收款入账而己方尚未入账的数额，减去对方已付款入账而己方尚未入账的数额。

公式

企业银行存款日记账余额＋银行已收企业未收款－银行已付企业未付款
＝银行对账单存款余额＋企业已收银行未收款－企业已付银行未付款

【提示】 银行存款余额调节表不能作为调账的依据。

2. 实物资产的清查方法

实物资产主要包括固定资产、存货等。实物资产的清查就是对实物资产在数量和质量上进行的清查。

方式:实物资产的清查通常采用以下两种清查方法。

① 实地盘点法,适用于多数财产物资清查;

② 技术推算法,适用于成堆量大而价值不高,逐一清点的工作量和难度较大的财产物资的清查,如露天堆放的煤炭。

参加人员:实物保管人员和盘点人员必须同时在场。

清查后:

① 对于盘点结果,应如实登记盘存单,并由盘点人和实物保管人签字或盖章,以明确经济责任。

② 为了查明实存数与账存数是否一致,确定盘亏或盘盈的情况,应根据盘存单和有关账簿记录,编制"实存账存对比表"。实存账存对比表是用以调整账簿记录的重要原始凭证,也是分析实存数与账存数产生差异的原因、明确经济责任的依据。

3. 往来款项的清查方法

往来款项主要包括应收、应付款项和预收、预付款项等。

方式:往来款项的清查一般采用发函询证的方法进行核对。

清查后:往来款项清查以后,将清查结果编制"往来款项清查报告单",填列各项债权、债务的余额。

【提示】 往来款项清查报告单可以作为调账的依据。

### 二、财产清查结果的处理

财产清查产生的损溢,企业应于期末前查明原因,并根据企业的管理权限,经股东大会或董事会或经理(厂长)会议或类似机构批准后,在期末结账前处理完毕。如果在期末结账前尚未经批准,在对外提供财务报表时,先按相关规定进行账务处理,并在附注中作出说明;其后如果批准处理的金额与已处理金额不一致的,调整财务报表相关项目的期初数。

## 第七节 财务报告

### 财务报告及其目标

财务报告,是指企业定期编制的综合反映企业某一特定日期的财务状况和某一会计期间的经营成果、现金流量等会计信息的文件。

财务报告的目标,是向财务报告使用者提供与企业财务状况、经营成果和现金流量等有关的会计信息,反映企业管理层受托责任履行情况,有助于财务报告使用者作出经济决策。

财务报告使用者通常包括投资者、债权人、政府及其有关部门、社会公众等。

## 财务报表的组成

财务报表，是对企业财务状况、经营成果和现金流量的结构性表述。

一套完整的财务报表至少应当包括资产负债表、利润表、现金流量表、所有者权益（或股东权益）变动表以及附注。

# 第二章 资 产

## 本章概述

本章主要讲解企业常见经济业务中涉及的资产。本章内容与负债、收入、成本核算、财务报表等章节结合较为紧密，具有很强的综合性。学习本章内容要做到融会贯通和全面掌握。

## 第一节 货币资金

### 库存现金

#### 一、概念和特点

库存现金，是指存放于企业财会部门、由出纳人员经管的货币。库存现金是企业流动性最强的资产，企业应当严格遵守国家有关现金管理制度，正确进行现金收支的核算，监督现金使用的合法性与合理性。

#### 二、现金管理制度

库存现金的使用范围和限额如表 2-1 所列。

表 2-1 库存现金的使用范围和限额表

| | |
|---|---|
| 使用范围 | (1) 职工工资、津贴；<br>(2) 个人劳务报酬；<br>(3) 根据国家规定颁发给个人的科学技术、文化艺术、体育等各种奖金；<br>(4) 各种劳保、福利费用以及国家规定的对个人的其他支出；<br>(5) 向个人收购农副产品和其他物资的价款；<br>(6) 出差人员必须随身携带的差旅费；<br>(7) 结算起点以下的零星支出；<br>(8) 中国人民银行确定需要支付现金的其他支出 |
| 限 额 | (1) 谁核定：开户银行；<br>(2) 一般情况：单位 3～5 天的日常零星开支所需；<br>(3) 交通不便地区：可多于 5 天，但不得超过 15 天的日常零星开支所需 |
| 清 查 | (1) 实地盘点法；<br>(2) 对清查结果编制现金盘点报告单 |

### 三、现金的账务处理

企业应当设置库存现金总账和库存现金日记账，分别进行企业库存现金的总分类核算和明细分类核算。

企业应当设置“库存现金”科目：

借方：登记库存现金的增加；

贷方：登记库存现金的减少；

期末余额：在借方，反映企业实际持有的库存现金的金额。

### 四、现金的清查

为了保证现金的安全完整，企业应当按规定对库存现金进行定期和不定期的清查，一般采用实地盘点法，对于清查的结果应当编制现金盘点报告单。

如果账款不符，有短缺或溢余的，应先通过“待处理财产损溢”科目核算，经批准后分别按表 2-2 所列情况处理。

表 2-2 库存现金短缺和溢余的会计处理

| | 现金短缺 | 现金溢余 |
|---|---|---|
| 审批前 | 借：待处理财产损溢<br>贷：库存现金 | 借：库存现金<br>贷：待处理财产损溢 |
| 审批后 | 借：其他应收款<br>（应由责任方赔偿的部分）<br>管理费用<br>（无法查明原因的部分）<br>贷：待处理财产损溢 | 借：待处理财产损溢<br>贷：其他应付款<br>（应支付给有关人员或单位的部分）<br>营业外收入<br>（无法查明原因的部分） |

## 银行存款

### 一、概念

银行存款，是指企业存放在银行或其他金融机构的货币资金。

### 二、银行存款的账务处理

企业应当设置银行存款总账和银行存款日记账，分别进行银行存款的总分类核算和序时、明细分类核算。企业可按开户银行和其他金融机构、存款种类等设置“银行存款日记账”，根据收付款凭证，按照业务的发生顺序逐笔登记。每日终了，应结出余额。

银行存款的账务处理方法如下：

(1) 企业将款项存入银行和其他金融机构时

借：银行存款

　贷：库存现金

(2) 企业提取或支付已存入银行和其他金融机构存款时

借：库存现金

　贷：银行存款

### 三、银行存款的核对

“银行存款日记账”应定期与“银行对账单”核对，至少每月核对一次。企业银行存款账面余额与银行对账单余额之间若有差额，应编制“银行存款余额调节表”调节（见表 2-3）；若没有记账错误（前提），调节后的双方余额应相等。

表 2-3　银行存款余额调节表

年　月　日　　　　单位：元

| 项目 | 金额 | 项目 | 金额 |
|---|---|---|---|
| 银行存款日记账余额 | | 银行对账单余额 | |
| 加：<br>银行已收、企业未收款 | | 加：<br>企业已收、银行未收款 | |
| 减：<br>银行已付、企业未付款 | | 减：<br>企业已付、银行未付款 | |
| 调节后余额 | | 调节后余额 | |

银行存款余额调节表只用于核对账目，不能作为记账的依据。

## 其他货币资金

### 一、概念

其他货币资金，是指企业除现金、银行存款以外的其他各种货币资金，主要包括银行汇票存款、银行本票存款、信用卡存款、信用证保证金存款、存出投资款和外埠存款等。

【注意】　商业汇票（应收/应付票据）和支票（银行存款）不属于其他货币资金。

### 二、其他货币资金的账务处理

其他货币资金的账务处理方法如表 2-4 所列。

表 2-4　其他货币资金账务处理方法

| 业务时点 | 其他货币资金账务处理 |
|---|---|
| 取得时 | 借：其他货币资金——××<br>　贷：银行存款 |
| 支付时 | 借：材料采购或原材料、库存商品<br>　　应交税费——应交增值税（进项税额）<br>　贷：其他货币资金——×× |
| 采购完毕收回剩余款项时 | 借：银行存款<br>　贷：其他货币资金——×× |

# 第二节　应收及预付款项

## 应收票据

### 一、概念

应收票据，是指企业因销售商品、提供劳务等而收到的商业汇票。

商业汇票的付款期限，最长不得超过 6 个月；商业汇票的提示付款期限，自汇票到期日起 10 日。

商业汇票根据承兑人不同，分为商业承兑汇票和银行承兑汇票。企业申请使用银行承兑汇票时，应向其承兑银行按票面金额的 0.5‰（万分之五）交纳手续费，将手续费记入“财务费用”科目中。

### 二、应收票据的账务处理

为了反映和监督应收票据取得、票款收回等情况，企业应当设置“应收票据”科目。

应收票据的账务处理方法如表 2-5 所列。

表 2-5　应收票据账务处理方法

| 业务时点 | 应收票据账务处理 | |
|---|---|---|
| 取得 | 销售商品、提供劳务<br>借：应收票据<br>　贷：主营业务收入<br>　　　应交税费——应交增值税（销项税额） | 债务人抵偿前欠货款<br>借：应收票据<br>　贷：应收账款 |
| 到期 | 收回货款<br>借：银行存款<br>　贷：应收票据 | 未收回货款<br>借：应收账款<br>　贷：应收票据 |
| 贴现 | 不附追索权<br>借：银行存款<br>　　财务费用（贴现息）<br>　贷：应收票据 | 附追索权<br>借：银行存款<br>　　财务费用（贴现息）<br>　贷：短期借款 |
| 背书转让 | 借：材料采购、原材料、库存商品等<br>　　应交税费——应交增值税（进项税额）<br>　贷：应收票据<br>　　　银行存款（或借方） | |

## 应收账款

### 一、概念

应收账款的入账价值包括企业销售商品、提供劳务等应从购货方或接受劳务方收取的合同或协议价款(不公允的除外)、增值税销项税额以及代购货单位垫付的包装费、运杂费等。

【注意】 应收账款＝价＋费(杂费)＋税(价外税)。

在确认应收账款金额时,应考虑企业是否采用了商业折扣或现金折扣,见表 2-6。

表 2-6 商业折扣与现金折扣的账务处理

| 折扣类型 | 目的 | 账务处理 |
|---|---|---|
| 商业折扣 | 促销 | 原价 1 000 元,打八折,应收账款＝800＋800×13%(元) |
| 现金折扣 | 尽快收回货款 | 按全款计算价税合计数列应收账款 |

## 二、应收账款的账务处理

企业应设置“应收账款”科目,不单独设置“预收账款”科目的企业,预收的账款也在“应收账款”科目核算。如果“应收账款”科目的期末余额在贷方,一般则反映企业预收的账款。

应收账款的账务处理方法如表 2-7 所列。

表 2-7 应收账款账务处理方法

| 业务时点 | 应收账款的账务处理 |
|---|---|
| 因销售商品、提供劳务而确认应收账款 | 借:应收账款<br>　贷:主营业务收入<br>　　应交税费——应交增值税(销项税额)<br>　　银行存款(代垫包装费、运杂费等) |
| 应收账款收回 | 借:银行存款<br>　贷:应收账款 |
| 改用应收票据结算 | 借:应收票据<br>　贷:应收账款 |
| 确认坏账损失 | 借:坏账准备(备抵法)<br>　贷:应收账款 |

# 预付账款

## 一、概念

预付账款是指企业按照合同规定预付的款项,如预付的材料和商品采购款、在建工程款等。预付账款属于企业债权资产(收货的权利)。

## 二、预付账款的账务处理

预付账款的账务处理方法如表 2-8 所列。

表 2-8　预付账款账务处理方法

| 业务时点 | 预付账款账务处理 | |
|---|---|---|
| | 购货方 | 销货方 |
| 预付款项时 | 借：预付账款<br>　贷：银行存款 | 借：银行存款<br>　贷：预收账款 |
| 交付货物时 | 借：原材料等<br>　应交税费——应交增值税（进项税额）<br>　贷：预付账款 | 借：预收账款<br>　贷：主营业务收入<br>　　应交税费——应交增值税（销项税额） |
| 尾款交付时 | 借：预付账款<br>　贷：银行存款 | 借：银行存款<br>　贷：预收账款 |

## 应收股利

### 一、概念

应收股利，是指企业应收取的现金股利或应收取其他单位分配的利润。

### 二、应收股利的账务处理

应收股利的账务处理方法如下：

（1）被投资单位宣告发放现金股利或利润时

借：应收股利

　贷：投资收益（交易性金融资产持有期间，长期股权投资成本法核算）

　　长期股权投资——损益调整（长期股权投资权益法核算）

（2）实际收到现金股利或利润时

借：其他货币资金——存出投资款（“上市公司”）

　银行存款（“非上市公司”）

　贷：应收股利

## 应收利息

### 一、概念

应收利息，是指企业根据合同或协议规定应向债务人收取的利息。

### 二、应收利息的账务处理

应收利息的账务处理方法如下：

（1）被投资公司通知支付利息时

借：应收利息

　贷：投资收益

（2）实际收到利息收入时

借：银行存款等

贷:应收利息

## 其他应收款

### 一、概念

其他应收款,是指企业除应收票据、应收账款、预付账款、应收股利和应收利息以外的其他各种应收及暂付款项。其核算范围如表 2-9 所列。

**表 2-9 其他应收款的核算范围**

| | |
|---|---|
| 企业先付后收回的款项 | (1) 应收的出租包装物租金 |
| | (2) 存出保证金,如租入包装物支付的押金 |
| | (3) 应向职工收取的各种垫付款项 |
| | (4) 应收的各种赔款、罚款 |
| | (5) 其他各种应收、暂付款项 |

### 二、其他应收款的账务处理

其他应收款的账务处理方法如下:

(1) 企业发生各种其他应收款项时

借:其他应收款

贷:库存现金/银行存款/固定资产清理等

(2) 收回其他各种应收款项时

借:库存现金/银行存款/应付职工薪酬等

贷:其他应收款等

## 应收款项减值

### 一、应收款项减值损失的确认

企业因坏账(如购货人拒付、破产、死亡等原因无法收回)而遭受的损失为坏账损失或减值损失。

企业应当在资产负债表日对应收款项的账面价值进行评估,应收款项发生减值的,应当将减记的金额确认为减值损失,同时计提坏账准备。

应收款项减值损失的核算方法有以下两种:

(1) 直接转销法。应收款项可能发生的坏账损失不予考虑,只有在实际发生坏账时,才作为坏账损失计入当期损益,同时直接冲销应收款项,即借记“信用减值损失”科目,贷记“应收账款”等科目。

(2) 备抵法。采用一定方法按期估计坏账损失,计入当期费用,同时建立坏账准备,待坏账实际发生时,冲销已计提的坏账准备和相应的应收款项。

【注意】 我国《企业会计准则》规定,应收款项的减值的核算只能采用备抵法,不能采用直接转销法。

## 二、坏账准备的账务处理

1. 科目设置

企业应当设置“坏账准备”科目,“坏账准备”科目属于资产类会计科目的备抵科目,坏账准备减少记借方,增加记贷方,期末余额在贷方。

2. 当期应计提的坏账准备金额的确定

公式

当期按应收款项计算坏账准备金额＝期末应收款项的期末余额×估计比例

当期应计提的坏账准备金额＝当期按应收款项计算的坏账准备金额－(或＋)“坏账准备”科目的贷方(或借方)余额

上述当期应计提的坏账准备金额计算公式的计算结果为正数——补提,计算结果为负数——冲销(在原计提金额内转回)。

3. 账务处理

坏账准备的账务处理方法如表 2-10 所列。

**表 2-10　坏账准备账务处理方法**

| 业务时点 | 坏账准备的账务处理 | “坏账准备”科目余额 | “应收账款”账面价值 |
|---|---|---|---|
| 初次计提 | 借:信用减值损失<br>　贷:坏账准备 | 增加 | 减少 |
| 发生坏账 | 借:坏账准备<br>　贷:应收账款 | 减少 | 不变 |
| 发生坏账又收回 | 借:应收账款<br>　贷:坏账准备<br>借:银行存款<br>　贷:应收账款 | 增加 | 减少 |
| 再次计提<br>(应提＝应有－已提) | 补提:<br>借:信用减值损失<br>　贷:坏账准备 | 增加 | 减少 |
| | 冲减:<br>借:坏账准备<br>　贷:信用减值损失 | 减少 | 增加 |

# 第三节　交易性金融资产

## 交易性金融资产概述

## 一、金融资产

在企业全部资产中,库存现金、银行存款、应收账款、应收票据、贷款、其他应收款、应收利息、债券投资、股票投资、基金投资及衍生金融资产等统称为金融资产。根据企业管理金融资产的业务模式和金融资产的合同现金流量特征，金融资产的分类如表 2-11 所列。

**表 2-11 金融资产的分类**

| 类　型 | 会计科目 |
|---|---|
| 以摊余成本计量的金融资产 | 债权投资等 |
| 以公允价值计量且其变动计入其他综合收益的金融资产 | 其他债权投资(债权类) |
| | 其他权益工具投资(股权类) |
| 以公允价值计量且其变动计入当期损益的金融资产 | 交易性金融资产 |

### 二、交易性金融资产

以公允价值计量且其变动计入当期损益的金融资产称为交易性金融资产。它主要是指：

① 企业为了近期内出售而持有的金融资产，如企业以赚取差价为目的从二级市场购入的股票、债券、基金等；

② 或者是在初始确认时属于集中管理的可辨认金融工具组合的一部分，且有客观证据表明近期实际存在短期获利模式的金融资产等，如企业管理的以公允价值进行业绩考核的某项投资组合。

## 交易性金融资产的账务处理

### 一、会计科目的设置

交易性金融资产核算的会计科目设置如表 2-12 所列。

**表 2-12 交易性金融资产核算会计科目设置**

| | |
|---|---|
| 交易性金融资产 | 核算企业分类为以公允价值计量且其变动计入当期损益的金融资产 |
| 公允价值变动损益 | 借方：登记资产负债表日企业持有的交易性金融资产等的公允价值低于账面余额的差额；<br>贷方：登记资产负债表日企业持有的交易性金融资产等的公允价值高于账面余额的差额 |
| 投资收益 | 借方：登记取得交易性金融资产时支付的交易费用、出售交易性金融资产等发生的投资损失；<br>贷方：登记持有交易性金融资产期间内取得的投资收益以及出售交易性金融资产等实现的投资收益 |

### 二、账务处理

1. 初始取得

企业取得交易性金融资产时，应当按照该交易性金融资产取得时的公允价值作为其初始入账金额，记入“交易性金融资产——成本”科目。

取得交易性金融资产所支付的价款中包含了已宣告但尚未发放的现金股利或已到付息期但尚未领取的债券利息的，应单独确认为应收项目，不构成交易性金融资产的初始入账金额。

交易费用记入“投资收益”科目的借方，发生交易费用取得增值税专用发票的，进项税额经认证后可从当月销项税额中扣除，借记“应交税费——应交增值税（进项税额）”。

交易费用是指可直接归属于购买、发行或处置金融工具的增量费用。增量费用是指企业没有发生购买、发行或处置相关金融工具的情形就不会发生的费用，包括支付给代理机构、咨询公司、券商、证券交易所、政府有关部门等的手续费、佣金、相关税费以及其他必要支出，不包括债券溢价、折价、融资费用、内部管理成本和持有成本等与交易不直接相关的费用。

会计处理：

借：交易性金融资产——成本（公允价值）

　　应收股利（已宣告但尚未发放的现金股利）

　　应收利息（已到付息期但尚未领取的债券利息）

　　投资收益（交易费用）

　　应交税费——应交增值税（进项税额）（交易费用可抵扣的增值税）

　贷：其他货币资金等（支付的总价款）

2. 后续计量

交易性金融资产采用公允价值进行后续计量，在资产负债表日公允价值的变动计入当期损益（公允价值变动损益）。

会计处理：

（1）公允价值大于账面价值时

借：交易性金融资产——公允价值变动

　贷：公允价值变动损益

（2）公允价值小于账面价值时

借：公允价值变动损益

　贷：交易性金融资产——公允价值变动

3. 宣告分配现金股利或到期计提利息时

企业持有交易性金融资产期间对于被投资单位宣告发放的现金股利或已到付息期但尚未领取的债券利息，应当确认为应收项目。

会计处理：

（1）宣告发放现金股利时

借：应收股利（或应收利息）

　贷：投资收益

（2）收到现金股利或利息时

借：其他货币资金等

　贷：应收股利（或应收利息）

【注意】　企业只有在同时满足三个条件时，才能确认交易性金融资产所取得的现金股利或利息收入并计入当期损益：

① 企业收取股利或利息的权利已经确立；

② 与股利或利息相关的经济利益很可能流入企业；

③ 股利或利息的金额能够可靠计量。

4. 交易性金融资产的出售

出售交易性金融资产时,应将出售时的公允价值与其账面余额之间的差额确认为投资收益。

会计处理:

借:其他货币资金等(实际收到的售价净额)

　贷:交易性金融资产——成本

　　　　　　　　　　——公允价值变动(或借方)

　　投资收益(差额倒挤,损失记借方,收益记贷方)

5. 转让金融产品应交增值税

会计处理如下:

(1) 产生转让收益时

借:投资收益等

　贷:应交税费——转让金融产品应交增值税

(2) 产生转让损失时

借:应交税费——转让金融产品应交增值税

　贷:投资收益等

(3) 金融产品转让按照卖出价扣除买入价后的余额作为销售额计算增值税。

转让金融产品按盈亏相抵后的余额为销售额,若相抵后出现负差,可结转下一纳税期与下期转让金融产品销售额相抵,但年末时仍出现负差的(即应交税费——转让金融产品应交增值税年末借方出现余额),不得转入下一个会计年度。

会计处理如下:

借:投资收益等

　贷:应交税费——转让金融产品应交增值税

上述买入价不需要扣除已宣告未发放的现金股利或已到付息期未领取的利息。

(4) 处置交易性金融资产不同情况下对投资收益及损益的影响

① 计算整个持有期间对投资收益的影响:将从购入到出售整个期间的所有投资收益发生额加总即可(借方为"－",贷方为"＋")。

② 计算整个持有期间对当期利润的影响:交易费用(负数)＋持有期间的投资收益＋持有期间的公允价值变动损益＋出售时价款(扣除增值税因素)与账面价值之间差额确认的投资收益。

③ 计算处置时点对当期利润的影响:出售时收到的价款(扣除增值税因素)－出售时交易性金融资产账面价值。

## 第四节　存　　货

### 存货概述

#### 一、概念

存货,是指企业在日常活动中持有以备出售的产成品或商品、处在生产过程中的在产品、在生产过程或提供劳务过程中耗用的材料或物料等。

## 二、存货的种类

会计科目与存货经济内容的对应关系如表 2-13 所列。

**表 2-13 会计科目与存货经济内容对应关系表**

| 会计科目 | 项 目 |
|---|---|
| 原材料 | 原材料,包括构成产品主体的各种原料及主要材料、辅助材料、外购半成品(外购件)、修理用备品备件、包装材料及燃料等 |
| 生产成本 | 在产品,包括正在各个生产工序加工的产品和已加工完毕但尚未检验或已检验但尚未办理入库手续的产品 |
| 生产成本 | 半成品,即可单独转让的在产品 |
| 库存商品 | 产成品,即完成待售品<br>商品,即商品流通企业的流转商品 |
| 周转材料 | 包装物,即各种用于盛装、装潢产品或商品的容器<br>低值易耗品,即工具、管理用具、玻璃器皿、劳保用品以及经营过程中周转使用的容器等 |
| 发出商品 | 委托代销商品,即企业委托其他单位代销的商品 |

## 三、存货成本的确定

存货应当按照成本进行初始计量。存货成本包括采购成本、加工成本和其他成本。

1. 存货的采购成本(见表 2-14)

**表 2-14 存货的采购成本**

| 计入成本 | 不计入成本 |
|---|---|
| 买价 | 一般纳税人可以抵扣的增值税 |
| 关税、资源税、消费税、小规模纳税人不能抵扣的增值税进项税额 | 非正常消耗的直接材料、直接人工和制造费用 |
| 包装费、运杂费 | 销售货物运费计入销售费用 |
| 运输途中的合理损耗 | 运输途中的不合理损耗 |

有关存货采购成本的特殊规定:

(1) 商品流通企业在采购商品过程中发生的运输费、装卸费、保险费以及其他可归属于存货采购成本的费用等进货费用,应当计入存货采购成本。

(2) 企业也可以将进货费用先进行归集,期末根据所购商品的存销情况进行分摊,对于已售商品的进货费用,计入当期损益(主营业务成本);对于未售商品的进货费用,计入期末存货成本。

(3) 采购商品的进货费用金额较小的,也可在发生时直接计入当期损益(销售费用)。

2. 存货的加工成本

存货的加工成本是指在存货的加工过程中发生的追加费用,包括直接人工以及按照一定方法分配的制造费用。

直接人工是指企业在生产产品和提供劳务过程中发生的直接从事产品生产和劳务提供人员的职工薪酬。

制造费用是指企业为生产产品和提供劳务而发生的各项间接费用。

3. 存货的其他成本

存货的其他成本是指除采购成本、加工成本以外的，使存货达到目前场所和状态所发生的其他支出。

企业设计产品发生的设计费用通常应计入当期损益，但是为特定客户设计产品所发生的、可直接确定的设计费用应计入存货成本。

存货的来源不同，其成本的构成内容也不同。原材料、商品、低值易耗品等通过购买而取得的存货的成本由采购成本构成；产成品、在产品、半成品等自制或需委托外单位加工完成的存货的成本由采购成本、加工成本以及使存货达到目前场所和状态所发生的其他支出构成。

## 四、发出存货成本的计算方法

企业应当根据存货的实务流转方式、企业管理的要求、存货的性质等实际情况，合理地确定发出存货成本的计算方法，以及当期发出存货的成本。

对于性质和用途相同的存货，应当采用相同的成本计算方法确定发出存货的成本。

在实际成本核算方式下，企业可以采用的发出存货成本的计算方法包括个别计价法、先进先出法、月末一次加权平均法和移动加权平均法等。

1. 个别计价法(单个确认)

概念：个别计价法，亦称个别认定法、具体辨认法、分批实际法，采用这一方法是假设存货具体项目的实物流转与成本流转相一致，按照各种存货逐一辨认各批存货发出存货和期末存货所属的购进批别或生产批别，分别按其购入或生产时所确定的单位成本计算各批发出存货和期末存货成本的方法。

特点：成本计算准确，符合实际情况，但在存货收发频繁情况下，其发出成本分辨的工作量较大。

适用情况：适用于一般不能替代使用的存货、为特定项目专门购入或制造的存货以及提供的劳务，如珠宝、名画等贵重物品。

2. 先进先出法(先进来的先出去)

采用先进先出法计算发出存货成本的示例如表 2-15 所列。

**表 2-15 先进先出法下计算发出存货的成本**

| 日期 | 增加 | | | 减少 | | | 结余 | | |
|---|---|---|---|---|---|---|---|---|---|
| | 数量(吨) | 单价(元/吨) | 金额(元) | 数量(吨) | 单价(元/吨) | 金额(元) | 数量(吨) | 单价(元/吨) | 金额(元) |
| 1.1 | | | | | | | 200 | 200 | 40 000 |
| 1.4 | 300 | 180 | 54 000 | | | | | | |

表 2-15(续)

| 日期 | 增加 | | | 减少 | | | 结余 | | |
|---|---|---|---|---|---|---|---|---|---|
| | 数量（吨） | 单价（元/吨） | 金额（元） | 数量（吨） | 单价（元/吨） | 金额（元） | 数量（吨） | 单价（元/吨） | 金额（元） |
| 1.10 | | | | 400 | | 200×200+200×180=76 000 | | | |
| 1.15 | 500 | 200 | 100 000 | | | | | | |
| 1.19 | | | | 300 | | 100×180+200×200=58 000 | | | |
| 1.27 | | | | 100 | | 100×200=20 000 | | | |
| 1.31 | | | | | | | 200 | 200 | 40 000 |
| 合计 | | | 154 000 | | | 154 000 | | | |

3. 月末一次加权平均法(月底算一次，只考虑购进，不考虑发出)

采用月末一次加权平均法计算发出存货成本的示例如表 2-16 所列。

**表 2-16 月末一次加权平均法下计算发出存货的成本**

| 日期 | 增加 | | | 减少 | | | 结余 | | |
|---|---|---|---|---|---|---|---|---|---|
| | 数量（吨） | 单价（元/吨） | 金额（元） | 数量（吨） | 单价（元/吨） | 金额（元） | 数量（吨） | 单价（元/吨） | 金额（元） |
| 1.1 | | | | | 194 | | 200 | 200 | 40 000 |
| 1.4 | 300 | 180 | 54 000 | | | | | | |
| 1.10 | | | | 400 | | 77 600 | | | |
| 1.15 | 500 | 200 | 100 000 | | | | | | |
| 1.19 | | | | 300 | | 58 200 | | | |
| 1.27 | | | | 100 | | 19 400 | | | |
| 1.31 | | | | | | | 200 | 194 | 38 800 |
| 合计 | | | 154 000 | | | 155 200 | | | |

表中加权平均单价为：

$$加权平均单价=\frac{40\ 000+54\ 000+100\ 000}{200+300+500}=194(元/吨)$$

4. 移动加权平均法(购入一次算一次)

采用移动加权平均法计算发出存货成本的示例如表 2-17 所示。

**表 2-17 移动加权平均法下计算发出存货的成本**

| 日期 | 增加 | | | 减少 | | | 结余 | | |
|---|---|---|---|---|---|---|---|---|---|
| | 数量 | 单价 | 金额 | 数量 | 单价 | 金额 | 数量 | 单价 | 金额 |
| 1.1 | | | | | | | 200 | 200 | 40 000 |
| 1.4 | 300 | 180 | 54 000 | | | | | | |
| 1.10 | | | | 400 | 188 | 75 200 | | | |

表 2-17(续)

| 日期 | 增加 | | | 减少 | | | 结余 | | |
|---|---|---|---|---|---|---|---|---|---|
| | 数量 | 单价 | 金额 | 数量 | 单价 | 金额 | 数量 | 单价 | 金额 |
| 1.15 | 500 | 200 | 100 000 | | | | | | |
| 1.19 | | | | 300 | 198 | 59 400 | | | |
| 1.27 | | | | 100 | 198 | 19 800 | | | |
| 1.31 | | | | | | | 200 | 198 | 39 600 |
| 合计 | | | 154 000 | | | 154 400 | | | |

## 原材料

### 一、概念

原材料，是指企业在生产过程中经过加工改变其形态或性质并构成产品主要实体的各种原料、主要材料和外购半成品，以及不构成产品实体但有助于产品形成的辅助材料。原材料具体包括原料及主要材料、辅助材料、外购半成品（外购件）、修理用备件（备品备件）、包装材料、燃料等。

原材料的日常收发及结存可以采用实际成本核算，也可以采用计划成本核算。

### 二、采用实际成本核算

1. 原材料核算应设置的会计科目

原材料采用实际成本核算时，材料的收入、发出及结存，无论总分类核算还是明细分类核算，均按照实际成本计价。

(1)“原材料”科目

用于核算企业库存各种材料的收入、发出与结存情况。

原材料

| 入库材料的实际成本 | 发出材料的实际成本 |
|---|---|
| 反映企业库存材料的实际成本 | |

(2)“在途物资”科目

用于核算企业采用实际成本（进价）进行材料、商品等物资的日常核算、价款已付尚未验收入库的各种物资（即在途物资）的采购成本，本科目应当按照供应单位和物资品种进行明细核算。

在途物资

| 购入在途物资的实际成本 | 验收入库在途物资 |
|---|---|
| 在途物资的采购成本 | |

(3)“应付账款”科目

用于核算企业因购买材料、商品和接受劳务等经营活动应支付的款项。

应付账款

| 支付的应付账款 | 尚未支付的款项 |
| --- | --- |
| | 尚未支付的应付账款 |

2. 原材料核算的账务处理

(1) 购入原材料(见表 2-18)

**表 2-18 采购原材料的账务处理方法**

| 业务类型 | 实际成本计价法 |
| --- | --- |
| 单货同行 | 借:原材料<br>　应交税费——应交增值税(进项税额)<br>　贷:银行存款 |
| 单先货后 | 单到:<br>借:在途物资<br>　应交税费——应交增值税(进项税额)<br>　贷:银行存款<br>货到:<br>借:原材料<br>　贷:在途物资 |
| 货先单后 | 月末按暂估价:<br>借:原材料<br>　贷:应付账款<br>下月初,红字冲销上述分录,等单到后按单货同行处理 |
| 预付货款 | 预付货款时:<br>借:预付账款<br>　贷:银行存款<br>收到材料并验收入库时:<br>借:原材料<br>　应交税费——应交增值税(进项税额)<br>　贷:预付账款(一站到底)<br>补付货款时:<br>借:预付账款(实付-预付)<br>　贷:银行存款 |

(2) 发出原材料(见表 2-19)

**表 2-19 发出原材料的会计处理方法**

| 用　途 | 会计处理 | |
|---|---|---|
| 生产经营领用材料 | 借记:“生产成本”<br>“管理费用”<br>“制造费用”<br>“销售费用” | 贷记:“原材料” |
| 销售材料结转成本 | 借记:“其他业务成本” | |
| 发出委托外单位加工的材料 | 借记:“委托加工物资” | |

## 周转材料

周转材料,是指企业能够多次使用,不符合固定资产定义,逐渐转移其价值但仍保持原有形态,不确认为固定资产的材料。企业的周转材料包括包装物和低值易耗品。

### 一、包装物

1. 包装物的内容

包装物,是指为了包装商品而储备的各种包装容器,如桶、箱、瓶、坛、袋等。其具体内容包括:

(1) 生产过程中用于包装产品作为产品组成部分的包装物;

(2) 随同商品出售而不单独计价的包装物;

(3) 随同商品出售单独计价的包装物;

(4) 出租(其他业务)或出借(促销)给购买单位使用的包装物。

2. 包装物的账务处理

企业应当设置“周转材料——包装物”科目进行核算,借方登记包装物的增加,贷方登记包装物的减少,期末余额在借方,通常反映企业期末结存包装物的金额。

包装物的账务处理方法如表 2-20 所列。

**表 2-20 包装物的账务处理方法**

| 情　形 | 分　录 |
|---|---|
| (1) 作为产品组成部分 | 借:生产成本<br>贷:周转材料<br>材料成本差异(计划成本法下,可能在借方) |
| (2) 随同商品出售不单独计价/出借(促销) | 借:销售费用<br>贷:周转材料<br>材料成本差异(计划成本法下,可能在借方) |
| (3) 随同商品出售单独计价/出租(其他业务收入) | 借:其他业务成本<br>贷:周转材料<br>材料成本差异(计划成本法下,可能在借方) |

表 2-20(续)

| 情　形 | 分 录 | |
|---|---|---|
| (4) 随同出租包装物 | 包装物发出 | 借:周转材料——包装物——出租包装物<br>　贷:周转材料——包装物——库存包装物 |
| | 租金收入 | 借:银行存款<br>　贷:其他业务收入<br>　　应交税费——应交增值税(销项税额) |
| | 包装物摊销 | 借:其他业务成本<br>　贷:周转材料——包装物——包装物摊销 |
| | 包装物维修 | 借:其他业务成本<br>　贷:银行存款、原材料、应付职工薪酬等 |
| (5) 出借包装物 | 包装物发出 | 借:周转材料——包装物——出借包装物<br>　贷:周转材料——包装物——库存包装物 |
| | 收取押金 | 借:银行存款<br>　贷:其他应付款 |

## 二、低值易耗品

1. 低值易耗品的内容

作为存货核算和管理的低值易耗品,一般划分为一般工具、专用工具、替代设备、管理用具、劳保用品和其他用具等。

2. 低值易耗品的账务处理

企业应当设置"周转材料——低值易耗品"科目进行核算。

低值易耗品的摊销可采用一次摊销法或分次摊销法,摊销时记入"制造费用"等科目。

(1) 一次摊销法

金额较小的,可在领用时一次计入成本费用,但为加强实物管理,应当在备查簿上进行登记。

借:制造费用
　贷:周转材料——低值易耗品

(2) 分次摊销法(如图 2-1 所示)

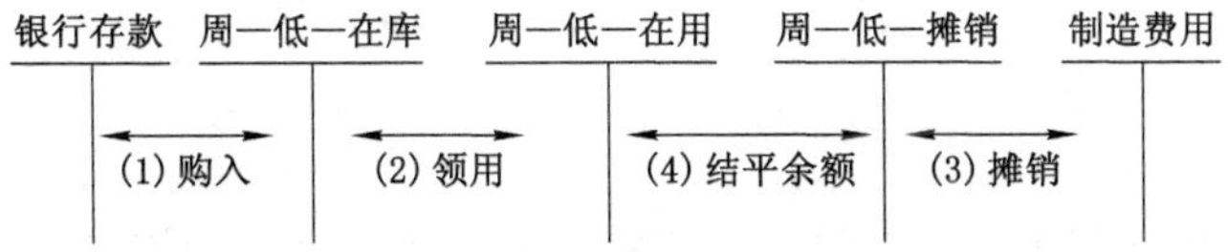


图 2-1　分次摊销账务处理示意图

## 库存商品

### 一、库存商品的内容

库存商品，是指企业已完成全部生产过程并已验收入库、合乎标准规格和技术条件，可以按照合同规定的条件送交订货单位，或可以作为商品对外销售的产品以及外购或委托加工完成的各种商品。

### 二、库存商品的账务处理

1. 科目设置

设置“生产成本”“库存商品”科目。

2. 账务处理

(1) 验收入库商品（生产型企业）

账务处理如图 2-2 所示。

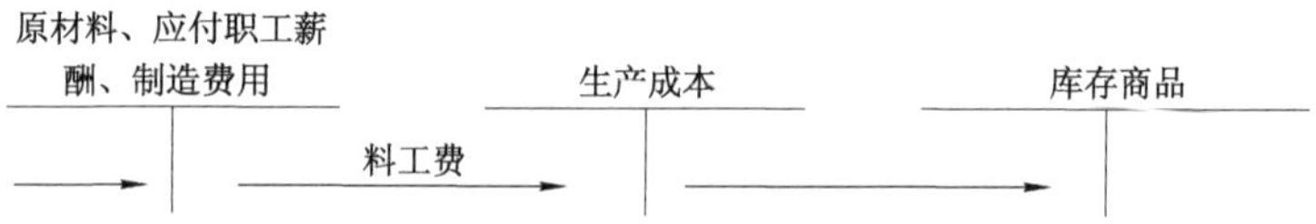


图 2-2　验收入库商品账务处理示意图

借：库存商品

　贷：生产成本——基本生产成本

(2) 发出商品

账务处理如图 2-3 所示。

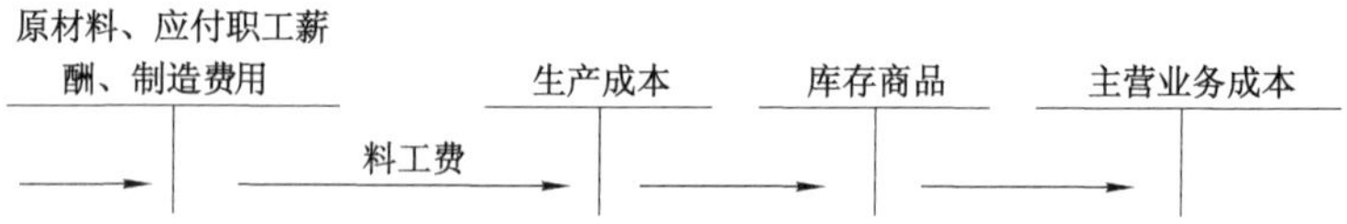


图 2-3　发出商品账务处理示意图

借：主营业务成本

　贷：库存商品

商品流通企业发出存货，通常采用毛利率法和售价金额核算法进行核算。

**原理**

成本＋毛利（进销差价）＝售价（收入）

① 毛利率法

毛利率法是根据本期销售净额乘以上期实际毛利率匡算本期销售毛利，并据以计算发出存货和期末存货成本的一种方法。

**方法**

销售额－销售毛利＝销售成本

期末存货成本＝期初存货成本＋本期购货成本－本期销售成本

【提示】 毛利率法是商品流通企业，尤其是商业批发企业常用的计算本期商品销售成本和期末库存商品成本的方法。商品流通企业由于经营商品的品种繁多，如果分品种计算商品成本，工作量将大大增加；而且一般来讲，商品流通企业同类商品的毛利率大致相同，采用这种存货计价方法既能减轻工作量，也能满足对存货管理的需要。

② 售价金额核算法

售价金额核算法是指平时商品的购入、加工收回、销售均按售价记账，售价与进价的差额通过“商品进销差价”科目核算，期末计算进销差价率和本期已销售商品应分摊的差价，并据以调整本期销售成本的一种方法。

## 存货减值

### 一、存货期末计量原则

1. 总原则

资产负债表日，存货应当按照成本（不是账面价值）与可变现净值（不是售价）孰低计量。其中，成本指的是期末存货的实际成本；可变现净值＝估计售价－至完工时估计将要发生的成本－估计的销售费用－相关税费。

2. 判断原则

(1) 没减值：当存货成本低于其可变现净值时，存货按成本计价。

(2) 发生减值：当存货成本高于其可变现净值时，表明存货可能发生损失，存货按可变现净值计价，成本与可变现净值的差额应计入当期损益（资产减值损失），并相应减少存货的账面价值。

(3) 减值消失：以前减记存货价值的影响因素已经消失的，减记的金额应当予以恢复，并在原已计提的存货跌价准备金额内转回，转回的金额计入当期损益。

### 二、存货减值的账务处理

1. 科目设置

为了反映和监督企业存货跌价准备的计提、转回和转销情况，企业应设置“存货跌价准备”科目，跌价损失的借方记入“资产减值损失”科目。

存货跌价准备

| | |
|---|---|
| 实际发生的存货跌价损失金额和转回的存货跌价准备金额 | 计提的跌价准备金额 |

2. 账务处理

(1) 当存货成本高于其可变现净值，应计提减值损失

借：资产减值损失

贷:存货跌价准备(差额)

(2) 转回已计提的存货跌价准备

前提:影响因素已经消失,并不是单纯的可变现净值高于成本。

原则:在原计提范围内转回。

借:存货跌价准备

贷:资产减值损失

(3) 销售存货时应结转对应的存货跌价准备

借:主营业务成本/其他业务成本

贷:库存商品

借:存货跌价准备(对于已计提的存货跌价准备)

贷:主营业务成本/其他业务成本

或者

借:主营业务成本/其他业务成本

存货跌价准备(对于已计提的存货跌价准备)

贷:库存商品

存货跌价准备是因存货产生的,存货出售,跌价准备就不存在了,相应的跌价也应随之结转。

【提示】 在资产负债表日,为生产而持有的材料等,用其生产的产成品的可变现净值高于成本的,该材料仍然应当按照成本计量;材料价格的下降表明产成品的可变现净值低于成本的(由于材料价格下跌引起的),该材料应当按照可变现净值计量。

## 第五节 固定资产

### 固定资产概述

#### 一、概念

固定资产,是指同时具有下列特征的有形资产(实物形态——区别于无形资产):

(1) 为生产商品、提供劳务、出租或经营管理而持有的(持有目的——区别于存货);

(2) 使用寿命超过一个会计年度(使用期限)。

#### 二、固定资产的分类

按固定资产的经济用途和使用情况等综合分类,可把企业的固定资产划分为七大类:

(1) 生产经营用固定资产;

(2) 非生产经营用固定资产;

(3) 租出固定资产(指企业在经营租赁方式下出租给外单位使用的固定资产);

(4) 不需用固定资产;

(5) 未使用固定资产;

(6) 土地(指过去已经估价单独入账的土地,企业取得的土地使用权应作为无形资产管理和核算,不作为固定资产管理和核算);

(7) 租入固定资产(指企业除短期租赁和低价值资产租赁租入的固定资产外,在租赁期内,应视同自有固定资产进行管理)。

## 三、固定资产核算应设置的会计科目

企业固定资产核算一般需要设置"固定资产""在建工程""工程物资""累计折旧""固定资产清理"等科目。

"固定资产"科目核算企业固定资产的原价,借方登记企业增加的固定资产的原价,贷方登记企业减少的固定资产的原价,期末借方余额,反映企业期末固定资产的账面原价。

"在建工程"科目核算企业基建、更新改造等在建工程发生的支出,借方登记企业各项在建工程的实际支出,贷方登记完工工程转出的成本,期末借方余额,反映企业尚未达到预定可使用状态的在建工程的成本。

"工程物资"科目核算企业为在建工程而准备的各种物资的实际成本,借方登记企业购入工程物资的成本,贷方登记领用工程物资的成本,期末借方余额,反映企业为在建工程准备的各种物资的成本。

## 取得固定资产

固定资产的取得途径包括但不限于外购、自建(营)、投资者投入与盘盈。下面以外购固定资产为例讲解固定资产的取得。

1. 成本构成

企业外购的固定资产,应按实际支付的购买价款、相关税费、使固定资产达到预定可使用状态前所发生的可归属于该项资产的运输费、装卸费、安装费和专业人员服务费等作为固定资产的取得成本。

2. 账务处理

(1) 不需要安装的固定资产

借:固定资产(购买价款)
　　应交税费——应交增值税(进项税额)
　贷:银行存款

(2) 需要安装的固定资产

① 购入时

借:在建工程
　　应交税费——应交增值税(进项税额)
　贷:银行存款

② 支付安装费用等时

借:在建工程
　贷:银行存款

③ 安装完毕达到预定可使用状态时

借:固定资产
　贷:在建工程

## 例题

**【例 2-1】** 2021 年 5 月 10 日，甲公司购入一台不需要安装即可投入使用的设备，取得的增值税专用发票上注明的设备价款为 30 000 元，增值税税额为 3 900 元；另支付包装费并取得增值税专用发票，注明包装费 700 元，税率 6%，增值税税额 42 元，款项以银行存款支付。甲公司属于增值税一般纳税人。

| | | |
|---|---|---|
| 借：固定资产 | 30 700 | |
| 应交税费——应交增值税（进项税额） | 3 942 | |
| 贷：银行存款 | | 34 642 |

**【例 2-2】** 2021 年 6 月 1 日，甲公司购入一幢商业大楼作为生产车间并交付使用，取得的增值税专用发票上注明的价款为 20 000 万元，增值税税额为 1 800 万元，款项以银行存款支付。甲公司为增值税一般纳税人。

2021 年 6 月 1 日，购入固定资产时：

| | | |
|---|---|---|
| 借：固定资产 | 20 000 | |
| 应交税费——应交增值税（进项税额） | 1 800 | |
| 贷：银行存款 | | 21 800 |

**【例 2-3】** 2021 年 5 月 15 日，甲公司用银行存款购入一台需要安装的设备，取得的增值税专用发票上注明的价款为 200 000 元，增值税税额为 26 000 元；支付安装费并取得增值税专用发票，注明安装费 40 000 元，税率 9%，增值税税额为 3 600 元。甲公司为增值税一般纳税人。

① 购入设备支付价款：

| | | |
|---|---|---|
| 借：在建工程 | 200 000 | |
| 应交税费——应交增值税（进项税额） | 26 000 | |
| 贷：银行存款 | | 226 000 |

② 支付安装费：

| | | |
|---|---|---|
| 借：在建工程 | 40 000 | |
| 应交税费——应交增值税（进项税额） | 3 600 | |
| 贷：银行存款 | | 43 600 |

③ 设备安装完毕交付使用：

| | | |
|---|---|---|
| 借：固定资产（200 000＋40 000） | 240 000 | |
| 贷：在建工程 | | 240 000 |

**【例 2-4】** 2021 年 7 月 1 日，甲公司向乙公司（为增值税一般纳税人）一次购进了 3 台不同型号且具有不同生产能力的设备 A、B、C，取得的增值税专用发票上注明的价款为 10 000 万元，增值税税额为 1 300 万元；另支付包装费 75 万元，税率 6%，增值税税额为 4.5 万元，全部以银行存款转账支付。假定设备 A、B、C 均满足固定资产的定义及确认条件，公允价值分别为 4 500 万元、3 850 万元、1 650 万元（均不含税）。甲公司为增值税一般纳税人。

注：企业以一笔款项购入多项没有单独标价的固定资产，应将各项资产单独确认为固定资产，并按各项固定资产公允价值的比例对总成本进行分配，分别确定各项固定资产的

成本。

① 确定应计入固定资产成本的金额：

10 000＋75＝10 075(万元)

② 确定设备A、B、C的价值分配比例：

A设备：4 500/(4 500＋3 850＋1 650)×100％＝45％

B设备：3 850/(4 500＋3 850＋1 650)×100％＝38.5％

C设备：1 650/(4 500＋3 850＋1 650)×100％＝16.5％

③ 确定设备A、B、C各自的成本：

A设备的成本＝10 075×45％＝4 533.75(万元)

B设备的成本＝10 075×38.5％＝3 878.875(万元)

C设备的成本＝10 075×16.5％＝1 662.375(万元)

④ 甲公司应作如下会计处理：

| | | |
|---|---|---|
| 借：固定资产——A设备 | 4 533.75 | |
| ——B设备 | 3 878.875 | |
| ——C设备 | 1 662.375 | |
| 应交税费——应交增值税(进项税额) | 1 304.50 | |
| 贷：银行存款 | | 11 379.5 |

## 固定资产计提折旧

### 一、概述

固定资产折旧，是指在固定资产使用寿命内，按照确定的方法对应计折旧额进行系统分摊。应计折旧额是指应当计提折旧的固定资产的原价扣除其预计净残值后的金额。已计提减值准备的固定资产，还应当扣除已计提的固定资产减值准备累计金额。

1. 影响固定资产折旧的因素

(1) 固定资产原价(成本)。

(2) 预计净残值：假定固定资产预计使用寿命已满并处于使用寿命终了时的预期状态，企业目前从该项资产处置中获得的扣除预计处置费用后的金额(报废了还值多少钱)。

(3) 固定资产减值准备：固定资产已计提的固定资产减值准备累计金额。每计提一次减值准备，固定资产后续期间都应按最新固定资产账面价值重新计算折旧。

(4) 固定资产的使用寿命(预计使用期间，或能生产产品或提供劳务的数量)。

公式

应计折旧额＝原价－预计净残值－固定资产减值准备

【提示】

固定资产账面净值＝固定资产原值－累计折旧

固定资产账面价值＝固定资产原值－累计折旧－固定资产减值准备

＝固定资产账面净值－固定资产减值准备

2. 固定资产计提折旧的范围

除以下情况外，企业应当对所有固定资产计提折旧：

第一，已提足折旧仍继续使用的固定资产；

第二，单独计价入账的土地。

除此之外，对于改扩建期间的固定资产不计提折旧。

在确定固定资产计提折旧的范围时，还应注意以下几点：

（1）固定资产应当按月计提折旧，当月增加的固定资产，当月不计提折旧，从下月起计提折旧；当月减少的固定资产，当月仍计提折旧，从下月起不计提折旧。

（2）固定资产提足折旧后，不论能否继续使用，均不再计提折旧；提前报废的固定资产，也不再补提折旧。所谓提足折旧，是指已经提足该项固定资产的应计折旧额。

（3）已达到预定可使用状态但尚未办理竣工决算的固定资产，应当按照估计价值确定其成本，并计提折旧；待办理竣工决算后，再按实际成本调整原来的暂估价值，但不需要调整原已计提的折旧额。

3. 固定资产的使用寿命、预计净残值和折旧方法的复核

企业至少应当于每年年度终了，对固定资产的使用寿命、预计净残值和折旧方法进行复核。

固定资产的使用寿命、预计净残值和折旧方法的改变应当作为会计估计变更处理，见表 2-21。

**表 2-21 固定资产折旧调整内容与处理方法**

| 项目 | 处理 |
|---|---|
| 使用寿命预计数与原先估计数有差异 | 调整固定资产使用寿命 |
| 预计净残值预计数与原先估计数有差异 | 调整预计净残值 |
| 与固定资产有关的经济利益预期实现方式有重大改变的 | 改变固定资产折旧方法 |

## 二、固定资产折旧方法

企业应当根据与固定资产有关的经济利益的预期实现方式，合理选择固定资产折旧方法。可选用的折旧方法包括年限平均法（又称直线法）、工作量法、双倍余额递减法和年数总和法等。

【提示】 账面余额、账面净值、账面价值分别是什么？

账面余额＝资产原值（当初买价）

账面净值＝资产原值－累计折旧（不考虑减值）

账面价值＝资产原值－累计折旧－资产减值准备（账面实际余额）

1. 年限平均法

采用年限平均法计提固定资产折旧，是将固定资产的应计折旧额均衡地分摊到固定资产预计使用寿命内，计算的每期折旧额是相等的。

年限平均法的计算公式：

公式

年折旧额=(固定资产原值－预计净残值)/预计使用寿命(年)

=固定资产原值×(1－预计净残值率)/预计使用寿命(年)

月折旧额=年折旧额/12

2. 工作量法

工作量法是指根据实际工作量计算固定资产每期应计提折旧额的一种方法。

工作量法的计算公式：

公式

单位工作量折旧额=固定资产原值×(1－预计净残值率)/预计总工作量

某项固定资产月折旧额=该项固定资产当月工作量×单位工作量折旧额

3. 双倍余额递减法

双倍余额递减法，是指在不考虑固定资产预计净残值的情况下，根据每期固定资产原价减去累计折旧后的余额和双倍的直线法折旧率计算固定资产折旧的一种方法。

(1) 应计折旧额=固定资产原值－预计净残值

① 非最后2年：应计折旧额=固定资产原值－累计折旧

② 最后2年：应计折旧额=固定资产原值－累计折旧－预计净残值

(2) 年折旧率

① 非最后2年：年折旧率=2/预计使用寿命(年)×100%

② 最后2年：年折旧率=1/2×100%

(3) 年折旧额=应计折旧额×年折旧率

(4) 月折旧额=年折旧额/12

4. 年数总和法

年数总和法是指将固定资产的原值减去预计净残值后的余额，乘以一个逐年递减的分数(年折旧率)计算每年的折旧额。这个分数(年折旧率)的分子代表固定资产尚可使用年限，分母代表固定资产的预计使用年限逐年数字总和。

年数总和法的计算公式：

公式

年折旧率=固定资产尚可使用年限÷预计使用年限的年数总和×100%

折旧额=(固定资产原值－预计净残值)×折旧率

年数总和法的特点：① 年折旧额逐年递减；② 各年的折旧率不同。

## 三、固定资产折旧的账务处理

1. 科目设置

固定资产应当按月计提折旧，计提的折旧应当计入“累计折旧”科目，并根据固定资产的用途计入相关资产的成本或当期损益。

“累计折旧”科目属于“固定资产”科目的备抵科目，核算企业固定资产的累计折旧，贷方登记企业计提的固定资产折旧，借方登记处置固定资产转出的累计折旧，期末贷方余额，反映企业固定资产的累计折旧额。

2. 账务处理

借：在建工程（建造固定资产过程中使用）
　　其他业务成本（经营租出）
　　制造费用（非专用生产设备）
　　销售费用（销售部门设备）
　　管理费用（管理部门设备）
　贷：累计折旧

【注意】 计提折旧，贷方科目一定是累计折旧，借方科目根据使用设备的部门性质确定。

## 固定资产的后续支出

### 一、概念

固定资产的后续支出，是指固定资产在使用过程中发生的更新改造支出、修理费用等。

### 二、处理原则

（1）满足固定资产确认条件的，应当计入固定资产成本，如有被替换的部分，应同时将被替换部分的账面价值（不是账面原值）从该固定资产原账面价值中扣除（资本化支出）；

（2）不满足固定资产确认条件的固定资产修理费用等，应当在发生时计入当期损益（费用化支出）。

### 三、账务处理

1. 满足资本化支出条件

（1）转入在建工程

借：在建工程（账面价值）
　　累计折旧
　　固定资产减值准备
　贷：固定资产

（2）发生资本化支出

借：在建工程
　　应交税费——应交增值税（进项税额）
　贷：银行存款等

（3）达到预定可使用状态

借：固定资产
　贷：在建工程

2. 不满足资本化支出条件

借：销售费用（销售部门）

管理费用(管理部门和生产车间)

应交税费——应交增值税(进项税额)

贷:银行存款

## 处置固定资产

### 一、概念

固定资产处置即固定资产的终止确认,具体包括固定资产的出售、报废、毁损、对外投资、非货币性资产交换、债务重组等。

### 二、账务处理

1. 科目设置

企业处置固定资产应通过“固定资产清理”科目进行核算。

“固定资产清理”科目核算企业因出售、报废、毁损、对外投资、非货币性资产交换、债务重组等原因转入清理的固定资产价值以及在清理过程中发生的清理费用和清理收益。见图 2-4。

固定资产清理

| | |
|---|---|
| 转出固定资产的账面价值<br>清理过程中支付的各项税费及其他费用 | 出售固定资产取得的价款<br>残料收入<br>变价收入 |
| 固定资产清理净损失<br>结转固定资产清理净收益 | 固定资产清理净收益<br>结转固定资产清理净损失 |

图 2-4　固定资产清理账户结构

2. 账务处理

(1) 将固定资产(账面价值)转入固定资产清理

借:固定资产清理

累计折旧

固定资产减值准备

贷:固定资产

(2) 发生清理费用等

借:固定资产清理

应交税费——应交增值税(进项税额)

贷:银行存款

(3) 收回出售固定资产的价款、残料价值和变价收入等

① 收回出售固定资产的价款、税款

借:银行存款

贷:固定资产清理

应交税费——应交增值税(销项税额)

② 残料入库

借:原材料

  贷:固定资产清理

(4) 保险或过失人赔偿的处理

借:其他应收款

  贷:固定资产清理

(5) 清理净损益的处理(见表 2-22)

**表 2-22 固定资产清理净损益的情形及账务处理**

| 情形 | | 会计分录 |
|---|---|---|
| 因固定资产已丧失使用功能或因自然灾害发生毁损等原因而报废清理产生的利得或损失应计入营业外收支 | 净损失 | 借:营业外支出——处置非流动资产损失(正常原因)<br>  营业外支出——非常损失(非正常原因)<br>  贷:固定资产清理 |
| | 净收益 | 借:固定资产清理<br>  贷:营业外收入——非流动资产处置利得 |
| 因出售、转让等原因产生的固定资产处置利得或损失应计入资产处置收益 | 净损失 | 借:资产处置损益<br>  贷:固定资产清理 |
| | 净收益 | 借:固定资产清理<br>  贷:资产处置损益 |

## 固定资产减值

### 一、概念

固定资产的初始入账价值为历史成本,由于固定资产使用年限较长,市场条件和经营环境的变化、科学技术的进步以及企业经营管理不善等原因,都可能导致固定资产创造未来经济利益的能力大大下降。因此,固定资产的真实价值有可能低于账面价值,在期末必须对固定资产减值损失进行确认。

### 二、账务处理

固定资产在资产负债表日存在可能发生减值的迹象时,其可收回金额低于账面价值的,企业应当将该固定资产的账面价值减记至可收回金额,减记的金额确认为减值损失,计入当期损益。

借:资产减值损失——固定资产减值损失

  贷:固定资产减值准备

【提示】 企业固定资产减值损失一经确认,在以后会计期间不得转回。

# 第三章　负　　债

**本章概述**

本章主要讲解企业应付的短期金融负债(短期借款)和各项经营债务,重点是应付职工薪酬的核算和应交税费的核算。本章内容和收入结合较多,属于比较重要的章节。

## 第一节　短期借款

### 短期借款

#### 一、概念

短期借款,是指企业向银行或其他金融机构等借入的期限在1年以下(含1年)的各种款项。

短期借款一般是企业为了满足正常生产经营所需的资金或者是为了抵偿某项债务而借入的。

#### 二、科目设置

企业应当设置“短期借款”科目,核算短期借款的取得、偿还等情况。

“短期借款”科目贷方登记取得短期借款本金的金额,借方登记偿还短期借款本金的金额,期末余额在贷方,反映企业尚未偿还的短期借款。

### 短期借款的账务处理

#### 一、借入短期借款

借入短期借款的账务处理方法如表3-1所列。

**表3-1　短期借款的账务处理方法(1)**

| 业务时点 | 短期借款账务处理 |
| --- | --- |
| 取得时 | 借:银行存款<br>　贷:短期借款 |
| 期末计提利息时 | 借:财务费用<br>　贷:应付利息 |
| 实际支付利息 | 借:应付利息<br>　贷:银行存款 |
| 利息按月支付,无须计提 | 借:财务费用<br>　贷:银行存款 |

## 二、归还短期借款

归还短期借款的账务处理方法如表 3-2 所列。

**表 3-2 短期借款的账务处理方法(2)**

| 情　　形 | 短期借款账务处理 |
| --- | --- |
| 归还本金 | 借:短期借款<br>　贷:银行存款 |
| 利息到期一次支付 | 借:应付利息(累计计提利息)<br>　　财务费用(到期当期利息)<br>　贷:银行存款 |

# 第二节　应付及预收款项

## 应付票据

### 一、概念

应付票据,是指企业购买材料、商品和接受劳务供应等而开出、承兑的商业汇票,包括商业承兑汇票和银行承兑汇票(应付票据对比应收票据,一个是收一个是付)。

我国商业汇票的付款期限不超过 6 个月。

### 二、科目设置

应付票据

| 支付票据金额 | 开出、承兑汇票的面值 |
| --- | --- |
| | 尚未到期的票面金额 |

### 三、账务处理

应付票据的账务处理方法如表 3-3 所列。

**表 3-3 应付票据的账务处理方法**

| 业务时点 | 应付票据账务处理 |
| --- | --- |
| 开出商业汇票 | 借:原材料/材料采购/在途物资/库存商品等<br>　　应交税费——应交增值税(进项税额)<br>　贷:应付票据 |
| 开出银行承兑汇票,支付手续费 | 借:财务费用<br>　　应交税费——应交增值税(进项税额)<br>　贷:银行存款 |

**表 3-3(续)**

| 业务时点 | 应付票据账务处理 |
| --- | --- |
| 商业汇票到期支付票据额 | 借:应付票据<br>　贷:银行存款 |
| 转销应付票据 | 如果是商业承兑汇票,到期无力偿还款项时:<br>借:应付票据<br>　贷:应付账款 |
| | 如果是银行承兑汇票,到期无力偿还款项时:<br>借:应付票据<br>　贷:短期借款 |

## 应付账款

### 一、概念

应付账款,是指企业因购买材料、商品或接受劳务供应等经营活动而应付给供应单位的款项。

如果购入的资产在形成一笔应付账款时是带有现金折扣条件的,应付账款入账金额的确定应按发票上记载的应付金额的总值确定,也就是按照扣除现金折扣前的应付账款总额入账。

### 二、科目设置

企业应当设置"应付账款"科目核算应付账款的发生、偿还、转销等情况。该科目贷方登记应付未付款项的增加,借方登记应付未付款项的减少,期末贷方余额反映企业尚未支付的应付账款余额。

应付账款

| | |
| --- | --- |
| 偿还的、开出商业汇票抵付的、冲销无法支付的应付账款 | 发生的应付账款 |
| 预付账款 | 尚未支付的应付账款 |

←→

预付账款

| | |
| --- | --- |
| | |
| 预付账款 | 应付账款 |

企业预付账款业务不多时,可以不单独设置"预付账款"科目,直接将预付的款项记入"应付账款"科目的借方。

### 三、账务处理

应付账款的账务处理方法如表 3-4 所列。

**表 3-4 应付账款的账务处理方法**

| 业务时点 | 应付账款账务处理 |
| --- | --- |
| 赊购原材料产生应付账款 | 借:原材料等<br>应交税费——应交增值税(进项税额)<br>贷:应付账款 |
| 偿还应付账款 | 借:应付账款<br>贷:银行存款<br>应付票据(开出商业汇票抵付) |
| 附有现金折扣条件的应付账款偿还时 | 借:应付账款<br>贷:银行存款(实际偿还的金额)<br>财务费用(享有的现金折扣) |
| 确实无法偿付或无须支付时 | 借:应付账款<br>贷:营业外收入 |

## 预收账款

### 一、概念

预收账款,是指企业按照合同规定向购货单位预收的款项。与应付账款不同,预收账款所形成的负债不是以货币清偿,而是以货物清偿。

### 二、科目设置

企业应设置"预收账款"科目,核算预收账款的取得、偿付等情况。该科目贷方登记发生的预收账款金额和购货单位补付账款的金额;借方登记企业向购货方发货后冲销的预收账款金额和退回购货方多付账款的金额;期末贷方余额,反映企业预收的款项,如为借方余额,反映企业尚未转销的款项。

预收账款

| | |
| --- | --- |
| 发货后冲销的和退回购货方多付账款的金额 | 收到预收款 |
| 应收账款 | 预收账款 |

←→

应收账款

| | |
| --- | --- |
| | 收到预收款 |
| 应收账款 | 预收账款 |

企业预收货款业务不多时,可以不单独设置"预收账款"科目,直接将预收的款项记入"应收账款"科目的贷方。

### 三、账务处理

预收账款的账务处理方法如表 3-5 所列。

**表 3-5　预收账款的账务处理方法**

| 业务时点 | 预收账款账务处理 |
|---|---|
| 取得预收款时 | 借：银行存款<br>　贷：预收账款 |
| 实现租赁服务时 | 借：预收账款<br>　贷：其他业务收入<br>　　应交税费——应交增值税（销项税额） |
| 收到客户补付的款项时 | 借：银行存款<br>　贷：预收账款<br>　　应交税费——应交增值税（销项税额） |
| 向客户退回其多付的款项时 | 借：预收账款<br>　应交税费——应交增值税（销项税额）<br>　贷：银行存款 |

## 应付利息和应付股利

### 一、应付利息

1. 概念

应付利息，是指企业按照合同约定应支付的利息，包括预提短期借款利息、分期付息到期还本的长期借款、企业债券等应支付的利息。

2. 科目设置

企业应当设置“应付利息”科目核算应付利息的发生、支付情况。该科目贷方登记按照合同约定计算的应付利息；借方登记实际支付的利息；期末贷方余额，反映企业应付未付的利息。

应付利息

| | |
|---|---|
| 实际支付利息 | 按照合同约定计算的应付利息 |
| | 企业应付未付的利息 |

3. 账务处理（见表 3-6）

**表 3-6　应付利息的账务处理方法**

| 业务时点 | 应付利息账务处理 |
|---|---|
| 计提时 | 借：财务费用/研发支出/在建工程等<br>　贷：应付利息 |
| 实现支付时 | 借：应付利息<br>　贷：银行存款 |

## 二、应付股利

1. 概念

应付股利，是指企业根据股东大会或类似机构审议批准的利润分配方案确定分配给投资者的现金股利或利润。

2. 科目设置

企业应设置“应付股利”科目核算企业确定或宣告发放但尚未实际支付的现金股利或利润。该科目贷方登记应支付的现金股利或利润；借方登记实际支付的现金股利或利润；期末贷方余额反映企业应付未付的现金股利或利润。其账户结构与“应付利息”相同。

【提示】 企业董事会或类似机构通过的利润分配方案中拟分配的现金股利或利润，不需要进行账务处理，但应在附注中披露。

应付股利

| | |
|---|---|
| 实际支付的现金股利或利润 | 确定或宣告发放但尚未实际支付的现金股利或利润 |
| | 应付未付的现金股利或利润 |

3. 账务处理(见表 3-7)

**表 3-7　应付股利的账务处理方法**

| 业务时点 | 应付股利账务处理 |
|---|---|
| 企业根据股东大会或类似机构审议批准利润分配方案时 | 借:利润分配——应付现金股利或利润<br>　贷:应付股利 |
| 实现支付时 | 借:应付股利<br>　贷:银行存款等 |

# 其他应付款

## 一、概念

其他应付款，是指企业除应付账款、应付票据、预收账款、应付职工薪酬、应交税费、应付利息、应付股利等经营活动以外的其他各项应付、暂收款项，如应付短期租赁固定资产租金、租入包装物租金、存入保证金等。

## 二、科目设置

企业应当设置“其他应付款”科目核算其他应付款的增减变动及其结存情况。该科目贷方登记发生的各种应付、暂收款项；借方登记偿还或转销的各种应付、暂收款项；期末贷方余额反映企业应付未付的其他应付款项。

其他应付款

| 偿还或转销的各种应付、暂收款项 | 发生的各种应付、暂收款项 |
| --- | --- |
| | 企业应付未付的其他应付款项 |

## 三、账务处理

其他应付款的账务处理方法如表 3-8 所列。

**表 3-8 其他应付款账务处理方法**

| 业务时点 | 其他应付款账务处理 |
| --- | --- |
| 发生时 | 借：管理费用等<br>　贷：其他应付款 |
| 实现支付时 | 借：其他应付款<br>　贷：银行存款等 |

# 第三节 应付职工薪酬

## 职工薪酬的内容

职工薪酬，是指企业为获得职工提供的服务或解除劳动关系而给予的各种形式的报酬或补偿。职工薪酬包括短期薪酬、离职后福利、辞退福利和其他长期职工福利。企业提供给职工配偶、子女、受赡养人、已故员工遗属及其他受益人等的福利，也属于职工福利。

这里的“职工”是指与企业订立劳动合同的所有人员，含全职、兼职和临时职工，也包括虽未与企业订立劳动合同但由企业正式任命的人员。未与企业订立劳动合同或未由其正式任命，但向企业所提供服务与职工所提供服务类似的人员，也属于职工的范畴，包括通过企业与劳务中介公司签订用工合同而向企业提供服务的人员。

## 一、短期薪酬

短期薪酬，是指企业在职工提供相关服务的年度报告期间结束后十二个月内需要全部予以支付的职工薪酬，因解除与职工的劳动关系给予的补偿除外。如表 3-9 所列。

**表 3-9 短期薪酬的内容**

| |
| --- |
| (1) 职工工资、奖金、津贴和补贴 |
| (2) 职工福利费 |
| (3) 医疗保险费、工伤保险费等社会保险费 |
| (4) 住房公积金 |
| (5) 工会经费和职工教育经费 |
| (6) 短期带薪缺勤(缺勤仍然支付报酬，包括年休假、病假、婚假、产假、丧假、探亲假等) |
| (7) 短期利润分享计划(指因职工提供服务而与职工达成的基于利润或其他经营成果提供薪酬的协议) |
| (8) 其他短期薪酬 |

## 二、离职后福利

离职后福利，是指企业为获得职工提供的服务而在职工退休或与企业解除劳动关系后，提供的各种形式的报酬和福利，短期薪酬和辞退福利除外（养老保险及失业保险归为此类）。

## 三、辞退福利

辞退福利，是指企业在职工劳动合同到期之前解除与职工的劳动关系，或者为鼓励职工自愿接受裁减而给予职工的补偿。

## 四、其他长期职工福利

其他长期职工福利，是指除短期薪酬、离职后福利、辞退福利之外所有的职工薪酬，包括长期带薪缺勤、长期残疾福利、长期利润分享计划等。

## 应付职工薪酬的科目设置

企业通过“应付职工薪酬”科目核算应付职工薪酬的计提、结算、使用等情况。

应付职工薪酬

| | |
|---|---|
| 实际发放的职工薪酬数额，包括扣还的款项等 | 计入有关成本费用项目的职工薪酬数额 |
| | 企业应付未付的应付职工薪酬 |

“应付职工薪酬”科目应当按照工资、奖金、津贴和补贴、职工福利费、非货币性福利、社会保险费、住房公积金、工会经费和职工教育经费、带薪缺勤、利润分享计划、设定提存计划、设定受益计划、辞退福利等科目设置明细账进行明细核算。

企业应当在职工为其提供服务的会计期间，将实际发生的职工薪酬确认为负债，分别计入相关资产成本或当期损益。

## 短期薪酬的核算

### 一、货币性职工薪酬

1. 工资、奖金、津贴和补贴等

企业应当在职工为其提供服务的会计期间，将实际发生的职工工资、奖金、津贴和补贴等，根据受益对象将应确认的职工薪酬计入相关成本或费用中，同时确认应付职工薪酬。

职工服务期间，企业确认职工薪酬时，货币性职工薪酬明细与对应的会计科目见表 3-10。

**表 3-10 货币性职工薪酬明细与对应的会计科目**

| 明细 | 贷方 | 借方 |
|---|---|---|
| (1) 工资、奖金、津贴和补贴等 | 应付职工薪酬——工资 | 生产成本（生产工人薪酬）<br>制造费用（车间管理人员薪酬）<br>管理费用（行政人员薪酬）<br>销售费用（销售人员薪酬）<br>研发支出（研发活动人员薪酬）<br>在建工程（工程建设人员薪酬） |
| (2) 职工福利费 | 应付职工薪酬——职工福利费 | |
| (3) 工会经费（工资总额的 2%） | 应付职工薪酬——工会经费 | |
| (4) 职工教育经费（工资总额的 8%） | 应付职工薪酬——职工教育经费 | |
| (5) 社会保险费 | 应付职工薪酬——社会保险费 | |
| (6) 住房公积金 | 应付职工薪酬——住房公积金 | |

【说明】 对于职工个人承担的社会保险费和住房公积金，由职工所在企业每月从其工资中代扣代缴：

借：应付职工薪酬——社会保险费、住房公积金

　贷：其他应付款——社会保险费（医疗保险、工伤保险）

　　　　　　　　——住房公积金

2. 短期带薪缺勤

（1）累积带薪缺勤，是指带薪权利可以结转下期的带薪缺勤，本期尚未用完的带薪缺勤权利可以在未来期间使用。企业应当在职工提供了服务从而增加了其未来享有的带薪缺勤权利时，确认与累积带薪缺勤相关的职工薪酬，并以累积未行使权利而增加的预期支付金额计量。

（2）非累积带薪缺勤，是指带薪权利不能结转下期的带薪缺勤，本期尚未用完的带薪缺勤权利将予以取消，并且职工离开企业时也无权获得现金支付。

我国企业职工休婚假、产假、丧假、探亲假、病假期间的工资通常属于非累积带薪缺勤。由于职工提供服务本身不能增加其能够享受的福利金额，企业在职工未缺勤时不应当计提相关的费用和负债。

企业确认职工薪酬享有的与非累积带薪缺勤权利相关的薪酬，视同职工出勤确认的当期损益或相关资产成本。通常情况下，与非累积带薪缺勤相关的职工薪酬已经包括在企业每期向职工发放的工资等薪酬中，因此，不必额外作相应的账务处理。

## 二、非货币性职工薪酬

（1）企业以其自产产品作为非货币性福利发放给职工的，应当根据受益对象，按照该产品的含税公允价值，计入相关资产成本或当期损益，同时确认应付职工薪酬。如表 3-11 所列。

**表 3-11　自产产品发放给职工的会计处理方法**

| 业务时点 | 会计分录 | 备　　注 |
|---|---|---|
| 计提时 | 借：生产成本、制造费用、管理费用等<br>　贷：应付职工薪酬——非货币福利 | 自产产品的价税合计数（按照市场价格计算） |
| 发放时 | 借：应付职工薪酬——非货币性福利<br>　贷：主营业务收入<br>　　　应交税费——应交增值税（销项税额） | |
| 结转成本 | 借：主营业务成本<br>　　存货跌价准备<br>　贷：库存商品 | |

（2）企业以外购商品作为非货币性福利提供给职工的，应当按照该商品的公允价值和相关税费确定职工薪酬的金额，计入当期损益或相关资产成本。如表 3-12 所列。

表 3-12 外购商品发放给职工的会计处理方法

| 业务时点 | 会计分录 | 备注 |
| --- | --- | --- |
| 外购商品时 | 借:库存商品(含增值税,不可抵扣)<br>贷:银行存款等 | 借:应付职工薪酬——非货币性福利<br>贷:库存商品(含增值税) |
| 计提时 | 借:管理费用等<br>贷:应付职工薪酬——非货币性福利 | |
| 发放时 | 借:应付职工薪酬——非货币性福利<br>贷:库存商品(含增值税) | |

(3) 企业将拥有的房屋等资产无偿提供给职工使用的,应当根据受益对象,将该住房每期应计提的折旧计入相关资产成本或当期损益,同时确认应付职工薪酬。租赁住房等资产供职工无偿使用的,应当根据受益对象,将每期应付的租金计入相关资产成本或当期损益,并确认应付职工薪酬。

### 设定提存计划的核算

对于设定提存计划,企业应当根据在资产负债表日为换取职工在会计期间提供的服务而应向单独主体缴存的提存金,确认为应付职工薪酬,并计入当期损益或相关资产成本。借记"生产成本""制造费用""管理费用""销售费用"等科目,贷记"应付职工薪酬——设定提存计划"科目。

## 第四节 应交税费

### 应交税费概述

企业根据税法规定应缴纳的各种税费包括增值税、消费税、城市维护建设税、资源税、企业所得税、土地增值税、房产税、车船税、土地使用税、教育费附加、矿产资源补偿费、耕地占用税、契税等。

企业应通过"应交税费"科目,核算各种税费的应交、缴纳等情况。该科目贷方登记缴纳的各种税费等,借方登记实际缴纳的税费;期末余额一般在贷方,反映企业尚未缴纳的税费,期末余额如在借方,反映企业多交或尚未抵扣的税费。

应交税费

| | |
| --- | --- |
| 支付的税费 | 应缴纳的税费 |
| 多交或尚未抵扣的税费 | 尚未支付的税费 |

企业代扣代缴的个人所得税,也通过"应交税费"科目核算。企业缴纳的印花税、耕地占用税、契税等不需要预计应交数的税金,不通过"应交税费"科目核算。

## 应交增值税

### 一、增值税概述

1. 范围

增值税，是指以商品(含应税劳务、应税行为)在流转过程中实现的增值额作为计税依据而征收的一种流转税。按照我国现行增值税制度的规定，在我国境内销售货物、加工修理修配劳务、服务、无形资产和不动产以及进口货物的企业、单位和个人为增值税的纳税人。其中，“服务”是指提供交通运输服务、建筑服务、邮政服务、电信服务、金融服务、现代服务、生活服务。

2. 纳税人

根据经营规模大小及会计核算水平的健全程度，增值税纳税人分为一般纳税人和小规模纳税人。

3. 计税方法

计算增值税的方法分为一般计税方法和简易计税方法，如表3-13所列。

**表3-13　增值税应纳税额计算方法**

| 计税方法 | 应纳税额计算 | 适用对象 |
| --- | --- | --- |
| 一般计税方法 | 应纳税额＝当期销项税额－当期进项税额<br>销项税额＝销售额(不含税)×增值税税率<br>不含税销售额＝含税销售额÷(1＋增值税税率)<br>【提示】 当期销项税额小于当期进项税额不足抵扣时，其不足部分可以结转下期继续抵扣。 | 大多数一般纳税人 |
| 简易计税方法 | 应纳税额＝销售额(不含税)×征收率<br>不含税销售额＝含税销售额÷(1＋征收率) | 小规模纳税人和一般纳税人销售服务、无形资产或者不动产符合规定的 |

4. 税率和征收率

一般纳税人采用的税率分为13%、9%、6%和零税率，如表3-14所列。

**表3-14　一般纳税人适用税率**

| 税率 | 具体项目 |
| --- | --- |
| 13% | 销售或者进口货物、加工修理修配劳务、提供有形动产租赁服务 |
| 9% | 销售或者进口粮食等农产品、食用植物油、食用盐、自来水、暖气、冷气、热水、煤气、石油液化气、天然气、二甲醚、沼气、居民用煤炭制品、图书、报纸、杂志、音像制品、电子出版物、饲料、化肥、农药、农机、农膜以及国务院及其有关部门规定的其他货物 |
| | 交通运输、邮政、基础电信、建筑、不动产租赁服务，销售不动产，转让土地使用权 |
| 6% | 其他应税行为 |
| 0% | 出口货物，但国务院另有规定的除外 |

## 二、增值税核算科目设置

1. 应交增值税

增值税核算通过“应交税费”科目设置以下二级科目，见表 3-15。

**表 3-15 应交增值税二级科目表**

| 专栏名称 | 核算内容 |
| --- | --- |
| 进项税额 | 记录一般纳税人购进货物、加工修理修配劳务、服务、无形资产或不动产而支付或负担的，准予从当期销项税额中抵扣的增值税额 |
| 销项税额 | 记录一般纳税人销售货物、加工修理修配劳务、服务、无形资产或不动产应收取的增值税额 |
| 进项税额转出 | 记录一般纳税人购进货物、加工修理修配劳务、服务、无形资产或不动产等发生非正常损失以及其他原因而不应从销项税额中抵扣、按规定转出的进项税额 |
| 已交税金 | 记录一般纳税人当月已缴纳的应交增值税额 |
| 销项税额抵减 | 记录一般纳税人按照现行增值税制度规定因扣减销售额而减少的销项税额（如差额征税的情况） |
| 减免税款 | 记录一般纳税人按现行增值税制度规定准予减免的增值税额 |
| 出口抵减内销产品应纳税额 | 记录实行“免、抵、退”办法的一般纳税人按规定计算的出口货物的进项税抵减内销产品的应纳税额 |
| 出口退税 | 记录一般纳税人出口货物、加工修理修配劳务、服务、无形资产按规定退回的增值税额 |
| 转出未交增值税和转出多交增值税 | 分别记录一般纳税人月度终了转出当月应交未交或多交的增值税额 |

2. 未交增值税

核算一般纳税人月度终了从“应交增值税”或“预交增值税”明细科目转入当月应交未交、多交或预交的增值税额，以及当月缴纳以前期间未交的增值税额。

3. 预交增值税

核算一般纳税人转让不动产、提供不动产经营租赁服务、提供建筑服务、采用预收款方式销售自行开发的房地产项目等，以及其他按现行增值税制度规定应预交的增值税额。

4. 待抵扣进项税额

核算一般纳税人已取得增值税扣税凭证并经税务机关认证，按照现行增值税制度规定准予以后期间从销项税额中抵扣的进项税额。

5. 待认证进项税额

核算一般纳税人由于未经税务机关认证而不得从当期销项税额中抵扣的进项税额。

6. 待转销项税额

核算一般纳税人销售货物、加工修理修配劳务、服务、无形资产或不动产，已确认相关收入（或利得）但尚未发生增值税纳税义务而需于以后期间确认为销项税额的增值税额。

7. 增值税留抵税额

设有增值税留抵税额。

8. 简易计税

核算一般纳税人采用简易计税方法发生的增值税计提、扣减、预缴、缴纳等业务。

9. 转让金融产品应交增值税

核算增值税纳税人转让金融产品发生的增值税额(交易性金融资产)。

10. 代扣代缴增值税

核算纳税人购进在境内未设经营机构的境外单位或个人在境内的应税行为代扣代缴的增值税额。

## 三、一般纳税人的账务处理

1. 一般纳税人涉及增值税的一般会计处理(见表 3-16)

**表 3-16 一般纳税人涉及增值税会计处理方法**

| 业务时点 | 会计分录 |
|---|---|
| 购入商品时 | 借:库存商品<br>　　应交税费——应交增值税(进项税额)<br>　贷:银行存款 |
| 销售商品时 | 借:银行存款<br>　贷:主营业务收入<br>　　　应交税费——应交增值税(销项税额) |
| 缴纳增值税时 | 借:应交税费——应交增值税(已交税金)<br>　贷:银行存款 |

2. 一般纳税人购进免税农产品的会计处理

这里假设一般纳税人适用 10%扣除率。

借:材料采购(收购凭证的 90%入账)

　　应交税费——应交增值税(进项税额)(收购凭证的 10%扣税)

　贷:银行存款

3. 一般纳税人视同销售的会计处理(见表 3-17)

**表 3-17 一般纳税人视同销售会计处理方法**

| 业务时点 | 会计分录 |
|---|---|
| 对外捐赠 | 借:营业外支出(成本+视同销售增值税)<br>　贷:库存商品(成本价)<br>　　　应交税费——应交增值税(销项税额)(市场价×税率) |
| 对外投资 | 借:长期股权投资等<br>　贷:主营业务收入(一般为双方协商不含税价值)<br>　　　应交税费——应交增值税(销项税额)<br>同时:<br>借:主营业务成本<br>　贷:库存商品等 |

表 3-17(续)

| 业务时点 | 会计分录 |
| --- | --- |
| 支付股利 | 借:应付股利<br>　贷:主营业务收入(市场价或计税价格)<br>　　应交税费——应交增值税(销项税额)<br>同时:<br>借:主营业务成本<br>　贷:库存商品 |
| 集体福利 | 借:应付职工薪酬(公允价值+视同销售增值税)<br>　贷:主营业务收入(公允价值、售价或计税价格)<br>　　应交税费——应交增值税(销项税额)<br>同时:<br>借:主营业务成本<br>　贷:库存商品(成本) |

4. 进项税转出(见表 3-18)

表 3-18　进项税转出会计处理方法

| 业务范围 | 会计处理 |
| --- | --- |
| (1) 将购买的物资或劳务用于集体福利或个人消费;<br>(2) 将购买的物资或劳务用于其他非应税项目;<br>(3) 因企业管理不善造成存货盘亏时其进项税额不予抵扣 | 借:应付职工薪酬<br>　待处理财产损溢<br>　存货跌价准备<br>　贷:库存商品(按账面成本结转)或原材料等<br>　　应交税费——应交增值税(进项税额转出) |

5. 缴纳增值税

(1) 缴纳当月应交增值税

借:应交税费——应交增值税(已交税金)

　贷:银行存款

(2) 缴纳以前期间未交增值税

借:应交税费——未交增值税(以前期间未交的增值税)

　贷:银行存款

6. 月末转出多交增值税和未交增值税

月度终了,企业应当将当月应交未交或多交的增值税自“应交增值税”明细科目转入“未交增值税”明细科目。

(1) 当月应交未交的增值税

借:应交税费——应交增值税(转出未交增值税)

　贷:应交税费——未交增值税

(2) 当月多交的增值税

借:应交税费——未交增值税

贷:应交税费——应交增值税(转出多交增值税)

## 四、小规模纳税人的账务处理

小规模纳税人核算增值税采用简化的方法,即购进货物、应税服务或应税行为,取得增值税专用发票上注明的增值税,一律不予抵扣,直接计入相关成本费用或资产。

公式

不含税销售额=含税销售额÷(1+征收率)

应纳税额=不含税销售额×征收率

1. 购进货物、应税服务或应税行为

借:材料采购、在途物资、原材料、库存商品等

贷:应付账款、应付票据、银行存款等

2. 销售货物、应税服务或应税行为

借:银行存款等

贷:主营业务收入等

应交税费——应交增值税

3. 实际缴纳增值税时

借:应交税费——应交增值税

贷:银行存款

## 五、差额征税的账务处理

根据财政部和国家税务总局营改增试点政策的规定,对于企业发生的某些业务(金融产品转让、经纪代理服务、融资租赁和融资性售后回租业务、一般纳税人提供客运场站服务、试点纳税人提供旅游服务、选择简易计税方法提供建筑服务等)无法通过抵扣机制避免重复征税的,应采用差额征税方式计算缴纳增值税。

1. 企业按规定相关成本费用允许扣减销售额的账务处理

(1) 按现行增值税制度规定,企业发生相关成本费用允许扣减销售额时(给别人的钱是你的成本)

借:主营业务成本等(应付或实际支付金额)

贷:应付账款

应付票据

银行存款等

(2) 待取得合规增值税扣税凭证且纳税义务发生(收到人家给你的发票)

借:应交税费——应交增值税(销项税额抵减)

应交税费——简易计税(选择简易计税)

应交税费——应交增值税(小规模纳税人适用)

贷:主营业务成本等

2. 企业转让金融产品按规定以盈亏相抵后的余额作为销售额

(1) 企业实际转让金融产品,月末如产生转让收益

借:投资收益

　贷:应交税费——转让金融产品应交增值税

(2) 月末如产生转让损失,则按可结转下月抵扣税额

借:应交税费——转让金融产品应交增值税

　贷:投资收益

(3) 年末仍为负差

借:投资收益

　贷:应交税费——转让金融产品应交增值税

(4) 缴纳增值税

借:应交税费——转让金融产品应交增值税

　贷:银行存款

## 六、增值税税控系统专用设备和技术维护费用抵减增值税额的账务处理

按现行增值税制度规定,企业初次购买增值税税控系统专用设备支付的费用以及缴纳的技术维护费允许在增值税应纳税额中全额抵减。

增值税税控系统专用设备,包括增值税防伪税控系统设备(如金税卡、IC卡、读卡器或金税盘和报税盘)、货物运输业增值税专用发票税控系统设备(如税控盘和报税盘)、机动车销售统一发票税控系统和公路、内河货物运输业发票税控系统的设备(如税控盘和传输盘)。

(1) 企业初次购入增值税税控系统专用设备,按实际支付或应付的金额

借:固定资产

　贷:银行存款

　　应付账款

(2) 按规定抵减的增值税应纳税额

借:应交税费——应交增值税(减免税款)(一般纳税人)

　应交税费——应交增值税(小规模纳税人)

　贷:管理费用

(3) 企业发生增值税税控系统专用设备技术维护费,按实际支付或应付的金额

借:管理费用

　贷:银行存款

(4) 按规定抵减的增值税应纳税额

借:应交税费——应交增值税(减免税款)(一般纳税人)

　应交税费——应交增值税(小规模纳税人)

　贷:管理费用

## 应交消费税

## 一、消费税概述

消费税是指在我国境内生产、委托加工和进口应税消费品的单位和个人,按其流转额

缴纳的一种税。

消费税有从价定率、从量定额和既从价定率又从量定额复合计税(简称复合计税)三种征收方法。

### 二、消费税的账务处理

企业应在“应交税费”科目下设置“应交消费税”明细科目。

1. 销售应税消费品

借:税金及附加(消费税只有跟销售有关时才涉及本科目)

  贷:应交税费——应交消费税

2. 自产自用应税消费品

企业将生产的应税消费品用于在建工程等非生产机构时,按规定应缴纳的消费税。

借:在建工程等

  贷:应交税费——应交消费税

3. 委托加工应税消费品

由受托方代收代缴的委托加工继续用于生产应纳消费税的商品负担的消费税,记入“应交税费——应交消费税”借方。

由受托方代收代缴的委托加工直接用于对外销售的商品负担的消费税,计入委托加工物资的成本。

4. 进口应税消费品

企业进口应税物资在进口环节应交的消费税。

借:材料采购/固定资产等(包含消费税)

  贷:应付账款/银行存款等

## 其他应交税费

### 一、概念

其他应交税费是指除上述应交税费以外的其他各种应上交国家的税费,包括应交资源税、应交城市维护建设税、应交土地增值税、应交所得税、应交房产税、应交土地使用税、应交车船税、应交教育费附加、应交矿产资源补偿费、应交个人所得税等。

### 二、科目设置

企业应当在“应交税费”科目下设置相应的明细科目进行核算。该科目贷方登记应缴纳的有关税费;借方登记已缴纳的有关税费;期末贷方余额,反映企业尚未缴纳的有关税费。

### 三、应交资源税

1. 概念

对在我国境内开采矿产品或者生产盐的单位和个人征收的税。

2. 账务处理

(1) 对外销售应税产品

借:税金及附加

贷:应交税费——应交资源税

(2) 自产自用应税产品

借:生产成本/制造费用

贷:应交税费——应交资源税

## 四、应交城市维护建设税

1. 概念

城市维护建设税是以增值税和消费税为计税依据征收的一种税。其纳税人为缴纳增值税和消费税的单位和个人,以纳税人实际缴纳的增值税和消费税税额为计税依据,并分别与两项税金同时缴纳。税率因纳税人所在地不同从1%~7%不等。

公式

应纳税额=(实际缴纳的增值税+实际缴纳的消费税)×适用税率

2. 账务处理

借:税金及附加

贷:应交税费——应交城市维护建设税

借:应交税费——应交城市维护建设税

贷:银行存款

## 五、应交教育费附加

1. 概念

教育费附加是指为了加快发展地方教育事业、扩大地方教育经费资金来源而向企业征收的附加费用。教育费附加以各单位实际缴纳的增值税、消费税的税额为计征依据,按其一定比例分别与增值税、消费税同时缴纳。

2. 账务处理

借:税金及附加

贷:应交税费——应交教育费附加

## 六、应交土地增值税

1. 概念

土地增值税是对转让国有土地使用权、地上的建筑物及其附着物(以下简称转让房地产)并取得增值性收入的单位和个人所征收的一种税。

2. 计算方法

土地增值税按照转让房地产所取得的增值额和规定的税率计算征收。土地增值税采用四级超率累进税率,其中最低税率为30%,最高税率为60%。

转让房地产的增值额是转让收入减去税法规定扣除项目金额后的余额。其中,转让收入包括货币收入、实物收入和其他收入;扣除项目主要包括取得土地使用权所支付的金额、开发土地的成本及费用、新建房及配套设施的成本及费用、与转让房地产有关的税金、旧房及建筑物的评估价格、财政部确定的其他扣除项目等。

3. 账务处理

根据企业对房地产核算方法的不同,企业应交土地增值税的账务处理也有所区别。

(1) 企业转让的土地使用权连同地上建筑物及其附着物一并在“固定资产”科目核算的,转让时应交的土地增值税:

借:固定资产清理

　贷:应交税费——应交土地增值税

(2) 土地使用权在“无形资产”科目核算的,应交的土地增值税:

借:银行存款

　　累计摊销

　　无形资产减值准备

　　资产处置损益(借方差额)

　贷:应交税费——应交土地增值税

　　　无形资产

　　　资产处置损益(贷方差额)

(3) 房地产开发经营企业销售房地产应缴纳的土地增值税:

借:税金及附加

　贷:应交税费——应交土地增值税

(4) 缴纳土地增值税:

借:应交税费——应交土地增值税

　贷:银行存款

## 七、应交房产税、城镇土地使用税、车船税和矿产资源补偿费

1. 概念

房产税是国家对城市、县城、建制镇和工矿区内的房产征收的由产权所有人缴纳的一种税。房产税依照房产原值一次减除10%～30%后的余额计算缴纳。没有房产原值作为依据的,由房产所在地税务机关参考同类房产核定;房产出租的,以房产租金收入为房产税的计税依据。

城镇土地使用税是以城市、县城、建制镇和工矿区范围内使用土地的单位和个人为纳税人,以其实际占用的土地面积和规定税额计算征收。

车船税是以车辆、船舶(简称车船)为课征对象,向车船的所有人或者管理人征收的一种税。

矿产资源补偿费是对在我国领域和管辖海域开采矿产资源而征收的费用。

2. 账务处理

企业应交的房产税、城镇土地使用税、车船税、矿产资源补偿费。

借:税金及附加

　贷:应交税费——应交房产税

　　　　　　——应交城镇土地使用税

　　　　　　——应交车船税

　　　　　　——应交矿产资源补偿费

## 八、应交个人所得税

企业职工按规定应缴纳的个人所得税通常由单位代扣代缴。

(1) 企业按规定计算的代扣代缴的职工个人所得税

借:应付职工薪酬

  贷:应交税费——应交个人所得税

(2) 企业缴纳个人所得税

借:应交税费——应交个人所得税

  贷:银行存款

# 第四章　所有者权益

## 本章概述

所有者权益是指企业资产扣除负债后由所有者享有的剩余权益。所有者权益通常由实收资本(或股本)、其他权益工具、资本公积、其他综合收益、留存收益等构成。本章重点介绍实收资本、资本公积和留存收益的有关内容。

## 第一节　所有者权益概述

### 一、所有者权益的概念

所有者权益,是指企业资产扣除负债后,由所有者享有的剩余权益。公司的所有者权益又称为股东权益。

**公式**

资产＝负债＋所有者权益

### 二、所有者权益的来源

所有者权益的来源包括所有者投入的资本、其他综合收益、留存收益等,通常由股本(或实收资本)、资本公积(含股本溢价或资本溢价、其他资本公积)、其他综合收益、盈余公积和未分配利润、其他权益工具、专项储备构成。如表 4-1 所列。

**表 4-1　所有者权益的来源**

| | | |
|---|---|---|
| 所有者权益 | 实收资本 | |
| | 资本公积 | |
| | 盈余公积 | 留存收益 |
| | 未分配利润 | |

## 第二节　实收资本

### 实收资本概述

实收资本,是指企业按照章程规定或合同、协议约定,接受投资者投入企业的资本。实收资本的构成比例或股东的股份比例，是确定所有者在企业所有者权益中份额的基础，也是企业进行利润或股利分配的主要依据。

我国《公司法》规定，股东可以用货币出资，也可以用实物、知识产权、土地使用权等可以用货币估价并可以依法转让的非货币财产作价出资；但是，法律、行政法规规定不得作为出资的财产除外。

## 实收资本或股本的账务处理

### 一、接受现金资产投资

企业接受现金资产投资的实收资本和股本的会计处理如表4-2所列。

**表4-2 企业接受现金资产投资的实收资本和股本的会计处理方法**

| | 有限责任公司 | 股份有限公司 |
|---|---|---|
| 会计分录 | 借：银行存款（实际收到金额）<br>贷：实收资本（约定所占份额）<br>资本公积——资本溢价（超出部分） | 借：银行存款<br>贷：股本<br>资本公积——股本溢价 |
| 注释 | (1) 实收资本和股本都表示所有者投入，区别是使用范围不同，股本用于股份有限公司，实收资本用于有限责任公司、合伙企业、个人独资企业；<br>(2) 发行费用从溢价收入中扣除；溢价金额不足冲减的，或者属于面值发行无溢价的，将不足抵扣的部分依次冲减盈余公积和未分配利润 | |

### 二、接受非现金资产投资

企业接受非现金资产投资的实收资本和股本的会计处理如表4-3所列。

**表4-3 企业接受非现金资产投资的实收资本和股本的会计处理方法**

| | | |
|---|---|---|
| 借： | 原材料、固定资产、无形资产 | 按合同或协议约定的价值，但投资合同或协议约定价值不公允的除外 |
| | 应交税费——应交增值税 | 收到的可抵扣的进项税 |
| 贷： | 实收资本/股本 | 实收资本为约定所占份额，股本为投资所占股份数 |
| | 资本公积——资本溢价 | 资本公积倒挤得出 |

### 三、实收资本增加

1. 接受投资者追加投资

**例题**

**【例4-1】** 甲、乙、丙三人共同投资设立了A有限责任公司，原注册资本为400万元，分别出资50万元、200万元和150万元。为扩大经营规模，经批准，A公司注册资本扩大为

500 万元，甲、乙、丙按照原出资比例分别追加投资 12.5 万元、50 万元和 37.5 万元。A 公司如期收到甲、乙、丙追加的现金投资。

借：银行存款　　100
　贷：实收资本——甲　　12.5
　　　　　　——乙　　50
　　　　　　——丙　　37.5

**【例 4-2】** 甲有限责任公司由 A、B 两位投资者投资 20 万元设立，每人各出资 10 万元。1 年后，为扩大经营规模，经批准，甲公司注册资本增加到 30 万元，并引入第三位投资者 C 加入。按照投资协议，新投资者需缴入现金 11 万元，同时享有该公司三分之一的股份，甲有限责任公司已收到该现金投资。

借：银行存款　　11
　贷：实收资本——C　　10
　　　资本公积——资本溢价　　1

2. 资本公积转增资本

### 例题

**【例 4-3】** 因扩大经营规模需要，经批准，A 公司按原出资比例将资本公积 100 万元转增资本。

借：资本公积　　100
　贷：实收资本——甲　　12.5
　　　　　　——乙　　50
　　　　　　——丙　　37.5

3. 盈余公积转增资本

### 例题

**【例 4-4】** 因扩大经营规模需要，经批准，A 公司按原出资比例将盈余公积 100 万元转增资本。

借：盈余公积　　100
　贷：实收资本——甲　　12.5
　　　　　　——乙　　50
　　　　　　——丙　　37.5

## 四、实收资本减少

（1）有限责任公司

借：实收资本
　贷：银行存款

（2）股份有限公司

股份有限公司股票回购的会计处理如表 4-4 所列。

表 4-4 股票回购的会计处理

| | 回购价大于面值 | 回购价小于面值 |
|---|---|---|
| 回购 | 借:库存股(回购价格×股数)<br>贷:银行存款 | 借:库存股<br>贷:银行存款 |
| 注销 | 借:股本(股票面值 1 元/股×股数)<br>资本公积——股本溢价(差额)<br>盈余公积(股本溢价不足冲减,冲减盈余公积)<br>利润分配——未分配利润(盈余公积也不足,冲减未分配利润)<br>贷:库存股 | 借:股本<br>贷:库存股<br>资本公积——股本溢价 |

【说明】 将库存股看成所有者权益的备抵科目,类似坏账准备与应收账款。

## 例题

【例 4-5】 A 上市公司 2×19 年 12 月 31 日的股本为 100 000 000 元(面值为 1 元),资本公积(股本溢价)30 000 000 元,盈余公积 40 000 000 元。经股东大会批准,A 上市公司以现金回购方式回购本公司股票 20 000 000 股并注销。假定 A 上市公司按每股 2 元回购股票,不考虑其他因素,A 上市公司应编制的会计分录如下。

① 回购本公司股份时:

库存股成本=20 000 000×2=40 000 000(元)

借:库存股　　40 000 000

　贷:银行存款　　40 000 000

② 注销本公司股份时:

应冲减的资本公积=20 000 000×2－20 000 000×1=20 000 000(元)

借:股本　　20 000 000

　　资本公积——股本溢价　　20 000 000

　贷:库存股　　40 000 000

【例 4-6】 假定 A 上市公司按每股 3 元回购股票,其他条件不变,A 上市公司应编制的会计分录如下。

① 回购本公司股份时:

库存股成本=20 000 000×3=60 000 000(元)

借:库存股　　60 000 000

　贷:银行存款　　60 000 000

② 注销本公司股份时:

借:股本　　20 000 000

　　资本公积——股本溢价　　30 000 000

　　盈余公积　　10 000 000

　贷:库存股　　60 000 000

【说明】 由于冲减的资本公积大于 A 上市公司现有的资本公积,所以只能冲减资本公积 30 000 000 元,剩余的 10 000 000 元应冲减盈余公积。

**【例 4-7】** 假定 A 上市公司按每股 0.9 元回购股票，其他条件不变，A 上市公司应编制的会计分录如下。

① 回购本公司股票时：

库存股成本＝20 000 000×0.9＝18 000 000(元)

借：库存股　　18 000 000

　贷：银行存款　　18 000 000

② 注销本公司股票时：

应增加的资本公积＝20 000 000×1－20 000 000×0.9＝2 000 000(元)

借：股本　　20 000 000

　贷：库存股　　18 000 000

　　资本公积——股本溢价　　2 000 000

**【说明】** 由于折价回购，股本与库存股成本的差额 2 000 000 元应作为增加资本公积处理。

## 第三节　资 本 公 积

### 资本公积概述

资本公积，是指企业收到投资者出资额超出其在注册资本(或股本)中所占份额的部分，以及其他资本公积等。资本公积包括资本溢价(或股本溢价)和其他资本公积等。

### 资本公积的账务处理

#### 一、科目设置

为了反映和监督资本公积的增减变动情况，企业应设置“资本公积”科目。该科目贷方登记资本公积的增加额；借方登记资本公积的减少额；期末贷方余额反映资本公积结余额(T 形账结构与实收资本相同)。

#### 二、账务处理

1. 资本溢价

除股份有限公司外的其他类型的企业，接受投资者投入资产的金额超过投资者在企业注册资本中所占份额的部分，通过“资本公积——资本溢价”科目核算。

**例题**

**【例 4-8】** A 有限责任公司由两位投资者投资 200 000 元设立，每人各出资 100 000 元。1 年后，为扩大经营规模，经批准，A 有限责任公司注册资本增加到 300 000 元，并引入第三位投资者加入。按照投资协议，新投资者需缴入现金 110 000 元，同时享有该公司三分之一的股份。A 有限责任公司已收到该现金投资。假定不考虑其他因素，A 有限责任公司的会计分录如下：

借：银行存款　　110 000

　贷：实收资本　　100 000

资本公积——资本溢价　　10 000

2. 股本溢价

(1) 在按面值发行股票的情况下，企业发行股票取得的收入，应全部作为股本处理；

(2) 在溢价发行股票的情况下，企业发行股票取得的收入，等于股票面值部分作为股本处理，超出股票面值的溢价收入应作为股本溢价处理。

**例题**

**【例 4-9】** B股份有限公司首次公开发行了普通股 50 000 000 股，每股面值 1 元，每股发行价格为 4 元。B股份有限公司与证券公司约定，按发行收入的 3%收取佣金，从发行收入中扣除。假定收到的股款已存入银行。B股份有限公司的会计分录如下：

借：银行存款　　194 000 000

　贷：股本　　50 000 000

　　资本公积——股本溢价　　144 000 000

应增加的资本公积＝50 000 000×(4－1)－50 000 000×4×3%＝144 000 000(元)

3. 其他资本公积

【说明】 因本书中并未涉及长期股权投资的相关内容，所以书中题目涉及其他资本公积的可能性较小，读者简单了解即可。

4. 资本公积转增资本

经股东大会或类似机构决议，用资本公积转增资本时，会计分录如下：

借：资本公积

　贷：实收资本(股本)

## 第四节　留存收益

### 留存收益概述

留存收益，是指企业从历年实现的利润中提取或形成的留存于企业的内部积累，包括企业盈余公积和未分配利润两个部分。

盈余公积是指企业按照有关规定从净利润中提取的积累资金，经批准后主要用于弥补亏损、转增资本或发放现金股利或利润等。

未分配利润是企业实现的净利润经过弥补亏损、提取盈余公积和向投资者分配利润后留存企业的、历年结存的利润。

### 留存收益的账务处理

#### 一、利润分配

利润分配是指企业根据国家有关规定和企业章程、投资者的协议等，对企业当年可供分配的利润所进行的分配。

公式

可供分配利润＝当年实现的净利润＋年初未分配利润＋其他转入
（或净亏损） （或年初未弥补亏损）

1. 利润分配的顺序
(1) 提取法定盈余公积
(2) 提取任意盈余公积
(3) 向投资者分配利润
2. 账户处理
(1) 科目设置
利润分配——提取法定盈余公积
——提取任意盈余公积
——应付现金股利或利润
——转作股本的股利
——盈余公积补亏
——未分配利润

【提示】 利润分配中除“未分配利润”明细科目以外的其他明细科目年末无余额。

(2) 会计分录
① 当期实现盈利：
借：本年利润
贷：利润分配——未分配利润
② 当期亏损：
借：利润分配——未分配利润
贷：本年利润
③ 计提盈余公积：
借：利润分配——提取法定盈余公积、任意盈余公积
贷：盈余公积——法定盈余公积、任意盈余公积
借：利润分配——未分配利润
贷：利润分配——提取法定盈余公积、任意盈余公积
④ 分配现金股利或利润：
借：利润分配——应付现金股利或利润
贷：应付股利
借：利润分配——未分配利润
贷：利润分配——应付现金股利
⑤ 宣告分派股票股利时不需作会计分录。
⑥ 支付股票股利：
借：利润分配——转作股本的股利
贷：股本

借:利润分配——未分配利润

　贷:利润分配——转作股本的股利

【说明】 以上会计分录的基本模板如下:

借:利润分配——×××(去向)

　贷:盈余公积/应付股利等

⑦ 盈余公积补亏:

借:盈余公积

　贷:利润分配——盈余公积补亏

借:利润分配——盈余公积补亏

　贷:利润分配——未分配利润

### 例题

**【例 4-10】** 甲股份有限公司年初未分配利润为 0,本年实现净利润 2 000 000 元,本年提取法定盈余公积 200 000 元,宣告发放现金股利 800 000 元。假定不考虑其他因素,甲股份有限公司应编制的会计分录如下。

① 结转实现净利润时:

借:本年利润　　2 000 000

　贷:利润分配——未分配利润　　2 000 000

② 提取法定盈余公积、宣告发放现金股利时:

借:利润分配——提取法定盈余公积　　200 000

　　　　　——应付现金股利或利润　　800 000

　贷:盈余公积——法定盈余公积　　200 000

　　应付股利　　800 000

③ 将"利润分配"科目所属其他明细科目的余额结转至"未分配利润"明细科目时:

借:利润分配——未分配利润　　1 000 000

　贷:利润分配——提取法定盈余公积　　200 000

　　　　　　——应付现金股利或利润　　800 000

## 二、盈余公积

盈余公积分为法定盈余公积和任意盈余公积,如表 4-5 所列。

**表 4-5　盈余公积的分类和用途**

| 明细 | 提取方法 | 提取比例 |
| --- | --- | --- |
| 法定盈余公积 | 按照规定比例 10%从当年净利润(减弥补以前年度亏损)中提取 | 10%,强制;达注册资本 50%可不再提取 |
| 任意盈余公积 | 根据股东会或股东大会决议 | 自愿提取 |
| 盈余公积用途 | 弥补亏损、转增资本、发放现金股利或利润等 | (1) 当年净利润弥补完以前年度亏损有剩余才提取盈余公积,先提法定盈余公积,再提任意盈余公积;<br>(2) 盈余公积不可转增资本公积 |

# 第五章　收入、费用和利润

## 本章概述

本章主要内容为企业收入确认的原则、收入核算中应设置的会计科目、履行履约义务确认收入的账务处理流程、某一时点与某一时段履约义务如何确认收入、费用的种类及其核算以及利润的构成及利润的最终形成过程。

## 第一节　收　入

### 收入确认的原则和前提

收入，是指企业在日常活动中形成的、会导致所有者权益增加的、与所有者投入资本无关的经济利益的总流入。如表 5-1 所列。

**表 5-1　所有者权益增加类型**

| | | |
|---|---|---|
| 所有者权益增加 | 日常销售等 | 收入 |
| | 所有者投入 | 股本 |
| | 偶然事项 | 营业外收入 |

#### 一、收入确认的原则

收入确认是一个业务合同成立后，能否确认收入以及在什么时点或期间确认收入的逻辑判断问题。

《企业会计准则第 14 号——收入》(财会〔2017〕22 号)(以下简称“新收入准则”)以“合同”为基础进行收入的确认，并且以“单项履约义务”作为收入环节的最小记账单位。

收入确认的依据是交易价格，交易价格是指企业因向客户转让商品而预期有权收取的对价金额。

收入确认的原则：企业应当在履行了合同中的履约义务，即在客户取得相关商品控制权时确认收入。

客户取得商品控制权包括三个要素，如表 5-2 所列。

表 5-2 客户取得商品控制权的三要素

| 要　素 | 含　义 |
|---|---|
| 客户必须拥有现时权利，即能力 | 能够主导该商品的使用并从中获得几乎全部经济利益。如果客户只能在未来的某一期间主导该商品的使用并从中获益，则表明其尚未取得该商品的控制权 |
| 客户有能力主导该商品的使用 | 客户在其活动中有权使用该商品，或者能够允许或阻止其他方使用该商品 |
| 客户能够获得商品几乎全部的经济利益 | 商品的经济利益是指商品的潜在现金流量，既包括现金流入的增加，也包括现金流出的减少。客户可以通过使用、消耗、出售、处置、交换、抵押或持有等多种方式直接或间接地获得商品的经济利益 |

## 二、收入确认的前提条件

(1) 合同各方已批准该合同并承诺将履行各自义务；

(2) 该合同明确了合同各方与所转让商品相关的权利和义务；

(3) 该合同有明确的与所转让商品相关的支付条款；

(4) 该合同具有商业实质，即履行该合同将改变企业未来现金流量的风险、时间分布或金额；

(5) 企业因向客户转让商品而有权取得的对价很可能收回。

## 收入确认的过程

收入确认大致分为五步，即按照“五步法”模型进行处理。“五步法”的具体过程如下。

## 一、识别与客户订立的合同

新收入准则以企业与客户订立的合同为主线，在适用《企业会计准则第 14 号——收入》(财会〔2006〕3 号)(以下简称“收入准则”)之前，首先需要识别出符合前提条件的合同，并考虑是否适用收入准则。

本章的收入不涉及企业对外出租资产收取的租金、进行债权投资收取的利息、进行股权投资取得的现金股利以及保费收入等。

合同是指双方或多方之间订立有法律约束力的权利义务的协议。合同包括书面形式、口头形式以及其他形式。

## 二、识别合同中的单项履约义务

合同明确了双方的权利和义务，企业有义务提供商品或服务，当履行了履约义务后就有收取交易对价的权利；而客户有权利获得商品或服务，当获得商品或服务的控制权后，就有义务支付交易对价。新收入准则引入了“履约义务”的概念，对于包含多重交易安排的合同而言，一份合同可能识别出多个单项履约义务。如图 5-1 所示。

收入确认的会计处理单元是合同约定的单项履约义务，在企业履行了该项履约义务时确认收入。

履约义务是指合同中企业向客户转让可明确区分商品或服务的承诺。

## 三、确定交易价格

交易价格是指企业因向客户转让商品而预期有权收取的对价金额，企业代第三方收取

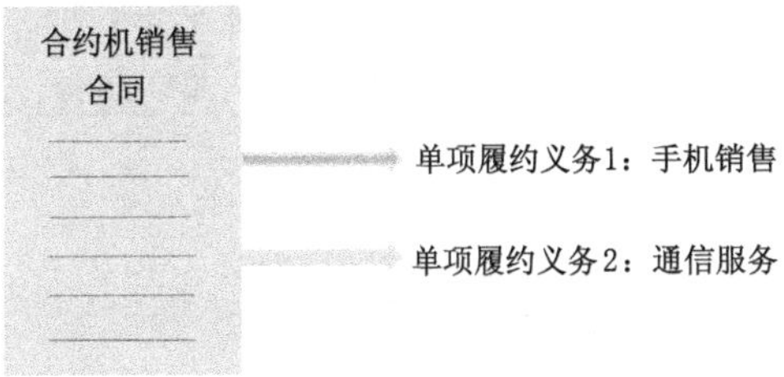


图 5-1　识别合同中的单项履约义务

的款项(如增值税)以及企业预期将退还给客户的款项应作为负债处理,不计入交易价格。合同条款中所承诺的对价金额,可能是固定金额、可变金额或两者同时存在。

### 四、将交易价格分摊至各单项履约义务

当确定了合同的交易价格后,如果合同中包含两项或多项履约义务,企业应在合同开始日,按照各单项履约义务所承诺商品的单独售价的相对比例,将交易价格分摊至各单项履约义务,如图 5-2 所示。当各单项履约义务履行时,按分摊至该项履约义务的交易价格计量收入。这就意味着只要某项履约义务已履行,即使合同中的其他履约义务未履行,也可确认分摊至该项履约义务的相应收入。

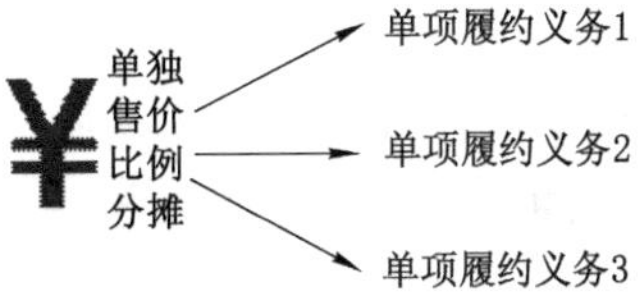


图 5-2　将交易价格分摊至各单项履约义务

### 五、履行每一单项履约义务时确认收入

当识别出合同中的各单项履约义务后,正确区分履约义务的类别是收入确认的关键。不同类别的履约义务在判断履约义务是否得以履行时采用不同的判断依据,如表 5-3 所列。

**表 5-3　判断依据**

| 类　型 | 确认收入时间 | 举　例 |
| --- | --- | --- |
| 某一时点 | 取得相关商品控制权的时点 | 手机销售合同 |
| 某一时段内 | 按照履约进度确认收入 | 通信服务 |

## 收入核算应设置的会计科目

为了核算企业与客户之间合同产生的收入及相关成本费用,一般需要设置“主营业务收入”“主营业务成本”“其他业务收入”“其他业务成本”“合同取得成本”“合同履约成本”“合同资产”“合同负债”等科目。

### 一、主营业务收入

“主营业务收入”科目核算企业确认的销售商品、提供劳务等主营业务的收入。该科目贷方登记企业主营业务活动实现的收入,借方登记期末转入“本年利润”科目的主营业务收

入，结转后该科目应无余额。该科目可按主营业务的种类进行明细核算。如图 5-3 所示。

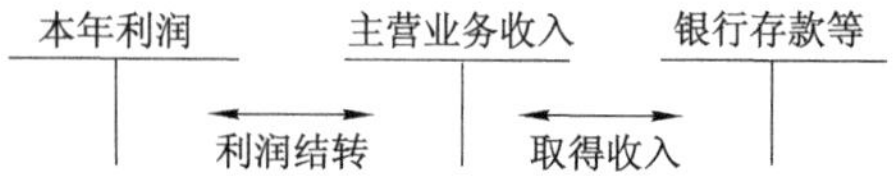


图 5-3　主营业务收入

## 二、其他业务收入

“其他业务收入”科目核算企业确认的除主营业务活动以外的其他经营活动实现的收入，包括出租固定资产、出租无形资产、出租包装物和商品、销售材料、用材料进行非货币性资产交换（非货币性资产交换具有商业实质且公允价值能够可靠计量）或债务重组等实现的收入。该科目贷方登记企业其他业务活动实现的收入，借方登记期末转入“本年利润”科目的其他业务收入，结转后该科目应无余额。如图 5-4 所示。

图 5-4　其他业务收入

## 三、主营业务成本

“主营业务成本”科目核算企业确认销售商品、提供服务等主营业务收入时应结转的成本。该科目借方登记企业应结转的主营业务成本，贷方登记期末转入“本年利润”科目的主营业务成本，结转后该科目应无余额。如图 5-5 所示。

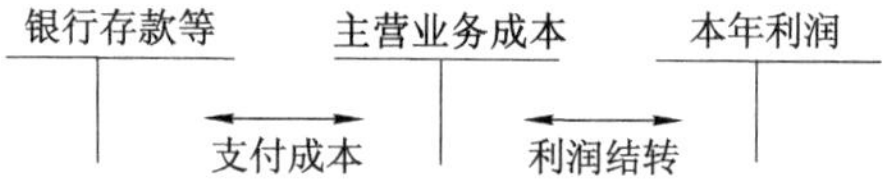


图 5-5　主营业务成本

## 四、其他业务成本

“其他业务成本”科目核算企业确认的除主营业务活动以外的其他经营活动所实现的成本，包括出租固定资产的折旧额、出租无形资产的摊销额、出租包装物的成本或摊销额、销售材料的成本等。该科目借方登记企业应结转的其他业务成本，贷方登记期末转入“本年利润”科目的其他业务成本，结转后该科目应无余额。如图 5-6 所示。

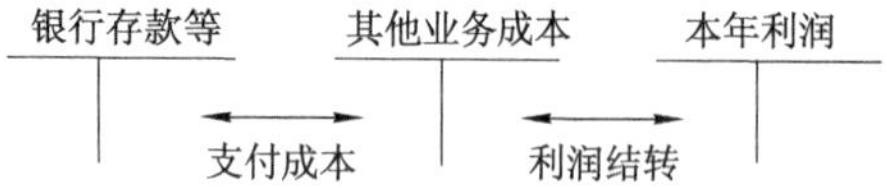


图 5-6　其他业务成本

## 五、合同取得成本

“合同取得成本”科目核算企业取得合同发生的、预计能够收回的增量成本。该科目借方登记发生的合同取得成本，贷方登记摊销的合同取得成本，期末借方余额，反映企业尚未结转的合同取得成本。如图 5-7 所示。

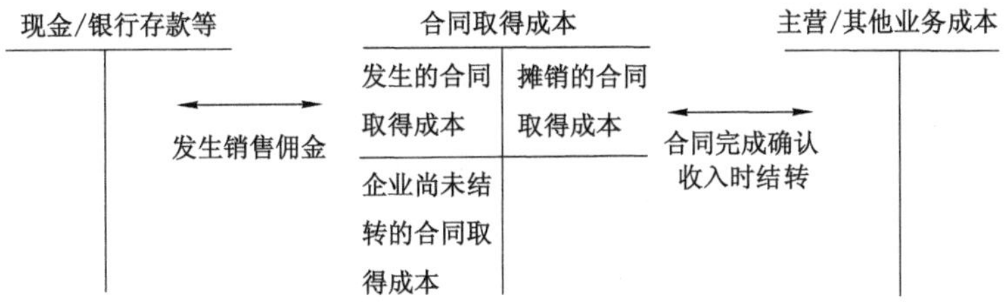


图 5-7　合同取得成本

## 六、合同履约成本

合同履约成本即产品的生产成本或劳务的投入成本，在成本发生时应通过“现金”“原材料”“应付职工薪酬”等科目进行核算，合同完成确认收入时再转入“主营业务成本”等。

“合同履约成本”科目核算企业为履行当前或预期取得的合同所发生的、不属于其他企业会计准则规范范围且按照收入准则应当确认为一项资产的成本。如图 5-8 所示。

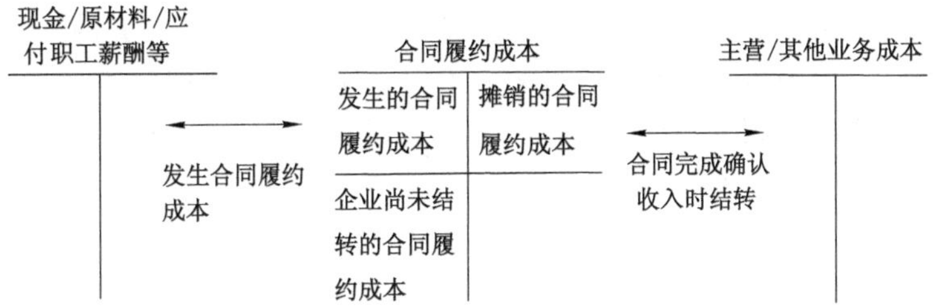


图 5-8　合同履约成本

## 七、合同资产

“合同资产”科目核算企业已向客户转让商品而有权收取对价的权利，且该权利取决于时间流逝之外的其他因素(如履行合同中的其他履约义务)。

## 八、合同负债

“合同负债”科目核算企业已收或应收客户对价而应向客户转让商品的义务。

# 履行履约义务确认收入的账务处理

## 一、在某一时段内履行履约义务确认收入

对于在某一时段内履行的履约义务，企业应当在该段时间内按照履约进度确认收入，履约进度不能合理确定的除外。满足下列条件之一的，属于在某一时段内履行的履约义务：

① 客户在企业履约的同时即取得并消耗企业履约所带来的经济利益；

② 客户能够控制企业履约过程中在建的商品；

③ 企业履约过程中所产出的商品具有不可替代用途，且该企业在整个合同期间内有权就累计至今已完成的履约部分收取款项。

【说明】 若预期可收回发生成本，且完工百分比可靠估计，通常按照完工百分比确认收入，如下面例题。

公式

当期确认收入＝合同总收入×完工百分比－已确认收入

当期确认成本＝当期实际发生成本

## 例题

【例 5-1】 甲公司为增值税一般纳税人，建筑服务适用增值税税率为 9%。2×19 年 12 月1 日，甲公司与乙公司签订一项为期 3 个月的建筑施工合同，合同约定施工价款为 1 000 000 元，增值税税额为 90 000 元，施工费用每月末按完工进度支付。2×19 年 12 月 31 日，经专业测量师测量后，确定该项劳务的完工程度为 30%；乙公司按完工进度支付价款及相应的增值税款。截至 2×19 年 12 月 31 日，甲公司为完成该合同累计发生劳务成本 200 000 元(假定均为施工人员薪酬)，估计还将发生劳务成本 400 000 元。假定该业务属于甲公司的主营业务，全部由其自行完成；该施工服务构成单项履约义务，并属于在某一时段内履行的履约义务；甲公司按照实际测量的完工进度确定履约进度。

**解析**：甲公司应编制如下会计分录：

① 实际发生劳务成本 200 000 元

借：合同履约成本　200 000

　贷：应付职工薪酬　200 000

② 2×19 年 12 月 31 日，确认劳务收入并结转劳务成本

2×19 年 12 月 31 日确认的劳务收入＝1 000 000×30%－0＝300 000(元)

借：银行存款　327 000

　贷：主营业务收入　300 000

　　应交税费——应交增值税(销项税额)　27 000

借：主营业务成本　200 000

　贷：合同履约成本　200 000

2×20 年 1 月 31 日，经专业测量师测量后，确定该项劳务的完工程度为 70%；乙公司按完工进度支付价款同时支付对应的增值税款。2×20 年 1 月，甲公司为完成该合同发生劳务成本 280 000 元(假定均为施工人员薪酬)，为完成该合同估计还将发生劳务成本120 000 元。

甲公司应编制如下会计分录：

① 实际发生劳务成本 280 000 元

借：合同履约成本　280 000

　贷：应付职工薪酬　280 000

② 2×20 年 1 月 31 日，确认劳务收入并结转劳务成本

2×20 年 1 月 31 日确认的劳务收入＝1 000 000×70%－300 000＝400 000(元)

借：银行存款　436 000

　贷：主营业务收入　400 000

　　应交税费——应交增值税(销项税额)　36 000

借：主营业务成本　　280 000

　贷：合同履约成本　　280 000

2×20 年 2 月 28 日，施工完工；乙公司验收合格，按完工进度支付价款，同时支付对应的增值税款。2×20 年 2 月，甲公司为完成该合同发生劳务成本 120 000 元（假定均为施工人员薪酬）。

甲公司应编制如下会计分录：

① 实际发生劳务成本 120 000 元

借：合同履约成本　　120 000

　贷：应付职工薪酬　　120 000

② 2×20 年 2 月 28 日，确认劳务收入并结转劳务成本

2×20 年 2 月 28 日确认的劳务收入＝1 000 000－300 000－400 000＝300 000（元）

借：银行存款　　327 000

　贷：主营业务收入　　300 000

　　应交税费——应交增值税（销项税额）　　27 000

借：主营业务成本　　120 000

　贷：合同履约成本　　120 000

【解题回顾】　如图 5-9 所示。

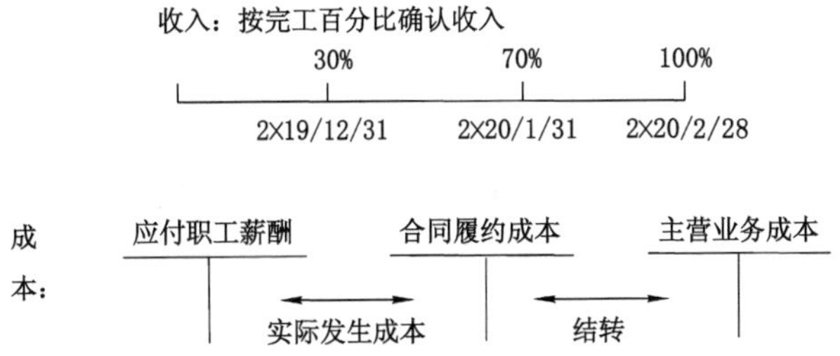


图 5-9　解题回顾

## 二、在某一时点履行履约义务确认收入

对于在某一时点履行的履约义务，常见考试类型有以下 4 种情形。

1. 一般销售商品业务收入的账务处理

会计分录为：

借：银行存款等

　贷：主营业务收入

　　应交税费——应交增值税（销项税额）

借：主营业务成本

　贷：库存商品等

### 例题

**【例 5-2】**　甲公司向乙公司销售商品一批，开具的增值税专用发票上注明售价为 500 000 元，增值税税额为 65 000 元；甲公司收到乙公司开出的不带息银行承兑汇票一张，票面金额为 500 000 元（注意金额够不够?），期限为 3 个月，若有不足计入应收账款；甲公司

以银行存款支付代垫运费，增值税专用发票上注明运输费 3 000 元，增值税税额为 270 元，所垫运费尚未收到；该批商品成本为 320 000 元；乙公司收到商品并验收入库。

**解析**：本例中甲公司已经收到乙公司开出的不带息银行承兑汇票，客户乙公司收到商品并验收入库，因此，销售商品为单项履约义务且属于在某一时点履行的履约义务。但应注意，甲公司收到的票面金额不是 565 000，差额部分计入应收账款。

甲公司应编制如下会计分录：

① 确认收入时

借：应收票据　　500 000
　　应收账款　　65 000
　贷：主营业务收入　　500 000
　　　应交税费——应交增值税（销项税额）　　65 000

② 结转成本时

借：主营业务成本　　320 000
　贷：库存商品　　320 000

③ 代垫运费时

借：应收账款　　3 270
　贷：银行存款　　3 270

2. 已经发出商品但不能确认收入的账务处理

会计分录如下：

借：发出商品
　贷：库存商品

发生增值税纳税义务时：

借：应收账款
　贷：应交税费——应交增值税（销项税额）

待符合收入确认条件时按一般销售商品确认收入即可。

3. 商业折扣、现金折扣和销售退回的账务处理

（1）商业折扣

商业折扣是指企业为促进商品销售而给予的价格扣除。

【注意】 商业折扣在销售前即已发生，并不构成最终成交价格的一部分，企业应当按照扣除商业折扣后的金额确定商品销售价格和销售商品收入金额。

（2）现金折扣

现金折扣是指债权人为鼓励债务人在规定的期限内付款而向债务人提供的债务扣除。

现金折扣一般用符号"折扣率/付款期限"表示。例如，"2/10，1/20，N/30"。

【注意】 现金折扣发生在商品销售之后，是否发生以及发生多少要视客户的付款情况而定，企业在确认销售商品收入时不能确定现金折扣金额。企业应当按照现金折扣前的金额确定销售商品收入金额，现金折扣计入财务费用。

商业折扣与现金折扣的对比如表 5-4 所列。

表 5-4　商业折扣与现金折扣对比

| 项　　目 | 商业折扣 | 现金折扣 |
|---|---|---|
| 收入入账金额 | 扣除商业折扣后的金额 | 总价入账 |
| 折扣计算 | 商业折扣前的金额×折扣百分比 | 看题目要求是否包含增值税额 |
| 增值税计算 | 以扣除商业折扣后的金额为基数 | |
| 折扣入账科目 | 商业折扣不作会计分录，现金折扣在发生时计入财务费用 | |

## 例题

**【例 5-3】** 甲公司为增值税一般纳税人，2×19 年 11 月 11 日销售 A 商品 2 000 件并开具增值税专用发票，每件商品的标价为 500 元（不含增值税），A 商品适用的增值税税率为 13%，每件商品的实际成本为 300 元；由于是成批销售，甲公司给予客户 10%的商业折扣，并在销售合同中规定现金折扣条件为 2/10，1/20，N/30（假设现金折扣的折扣期起算时间为买方收到货物之日起算）；A 商品于 11 月 12 日发出，客户于 11 月 15 日收到商品检验入库并收到甲公司在线开具的电子增值税发票，于 11 月 23 日付款。该项销售业务属于在某一时点履行的履约义务。假定计算现金折扣不考虑增值税。

**解析**：本例涉及商业折扣和现金折扣问题，销售商品收入金额应是未扣除现金折扣但扣除商业折扣后的金额，现金折扣应在实际发生时计入当期财务费用。

甲公司应确认的销售商品收入金额为：2 000×500－2 000×500×10%＝900 000（元）

增值税销项税额为：900 000×13%＝117 000（元）

客户在 10 日内付款，享有的现金折扣为：900 000×2%＝18 000（元）

甲公司应编制如下会计分录：

① 11 月 15 日确认收入时

借：应收账款　　1 017 000

　贷：主营业务收入　　900 000

　　　应交税费——应交增值税（销项税额）　　117 000

借：主营业务成本　　600 000

　贷：库存商品　　600 000

② 11 月 23 日收到货款时

借：银行存款　　999 000

　　财务费用　　18 000

　贷：应收账款　　1 017 000

本例中，若客户于 11 月 26 日付款，则享受的现金折扣为 900 000×1%＝9 000（元）。收到货款时，甲公司应编制如下会计分录：

借：银行存款　　1 008 000

　　财务费用　　9 000

　贷：应收账款　　1 017 000

本例中，若客户于 12 月 12 日付款，则应全额付款。收到货款时，甲公司应编制如下会计分录：

借:银行存款 1 017 000

  贷:应收账款 1 017 000

(3) 销售退回

销售退回是指企业因售出商品在质量、规格等方面不符合销售合同规定条款的要求,客户要求企业予以退货。企业销售商品发生退货,表明企业履约义务的减少和客户商品控制权及其相关经济利益的丧失。已确认销售商品收入的售出商品发生销售退回的,除属于资产负债表日后事项的外,企业收到退回的商品时,应退回货款或冲减应收账款,并冲减主营业务收入和增值税销项税额。其基本账务处理如下:

借:主营业务收入(退回部分对应的销售额)

  应交税费——应交增值税(销项税额)(退回部分对应的增值税)

  贷:银行存款、应收票据、应收账款等

收到退回商品验收入库时:

借:库存商品(成本价)

  贷:主营业务成本

【提示】 该项销售退回已发生现金折扣,冲销原财务费用有关分录。

### 例题

**【例 5-4】** 甲公司于 2×19 年 7 月 10 日销售 A 商品一批,增值税专用发票上注明售价为 300 000 元,增值税税额为 39 000 元,该批商品成本为 182 000 元。A 商品于 2×19 年 7 月 16 日发出,客户于 7 月 27 日付款。该项业务属于在某一时点履行的履约义务并确认销售收入。2×19 年 8 月 16 日,该商品质量出现严重问题,客户将该批商品全部退回给甲公司。甲公司同意退货,于退货当日支付了退货款,并按规定向客户开具了增值税专用发票(红字)。假定不考虑其他因素,甲公司应编制如下会计分录:

① 2×19 年 7 月 10 日确认收入时

借:应收账款 339 000

  贷:主营业务收入 300 000

    应交税费——应交增值税(销项税额) 39 000

借:主营业务成本 182 000

  贷:库存商品 182 000

② 2×19 年 7 月 27 日收到货款时

借:银行存款 339 000

  贷:应收账款 339 000

③ 2×19 年 8 月 16 日销售退回时

借:主营业务收入 300 000

  应交税费——应交增值税(销项税额) 39 000

  贷:银行存款 339 000

借:库存商品 182 000

  贷:主营业务成本 182 000

4. 销售材料等存货的账务处理

企业在日常活动中会发生对外销售不需用的原材料、随同商品对外销售单独计价的包装物等业务。其会计分录为：

借：银行存款等

　贷：其他业务收入

　　　应交税费——应交增值税（销项税额）

借：其他业务成本

　贷：原材料等

## 合同成本

企业在与客户之间建立合同关系过程中发生的成本主要有合同取得成本和合同履约成本。

### 一、合同取得成本

企业为取得合同发生的增量成本预期能够收回的，应当作为合同取得成本确认为一项资产。

增量成本是指企业不取得合同就不会发生的成本，例如销售佣金等。企业取得合同发生的增量成本已经确认为资产的，应当采用与该资产相关的商品收入确认相同的基础进行摊销，计入当期损益。该资产摊销期限不超过1年的，可以在发生时计入当期损益。

企业为取得合同发生的、除预期能够收回的增量成本之外的其他支出，例如无论是否取得合同均会发生的差旅费、投标费、为准备投标资料发生的相关费用等，应当在发生时计入当期损益，除非这些支出明确由客户承担。企业因现有合同续约或发生合同变更需要支付的额外佣金（同销售佣金），也属于为取得合同发生的增量成本。

合同取得成本的账务处理如下：

(1) 发生相关费用时

借：合同取得成本（销售佣金、销售提成）

　　管理费用（差旅费、投标费、投标前期准备的相关费用等）

　　销售费用（销售奖金等）

　贷：银行存款

(2) 每期确认收入、摊销合同取得成本

借：银行存款、应收账款等

　　销售费用（每期摊销额）

　贷：合同取得成本（每期摊销额＝总合同取得成本/期数）

　　　主营业务收入

　　　应交税费——应交增值税（销项税额）

## 例题

**【例5-5】** 甲公司通过竞标获得一个服务期为5年的大集团客户，该客户每年年末支付含税咨询费1 272 000元。为取得与该客户的合同，甲公司聘请外部机构进行尽职调查支付相关费用 15 000 元，为投标而发生的差旅费 10 000 元，支付销售人员佣金 60 000 元。甲公司预期这些支出未来均能够收回。此外，甲公司根据其年度销售目标、整体盈利情况及个人业绩等，向销售经理支付年度奖金 10 000 元。

**解析**：甲公司因签订该客户合同而向销售人员支付的佣金属于取得合同发生的增量成本，应当将其作为合同取得成本确认为一项资产；甲公司聘请外部机构进行尽职调查发生的支出、为投标发生的差旅费以及向销售经理支付的年度奖金（不能直接归属于可识别的合同）不属于增量成本，应当于发生时直接计入当期损益。

甲公司应编制如下会计分录：

① 支付相关费用

| | | |
|---|---|---|
| 借：合同取得成本 | 60 000 | |
| 　管理费用 | 25 000 | |
| 　销售费用 | 10 000 | |
| 　贷：银行存款 | | 95 000 |

② 每月确认服务收入、摊销销售佣金

服务收入＝1 272 000÷(1＋6%)÷12＝100 000(元)

销售佣金摊销额＝60 000÷5÷12＝1 000(元)

| | | |
|---|---|---|
| 借：应收账款 | 109 000 | |
| 　销售费用 | 1 000 | |
| 　贷：合同取得成本 | | 1 000 |
| 　　主营业务收入 | | 100 000 |
| 　　应交税费——应交增值税（销项税额） | | 9 000 |

## 二、合同履约成本

1. 合同履约成本的确认条件

同时满足下列条件的成本，应当作为合同履约成本确认为一项资产：

(1) 该成本与一份当前或预期取得的合同直接相关。包括直接人工、直接材料、制造费用或类似费用（如：组织和管理生产、施工、服务等活动发生的费用等）、明确由客户承担的成本以及仅因该合同而发生的其他成本（如：支付给分包商的成本、机械使用费、设计和技术援助费用、施工现场二次搬运费、生产工具和用具使用费、检验试验费、工程定位复测费、工程点交费、场地清理费等）。

(2) 该成本增加了企业未来用于履行（或持续履行）履约义务的资源。

(3) 该成本预期能够收回。

会计分录为：

借：合同履约成本

　贷：原材料、应付职工薪酬、银行存款等

借：主营业务成本

　贷：合同履约成本

2. 计入当期损益的支出

企业应当在下列支出发生时，将其计入当期损益：

(1) 管理费用，除非这些费用明确由客户承担；

(2) 非正常消耗的直接材料、直接人工和制造费用(或类似费用)，这些支出为履行合同发生，但未反映在合同价格中；

(3) 与履约义务中已履行(包括已全部履行或部分履行)部分相关的支出，即该支出与企业过去的履约活动相关；

(4) 无法在尚未履行的与已履行(或已部分履行)的履约义务之间区分的相关支出。

## 例题

**【例 5-6】** 甲公司经营一家酒店式公寓，该公寓大楼是甲公司的自有资产。2×20 年 12 月甲公司计提与公司经营直接相关的酒店、客房以及客房内的设备家具等折旧 120 000 元、土地使用权摊销费用 30 000 元。经计算，当月确认房费、餐饮等服务含税收入 530 000 元，全部存入银行。

**解析**：甲公司经营酒店主要是通过提供客房服务赚取收入，而客房服务的提供直接依赖于酒店物业(包含土地)以及设备家具等相关资产，这些资产折旧和摊销属于甲公司为履行与客户的合同而发生的合同履约成本。已确认的合同履约成本在收入确认时予以摊销，计入营业成本。

甲公司应编制如下会计分录：

① 确认资产的折旧费、摊销费

借：合同履约成本　150 000

　贷：累计折旧　120 000

　　累计摊销　30 000

② 12 月确认酒店服务收入并摊销合同履约成本

借：银行存款　530 000

　贷：主营业务收入　500 000

　　应交税费——应交增值税(销项税额)　30 000

借：主营业务成本　150 000

　贷：合同履约成本　150 000

【总结】

① 收入的确认(见表 5-5)。

**表 5-5　收入的确认**

| 原则 | 在客户取得相关商品控制权时确认收入 |
|---|---|
| 前提条件 | 同时满足五项条件 |
| 五步法 | (1) 识别与客户订立的合同(满足前提条件)；<br>(2) 识别合同中的单项履约义务(分别确认/合并确认)；<br>(3) 确定交易价格(不含第三方代管，固定、可变或兼有)；<br>(4) 分摊(单独售价比例)；<br>(5) 履行各单项履约义务时确认收入(先判断时间段，再判断时间点) |

② 时间段还是时间点确认收入判断(见表5-6)。

**表5-6 时间段还是时间点确认收入判断**

| | |
|---|---|
| 在某一时点履行履约义务 | (1) 已经发出商品但不能确认收入(发出商品——成本价);<br>(2) 商业折扣(折扣后的金额确认收入);<br>(3) 现金折扣(确认收入时不扣现金折扣);<br>(4) 销售退回(冲减收入和税) |
| 在某一时段内履行履约义务 | (1) 当履约进度能合理确定时:<br>当期确认收入=总收入×完工百分比-之前确认的收入<br>(2) 当履约进度不能合理确定时:<br>确认收入=成本预计能得到补偿的部分 |

③ 合同取得成本和合同履约成本(见表5-7)。

**表5-7 合同取得成本和合同履约成本**

| | |
|---|---|
| 合同取得成本 | 含义:① 增量成本;② 预计能够收回<br>常见:销售佣金<br>发生成本时计入"合同取得成本",后期平均摊销 |
| 合同履约成本 | 发生成本时计入"合同履约成本",期末结转 |

# 第二节 费 用

## 费用概述

### 一、概念

费用,是指企业在日常活动中发生的、会导致所有者权益减少的、与向所有者分配利润无关的经济利益的总流出。

### 二、费用的确认条件

费用的确认条件如图5-10所示。

## 营业成本

营业成本,是指企业为生产产品、提供服务等发生的可归属于产品成本、服务成本等的费用,应当在确认销售商品收入、提供劳务收入等时,将已销售商品、已提供劳务的成本等计入当期损益。

营业成本包括主营业务成本和其他业务成本。

### 一、主营业务成本

主营业务成本,是指企业销售商品、提供服务等经常性活动所发生的成本。企业一般

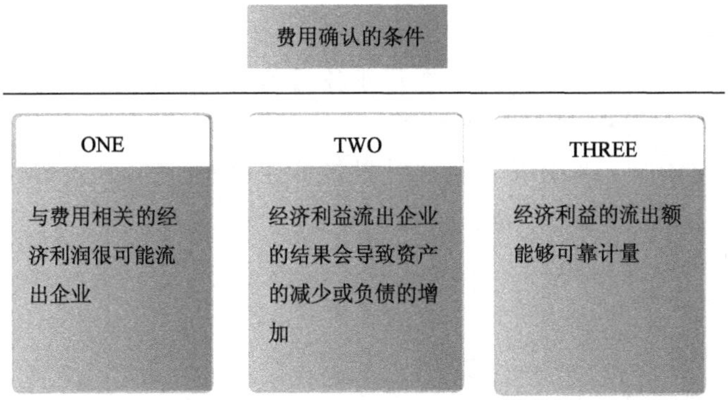


图 5-10　费用的确认条件

在确认销售商品、提供服务等主营业务收入时，或在月末，将已销售商品、提供服务的成本转入主营业务成本。

主营业务成本的账务处理如下：

(1) 销售结转成本

借：主营业务成本

　存货跌价准备

　贷：库存商品、合同履约成本等

(2) 期末结转成本

借：本年利润

　贷：主营业务成本

【注意】 期末结转后“主营业务成本”科目无余额。

## 例题

**【例 5-7】** 2×20 年 5 月 20 日，甲公司向乙公司销售一批产品，开出的增值税专用发票上注明售价为 200 000 元，增值税税额为 26 000 元；甲公司已收到乙公司支付的货款 226 000 元，并将提货单送交乙公司；该批产品成本为 190 000 元。这项销售业务属于某一时点履行的履约义务。

甲公司应编制如下会计分录：

① 销售实现时

| | | |
|---|---|---|
| 借：银行存款 | 226 000 | |
| 　贷：主营业务收入 | | 200 000 |
| 　　应交税费——应交增值税（销项税额） | | 26 000 |
| 借：主营业务成本 | 190 000 | |
| 　贷：库存商品 | | 190 000 |

② 期末，将主营业务成本结转至本年利润时

| | | |
|---|---|---|
| 借：本年利润 | 190 000 | |
| 　贷：主营业务成本 | | 190 000 |

## 二、其他业务成本

其他业务成本，是指企业确认的除主营业务活动以外的其他经营活动所发生的支出。其他业务成本包括销售材料的成本、出租固定资产的折旧额、出租无形资产的摊销额、出租包装物的成本或摊销额等。采用成本模式计量投资性房地产的，其投资性房地产计提的折旧额或摊销额，也构成其他业务成本。

其他业务成本的账务处理如下：

(1) 销售发生时

借：其他业务成本

　贷：原材料(销售材料)

　　周转材料(销售单独计价的周转材料)

　　累计折旧(出租资产计提的折旧)

　　累计摊销(出租资产计提的摊销)等

(2) 期末结转成本时

借：本年利润

　贷：其他业务成本

【注意】 期末结转后“其他业务成本”科目无余额。

### 例题

**【例 5-8】** 2×20 年 5 月 10 日，某公司销售一批原材料，开具的增值税专用发票上注明售价为 10 000 元，增值税税额为 1 300 元，款项已由银行收妥；该批原材料的实际成本为 7 000 元。这项销售业务属于某一时点履行的履约义务。

该公司应编制如下会计分录：

① 销售实现时

| | | |
|---|---|---|
| 借：银行存款 | 11 300 | |
| 　贷：其他业务收入 | | 10 000 |
| 　　应交税费——应交增值税(销项税额) | | 1 300 |
| 借：其他业务成本 | 7 000 | |
| 　贷：原材料 | | 7 000 |

② 期末，将其他业务成本结转至本年利润时

| | | |
|---|---|---|
| 借：本年利润 | 7 000 | |
| 　贷：其他业务成本 | | 7 000 |

**【例 5-9】** 2×20 年 11 月 22 日，某公司销售商品领用单独计价的包装物实际成本 40 000 元，开具的增值税专用发票上注明价款(包装物)为 100 000 元，增值税税额为 13 000 元，款项已存入银行。销售商品领用单独计价包装物属于销售商品和包装物两项履约义务，且属于某一时点履行的履约义务。

该公司应编制如下会计分录：

① 出售包装物时

| | | |
|---|---|---|
| 借：银行存款 | 113 000 | |
| 　贷：其他业务收入 | | 100 000 |

　　应交税费——应交增值税(销项税额)　　13 000
借:其他业务成本　　40 000
　贷:周转材料——包装物　　40 000
② 期末,将其他业务成本结转至本年利润时
借:本年利润　　7 000
　贷:其他业务成本　　7 000

## 税金及附加

税金及附加,是指企业经营活动应负担的相关税费,包括消费税、城市维护建设税、教育费附加、资源税、环境保护税、土地增值税、房产税、车船税、城镇土地使用税、印花税等。

【注意】“简单记忆方法”:除增值税、所得税、关税外,其他常见小税种都计入税金及附加。

1. 一般账务处理

(1) 计提时

借:税金及附加
　贷:应交税费——应交消费税等

(2) 缴纳时

借:应交税费——应交消费税等
　贷:银行存款

(3) 期末结转税金及附加

借:本年利润
　贷:税金及附加

【注意】期末结转后“税金及附加”科目无余额。

2. 特殊账务处理(印花税)

印花税不通过“应交税费”科目核算。

借:税金及附加
　贷:银行存款

## 例题

**【例 5-10】** 2×20 年 8 月 1 日,某公司取得应纳消费税的销售商品收入 3 000 000 元,该产品适用的消费税税率为 20%。

该公司应编制如下会计分录:

① 计算应交消费税税额 600 000 元

借:税金及附加　　600 000
　贷:应交税费——应交消费税　　600 000

② 缴纳消费税时

借:应交税费——应交消费税　　600 000
　贷:银行存款　　600 000

# 期间费用

## 一、概述

期间费用，是指企业日常活动发生的不能计入特定核算对象的成本，而应计入发生当期损益的费用。期间费用包括销售费用、管理费用和财务费用。

期间费用是企业日常活动中所发生的经济利益的流出，通常不计入特定的成本核算对象，这是因为期间费用是企业为组织和管理整个经营活动所发生的费用，与可以确定特定核算对象的材料采购、产成品生产等没有直接关系，因而期间费用不计入有关核算对象的成本，而是直接计入当期损益。

期间费用包含以下两种情况：

(1) 企业发生的不符合或者不再符合资产确认条件的支出，应当在发生时确认为费用，计入当期损益。

(2) 企业发生的交易或者事项导致其承担了一项负债，而又不确认为一项资产的，应当在发生时确认为费用，计入当期损益。

## 二、期间费用的账务处理

1. 销售费用

销售费用是指企业销售商品和材料、提供劳务的过程中发生的各种费用，包括保险费、包装费、展览费和广告费、商品维修费、预计产品质量保证损失、运输费、装卸费等以及为销售本企业商品而专设的销售机构(含销售网点、售后服务网点等)的职工薪酬、业务费、折旧费等经营费用。

企业发生的与专设销售机构相关的固定资产日常修理费用等后续支出也属于销售费用。

销售费用的会计分录如下：

借：销售费用

　　应交税费——应交增值税(进项税额)

　贷：银行存款/累计折旧/应付职工薪酬等

期末：

借：本年利润

　贷：销售费用

【注意】 收入、费用、成本类科目期末无余额，转入“本年利润”科目。

### 例题

**【例 5-11】** 某公司为增值税一般纳税人，2×20 年 6 月 1 日为宣传新产品发生广告费，取得的增值税专用发票上注明价款为 100 000 元，增值税税额为 6 000 元，用银行存款支付。

该公司支付广告费应编制如下会计分录：

| | | |
|---|---|---|
| 借：销售费用——广告费 | 100 000 | |
| 　　应交税费——应交增值税(进项税额) | 6 000 | |
| 　贷：银行存款 | | 106 000 |

2. 管理费用

管理费用，是指企业为组织和管理企业生产经营所发生的管理费用，包括企业在筹建期间内发生的开办费、董事会和行政管理部门在企业的经营管理中发生的或者应由企业统一负担的公司经费（包括行政管理部门职工工资及福利费、物料消耗、低值易耗品摊销、办公费和差旅费等）、工会经费、董事会费（包括董事会成员津贴、会议费和差旅费等）、聘请中介机构费、咨询费（含顾问费）、诉讼费、业务招待费、技术转让费、研究费用、排污费以及行政管理部门等发生的固定资产修理费用等。

管理费用的会计分录如下：

借：管理费用

　　应交税费——应交增值税（进项税额）

　贷：银行存款/累计折旧/应付职工薪酬等

期末：

借：本年利润

　贷：管理费用

**例题**

**【例 5-12】** 某公司行政部 2×20 年 4 月共发生费用 179 000 元，其中，行政人员薪酬 150 000 元，报销行政人员差旅费 21 000 元（假定报销人员均未预借差旅费），其他办公、水电费 8 000 元（均用银行存款支付）。假定不考虑增值税等因素。

该公司应编制如下会计分录：

| | | |
|---|---|---|
| 借：管理费用 | 179 000 | |
| 　贷：应付职工薪酬 | | 150 000 |
| 　　库存现金 | | 21 000 |
| 　　银行存款 | | 8 000 |

3. 财务费用

财务费用是指企业为筹集生产经营所需资金等而发生的筹资费用，包括利息支出（减利息收入）、汇兑损益以及相关的手续费、企业发生的现金折扣等。

财务费用的会计分录如下：

借：财务费用

　贷：应付利息/银行存款等

期末：

借：本年利润

　贷：财务费用

**【注意】** 若是利息收益，则贷记“财务费用”科目。

借：银行存款

　贷：财务费用

期末：

借：财务费用

　贷：本年利润

**例题**

【例 5-13】 某公司于 2×20 年 12 月 1 日向银行借入生产经营用短期借款 360 000 元，期限 6 个月，年利率为 5%，该借款本金到期后一次归还，利息分月预提，按季支付。

该公司计提利息费用时应编制如下会计分录：

借：财务费用——利息支出　　1 500

　贷：应付利息　　1 500

【例 5-14】 某公司 2×20 年 12 月 30 日用银行存款支付本月应负担的短期借款利息 25 440 元。

该公司应编制如下会计分录：

借：财务费用——利息支出　　25 440

　贷：银行存款　　25 440

【提示】 月末的损益结转与销售费用相同。

# 第三节　利　　润

## 利润概述

### 一、概念

利润，是指企业在一定会计期间的经营成果。

利润包括收入减去费用后的净额（营业利润）、直接计入当期利润的利得和损失（营业外收支）等。

【提示】 未计入当期利润的利得和损失扣除所得税影响后的净额计入其他综合收益。净利润和其他综合收益的合计金额为综合收益总额。

### 二、利润的确认条件

利润反映的是收入减去费用、利得减去损失后的净额的概念。因此，利润的确认主要依赖于收入和费用以及利得和损失的确认，其金额的确定也主要取决于收入、费用、利得和损失金额的计量。

## 利润的构成

### 一、营业利润

公式

营业利润＝营业收入－营业成本－税金及附加－销售费用－管理费用－财务费用－资产减值损失－信用减值损失＋公允价值变动收益（－公允价值变动损失）＋投资收益（－投资损失）＋其他收益＋资产处置收益（－资产处置损失）＋净敞口套期收益（－净敞口套期损失）－研发费用

其中：

(1) 其他收益是指与企业日常活动相关，除冲减相关成本、费用以外的政府补助。

(2) 资产处置收益(或损失)反映企业出售划分为持有待售的非流动资产(金融工具、长期股权投资和投资性房地产除外)或处置组(子公司和业务除外)时确认的处置利得或损失，以及处置未划分为持有待售的固定资产、在建工程、生产性生物资产及无形资产而产生的处置利得或损失，还包括债务重组中因处置非流动资产产生的利得或损失和非货币性资产交换中换出非流动资产产生的利得或损失。

(3) 研发费用是指企业在研究与开发过程中发生的费用化支出，以及计入管理费用的自行开发无形资产的摊销。

## 二、利润总额

公式

利润总额＝营业利润＋营业外收入－营业外支出

【注意】 利润总额不扣除所得税。

## 三、净利润

公式

净利润＝利润总额－所得税

# 营业外收支

## 一、营业外收入

营业外收入，是指企业确认的与其日常活动无直接关系的各项利得，主要包括非流动资产毁损报废收益、盘盈利得(主要指现金溢余无法查明原因部分)、捐赠利得、债务重组利得等。其中，非流动资产毁损报废收益是指因自然灾害等发生毁损、已丧失使用功能而报废非流动资产所产生的清理收益。

【注意】 营业外收入并不是企业经营资金耗费所产生的，实际上是经济利益的净流入，不需要与有关费用进行配比。

营业外收入的账务处理如下：

(1) 产生时

借：固定资产清理(非流动资产毁损报废净收益)

　　待处理财产损溢(现金溢余无法查明原因)

　　应付账款等(确实无法支付)

　贷：营业外收入

(2) 月末结转时

借：营业外收入

　贷：本年利润

## 二、营业外支出

营业外支出，是指企业发生的与其日常活动无直接关系的各项损失，主要包括非流动资产毁损报废损失、盘亏损失、公益性捐赠支出、罚款支出、债务重组损失、非常损失等。其中，非流动资产毁损报废损失是指因自然灾害等发生毁损、已丧失使用功能而报废非流动资产所产生的清理损失。

营业外支出的账务处理如下：

(1) 产生时

借：营业外支出

　贷：固定资产清理(非流动资产毁损报废净损失)

　　待处理财产损溢(资产盘亏净损失)

　　库存商品(对外捐赠，成本价)

　　应交税费——应交增值税(销项税额)(对外捐赠视同销售)

　　银行存款等(支付罚款、违约金等)

(2) 月末结转时

借：本年利润

　贷：营业外支出

## 所得税费用

所得税费用，是指企业经营利润应缴纳的所得税。所得税费用包括当期所得税和递延所得税两部分。

所得税费用的账务处理如表 5-8 所列。

**表 5-8　所得税费用账务处理方法**

| | | |
|---|---|---|
| 所得税费用 | 当期所得税 | 借：所得税费用——当期所得税<br>　贷：应交税费——应交所得税 |
| | 递延所得税 | 借：所得税费用——递延所得税<br>　贷：递延所得税负债 |
| | | 借：递延所得税资产<br>　贷：所得税费用——递延所得税 |

## 一、应交所得税的计算

应交所得税是企业按照税法规定计算确定的针对当期发生的交易和事项，应缴纳给税务部门的所得税金额，即当期应交所得税。

(1) 应纳税所得额(税法的利润)是在企业税前会计利润(即利润总额)的基础上调整确定的，计算公式为：

公式

应纳税所得额＝税前会计利润＋纳税调整增加额－纳税调整减少额

纳税调内容如表 5-9 所列。

**表 5-9　纳税调整**

| 项　目 | 核算内容 |
| --- | --- |
| 纳税调整增加额 | (1) 实际发生的超过税法规定标准的业务招待费支出；<br>(2) 企业已计入当期损失但税法规定不允许扣除项目的金额(如税收滞纳金、行政罚款、罚金)等；<br>(3) 超过税法规定标准的职工福利费(工资总额×14%)、工会经费(工资总额×2%)、职工教育经费(工资总额×8%)、公益性捐赠支出(利润总额×12%)、广告费和业务宣传费(销售或营业收入×15%)等 |
| 纳税调整减少额 | (1) 国债利息收入；<br>(2) 前 5 年内未弥补亏损 |

(2) 企业当期应交所得税的计算公式为：

公式

当期应交所得税＝应纳税所得额×所得税税率

## 二、所得税费用的账务处理

企业应根据《企业会计准则第 18 号——所得税》的规定，对当期应交所得税加以调整计算后，据以确认应从当期利润总额中扣除的所得税费用，通过“所得税费用”科目核算。

公式

所得税费用＝当期所得税＋递延所得税(－递延所得税收益)

递延所得税＝(递延所得税负债期末余额－递延所得税负债期初余额)－(递延所得税资产期末余额－递延所得税资产期初余额)

其中：

递延所得税资产是指以未来期间很可能取得用来抵扣可抵扣暂时性差异的应纳税所得额为限确认的一项资产。

递延所得税负债是指根据应纳税暂时性差异计算的未来期间应付所得税的金额。

例题

**【例 5-15】** 甲公司 2×20 年度利润总额(税前会计利润)为 19 800 000 元，所得税税率为 25%。甲公司全年实发工资、薪金为 2 000 000 元，职工福利费为 300 000 元，工会经费为 50 000 元，职工教育经费为 210 000 元；经查，甲公司当年营业外支出中有 120 000 元为税款滞纳罚金。假定甲公司全年无其他纳税调整因素。甲公司当期应交所得税是多少？

纳税调整数＝(300 000－2 000 000×14%)＋(50 000－2 000 000×2%)＋(210 000－2 000 000×8%)＋120 000＝200 000(元)

应纳税所得额＝19 800 000＋200 000＝20 000 000(元)

当期应交所得税＝20 000 000×25%＝5 000 000(元)

**【例 5-16】** 承例 5-15。2×20 年，甲公司递延所得税负债年初数为 400 000 元，年末数为 500 000 元，递延所得税资产年初数为 250 000 元，年末数为 200 000 元。

甲公司的会计处理如下；

递延所得税=(500 000－400 000)－(200 000－250 000)=150 000(元)

所得税费用=5 000 000+150 000=5 150 000(元)

| | | |
|---|---|---|
| 借：所得税费用 | 5 150 000 | |
| 贷：应交税费——应交所得税 | | 5 000 000 |
| 递延所得税负债 | | 100 000 |
| 递延所得税资产 | | 50 000 |

## 本年利润

### 一、结转本年利润的方法

期末结转本年利润的方法有表结法和账结法。

在表结法下，各损益类科目每月月末只需结计出本月发生额和月末累计余额，不结转到"本年利润"科目。

在账结法下，每月月末均需编制转账凭证，将在账上结计出的各损益类科目的余额结转入"本年利润"科目。

### 二、结转本年利润的账务处理

会计期末要将企业所有的损益类科目余额结转到"本年利润"科目中。

年度终了，企业还应将"本年利润"科目的本年累计余额转入"利润分配——未分配利润"科目中。

# 第六章 财务报表

## 本章概述

财务报表是对企业财务状况、经营成果和现金流量的结构性表述。一套完整的财务报表至少应当包括资产负债表、利润表、现金流量表、所有者权益(或股东权益)变动表以及附注。

## 第一节 资产负债表

### 资产负债表概述

资产负债表是反映企业在某一特定日期的财务状况的报表，是企业经营活动的静态反映。资产负债表是根据“资产＝负债＋所有者权益”这一平衡公式，依照一定的分类标准和一定的次序，将某一特定日期的资产、负债、所有者权益的具体项目予以适当的排列编制而成。

通过资产负债表，可以反映企业在某一特定日期所拥有或控制的经济资源、所承担的现时义务和所有者对净资产的要求权，帮助财务报表使用者全面了解企业的财务状况、分析企业的偿债能力等情况，从而为其作出经济决策提供依据。

### 资产负债表的结构

(1) 资产负债表一般由表头、表体两部分组成。

① 表头部分应列明报表名称、编制单位名称、资产负债表日、报表编号和计量单位；

② 表体部分是资产负债表的主体，列示了用以说明企业财务状况的各个项目。

(2) 资产负债表的表体格式一般有两种：报告式资产负债表和账户式资产负债表。如表 6-1 所列。

① 报告式资产负债表是上下结构，上半部分列示资产各项目，下半部分列示负债和所有者权益各项目。

② 账户式资产负债表是左右结构，左边列示资产各项目，反映全部资产的分布及存在状态；右边列示负债和所有者权益各项目，反映全部负债和所有者权益的内容及构成情况。

【提示】

① 不管采取什么格式，资产各项目的合计一定等于负债和所有者权益各项目的合计。

② 会计科目不是报表项目，报表项目有具体的填列方法。

③ 我国企业的资产负债表采用账户式结构。

**表 6-1 账户式资产负债表**

**资产负债表(简表)**

№

编制单位： 年 月 日 单位：元

| 资 产 | 期末余额 | 上年年末余额 | 负债和所有者权益（或股东权益） | 期末余额 | 上年年末余额 |
|---|---|---|---|---|---|
| 流动资产： | | | 流动负债： | | |
| 货币资金 | | | 短期借款 | | |
| 交易性金融资产 | | | 应付票据 | | |
| 应收票据 | | | 应付账款 | | |
| 应收账款 | | | 预收款项 | | |
| 预付款项 | | | 合同负债 | | |
| 其他应收款 | | | 应付职工薪酬 | | |
| 存货 | | | 应交税费 | | |
| 合同资产 | | | 其他应付款 | | |
| 一年内到期的非流动资产 | | | 一年内到期的非流动负债 | | |
| 其他流动资产 | | | 其他流动负债 | | |
| 流动资产合计 | | | 流动负债合计 | | |
| 非流动资产： | | | 非流动负债： | | |
| 固定资产 | | | 长期借款 | | |
| 在建工程 | | | 递延所得税负债 | | |
| 无形资产 | | | 其他非流动负债 | | |
| 开发支出 | | | 非流动负债合计 | | |
| 长期待摊费用 | | | 负债合计 | | |
| 递延所得税资产 | | | | | |
| 其他非流动资产 | | | | | |
| 非流动资产合计 | | | | | |
| | | | 所有者权益(或股东权益)： | | |
| | | | 实收资本(或股本) | | |
| | | | 资本公积 | | |
| | | | 减：库存股 | | |
| | | | 其他综合收益 | | |
| | | | 专项储备 | | |
| | | | 盈余公积 | | |
| | | | 未分配利润 | | |
| | | | 所有者权益(或股东权益)合计 | | |
| 资产总计 | | | 负债和所有者权益(或股东权益)总计 | | |

账户式资产负债表分左右两方，左方为资产项目，大体按资产的流动性大小排列，流动性大的排在前面，流动性小的排在后面；右方为负债和所有者权益项目，一般按要求清偿时间的先后顺序排列。在企业清算之前不需要偿还的所有者权益项目排在后面。

④ 账户式资产负债表中的资产各项目的合计等于负债和所有者权益各项目的合计，即资产负债表左方和右方平衡，可以反映资产、负债、所有者权益之间的内在关系："资产＝负债＋所有者权益"。

此外，如有下列情况，应当在资产负债表中调整或增设相关项目：

① 高危行业企业如有按国家规定提取安全生产费的，应当在资产负债表所有者权益项下的"其他综合收益"项目和"盈余公积"项目之间增设"专项储备"项目，反映企业提取的安全生产费期末余额。

② 企业衍生金融工具业务具有重要性的，应当在资产负债表资产项下"交易性金融资产"项目和"应收票据"及"应收账款"项目之间增设"衍生金融资产"项目，在资产负债表负债项下"交易性金融负债"项目和"应付票据"及"应付账款"项目之间增设"衍生金融负债"项目，分别反映企业衍生工具形成资产和负债的期末余额。

## 资产负债表的编制

### 一、资产负债表项目的填列方法

资产负债表各项目均需填列"上年年末余额(年初余额)"和"期末余额"两栏。

资产负债表的"上年年末余额"栏内各项数字，应根据上年年末资产负债表的"期末余额"栏内所列数字填列。如果上年度资产负债表规定的各个项目的名称和内容与本年度不相一致，应按照本年度的规定对上年年末资产负债表各项目的名称和数字进行调整，填入本年度资产负债表"上年年末余额"栏内。

资产负债表的"期末余额"栏内各项数字，其填列方法如下：

1. 根据总账科目余额填列

资产负债表中有些项目，可直接根据有关总账科目的期末余额填列，如"短期借款""资本公积"等项目；有些项目需根据几个总账科目的期末余额计算填列，如"货币资金"项目，需根据"库存现金""银行存款"和"其他货币资金"三个总账科目的期末余额合计数填列，即

公式

货币资金＝库存现金＋银行存款＋其他货币资金(期末余额)

2. 根据明细科目余额计算填列

(1) 往来项目：

"应收账款"项目：应收账款＝应收账款(借)＋预收账款(借)－坏账准备(应收账款)(贷)。

"应付账款"项目：应付账款＝应付账款(贷)＋预付账款(贷)。

"预付款项"项目：预付款项＝应付账款(借)＋预付账款(借)－坏账准备(预付账款)(贷)。

“预收款项”项目：预收款项＝应收账款（贷）＋预收账款（贷）。

（2）“开发支出”项目：根据“研发支出”科目中所属的“资本化支出”明细科目期末余额计算填列。

（3）“应付职工薪酬”项目：根据“应付职工薪酬”科目中所属的明细科目贷方余额分析填列。

（4）“一年内到期的非流动资产（负债）”项目：根据有关非流动资产和非流动负债的项目的明细科目期末余额计算填列（根据一年之内到期的项目计算填列）。

（5）“未分配利润”项目：根据“本年利润”科目和“利润分配”科目的余额计算填列。未弥补的亏损在本项目内以“－”号填列。

3. 根据总账科目和明细科目余额分析计算填列

“长期借款”项目：长期借款＝长期借款（总账科目）余额－长期借款（明细科目中将在一年内到期且企业不能自主地将清偿义务展期的）。

“其他非流动资产（负债）”项目：其他非流动资产（负债）＝其他非流动资产（负债）余额－一年内、含一年收回（到期偿还）的金额。

4. 根据有关科目余额减去其备抵科目余额后的净额填列

资产负债表中的有些项目，需要根据有关科目余额减去其备抵科目余额后的净额填列：

“应收票据”“应收账款”“长期股权投资”“在建工程”等项目：根据“应收票据”“应收账款”“长期股权投资”“在建工程”等科目的期末余额减去“坏账准备”“长期股权投资减值准备”“在建工程减值准备”等科目余额后的净额填列。

“固定资产”项目：固定资产＝“固定资产”科目期末余额－累计折旧－固定资产减值准备＋固定资产清理（借方余额）。

“无形资产”项目：无形资产＝“无形资产”科目期末余额－累计摊销－无形资产减值准备。

“在建工程”项目：在建工程＝在建工程－在建工程减值准备＋工程物资－工程物资减值准备。

【总结】 科目－折旧或摊销－减值准备。

5. 综合运用上述填列方法分析填列

“存货”项目：存货＝原材料＋库存商品＋委托加工物资＋周转材料＋材料采购＋在途物资＋发出商品＋材料成本差异等－存货跌价准备等。

【注意】

① 计算存货余额时考虑材料成本差异和存货跌价准备；

② “工程物资”不通过存货核算。

## 二、资产负债表项目的填列说明

1. 资产项目的填列说明

（1）“货币资金”项目，反映企业库存现金、银行结算户存款、外埠存款、银行汇票存款、银行本票存款、信用卡存款、信用证保证金存款等的合计数。该项目应根据“库存现金”“银行存款”“其他货币资金”科目期末余额的合计数填列。

(2)“交易性金融资产”项目，反映企业资产负债表日分类为以公允价值计量且其变动计入当期损益的金融资产以及企业持有的直接指定为以公允价值计量且其变动计入当期损益的金融资产的期末账面价值。本项目应根据“交易性金融资产”科目的相关明细科目期末余额分析填列。自资产负债表日起超过一年到期且预期持有超过一年的以公允价值计量且其变动计入当期损益的非流动金融资产的期末账面价值，在“其他非流动金融资产”项目反映。

(3)“应收票据”项目，反映企业资产负债表日以摊余成本计量的，企业因销售商品、提供服务等经营活动收到的商业汇票，包括银行承兑汇票和商业承兑汇票。本项目应根据“应收票据”科目的期末余额，减去“坏账准备”科目中相关坏账准备期末余额后的金额填列。

(4)“应收账款”项目，反映企业资产负债表日以摊余成本计量的，企业因销售商品、提供服务等经营活动应收取的款项。本项目应根据“应收账款”科目的期末余额，减去“坏账准备”科目中相关坏账准备期末余额后的金额分析填列。

### 例题

**【例 6-1】** 2×20 年 12 月 31 日，甲公司“应收账款”科目的余额为 1 500 万元；“坏账准备”科目中有关应收账款计提的坏账准备余额为 45 万元，则 2×20 年 12 月 31 日甲公司资产负债表中“应收账款”项目“期末余额”的列报金额为 1 500－45＝1 455(万元)。

(5)“应收款项融资”项目，反映企业资产负债表日以公允价值计量且其变动计入其他综合收益的应收票据和应收账款等。

(6)“预付款项”项目，反映企业按照购货合同规定预付给供应单位的款项等。本项目应根据“预付账款”和“应付账款”科目所属各明细科目的期末借方余额合计数，减去“坏账准备”科目中有关预付账款计提的坏账准备期末余额后的净额填列。若“预付账款”科目所属明细科目期末为贷方余额，应在资产负债表“应付账款”项目内填列。

(7)“其他应收款”项目，反映企业除应收票据、应收账款、预付款项等经营活动以外的其他各种应收、暂付的款项。本项目应根据“应收利息”“应收股利”和“其他应收款”科目的期末余额合计数，减去“坏账准备”科目中相关坏账准备期末余额后的净额填列。

(8)“存货”项目，应根据“材料采购”“原材料”“库存商品”“周转材料”“委托加工物资”“发出商品”“生产成本”“受托代销商品”等科目的期末余额合计数，减去“受托代销商品款”“存货跌价准备”科目期末余额后的净额填列。材料采用计划成本核算以及库存商品采用计划成本核算或售价核算的企业，在填列“存货”项目时还应按加或减材料成本差异、商品进销差价后的金额填列。

(9)“合同资产”项目，反映企业按照相关规定，根据本企业履行履约义务与客户付款之间的关系在资产负债表中列示的合同资产。本项目应根据“合同资产”科目的相关明细科目期末余额分析填列，同一合同下的合同资产和合同负债应当以净额列示。其中，净额为借方余额的，应当根据其流动性在“合同资产”或“其他非流动资产”项目中填列，已计提减值准备的，还应以减去“合同资产减值准备”科目中相关的期末余额后的金额填列；净额为贷方余额的，应当根据其流动性在“合同负债”或“其他非流动负债”项目中填列。

(10)“持有待售资产”项目，反映企业资产负债表日划分为持有待售类别的非流动资产及划分为持有待售类别的处置组中的流动资产和非流动资产的期末账面价值。本项目应根据“持有待售资产”科目的期末余额，减去“持有待售资产减值准备”科目的期末余额后的金额填列。

(11)“一年内到期的非流动资产”项目，反映企业将于一年内到期的非流动资产项目金额。本项目应根据有关科目的期末余额分析填列。

(12)“债权投资”项目，反映企业资产负债表日以摊余成本计量的长期债权投资的期末账面价值。本项目应根据“债权投资”科目的相关明细科目期末余额，减去“债权投资减值准备”科目中相关减值准备的期末余额后的金额分析填列。自资产负债表日起一年内到期的长期债权投资的期末账面价值，在“一年内到期的非流动资产”项目反映。企业购入的以摊余成本计量的一年内到期的债权投资的期末账面价值，在“其他流动资产”项目反映。

(13)“其他债权投资”项目，反映企业资产负债表日分类为以公允价值计量且其变动计入其他综合收益的长期债权投资的期末账面价值。本项目应根据“其他债权投资”科目的相关明细科目期末余额分析填列。自资产负债表日起一年内到期的长期债权投资的期末账面价值，在“一年内到期的非流动资产”项目反映。企业购入的以公允价值计量且其变动计入其他综合收益的一年内到期的债权投资的期末账面价值，在“其他流动资产”项目反映。

(14)“长期应收款”项目，反映企业租赁产生的应收款项和采用递延方式分期收款、实质上具有融资性质的销售商品和提供劳务等经营活动产生的应收款项。本项目应根据“长期应收款”科目的期末余额，减去相应的“未实现融资收益”科目和“坏账准备”科目所属相关明细科目期末余额后的金额填列。

(15)“长期股权投资”项目，反映投资方对被投资方实施控制、重大影响的权益性投资，以及对其合营企业的权益性投资。本项目应根据“长期股权投资”科目的期末余额，减去“长期股权投资减值准备”科目的期末余额后的净额填列。

(16)“其他权益工具投资”项目，反映企业资产负债表日指定为以公允价值计量且其变动计入其他综合收益的非交易性权益工具投资的期末账面价值。本项目应根据“其他权益工具投资”科目的期末余额填列。

(17)“固定资产”项目，反映企业资产负债表日固定资产的期末账面价值和企业尚未清理完毕的固定资产清理净损益。本项目应根据“固定资产”科目的期末余额，减去“累计折旧”和“固定资产减值准备”科目的期末余额后的金额，以及“固定资产清理”科目的期末余额填列。

### 例题

**【例 6-2】** 2×20 年 12 月 31 日，甲公司“固定资产”科目借方余额为 5 000 万元，“累计折旧”科目贷方余额为 3 000 万元，“固定资产减值准备”科目贷方余额为 500 万元，“固定资产清理”科目借方余额为 500 万元，则 2×20 年 12 月 31 日甲公司资产负债表中“固定资产”项目“期末余额”的列报金额为 5 000－3 000－500＋500＝2 000(万元)。

(18)“在建工程”项目，反映企业资产负债表日尚未达到预定可使用状态的在建工程的期末账面价值和企业为在建工程准备的各种物资的期末账面价值。本项目应根据“在建工程”科目的期末余额，减去“在建工程减值准备”科目的期末余额后的金额，以及“工程物资”科目的期末余额，减去“工程物资减值准备”科目的期末余额后的金额填列。

(19)“使用权资产”项目，反映资产负债表日承租人企业持有的使用权资产的期末账面价值。本项目应根据“使用权资产”科目的期末余额，减去“使用权资产累计折旧”和“使用权资产减值准备”科目的期末余额后的金额填列。

（20）“无形资产”项目，反映企业持有的专利权、非专利技术、商标权、著作权、土地使用权等无形资产的成本减去累计摊销和减值准备后的净值。本项目应根据“无形资产”科目的期末余额，减去“累计摊销”和“无形资产减值准备”科目期末余额后的净额填列。

（21）“开发支出”项目，反映企业开发无形资产过程中能够资本化形成无形资产成本的支出部分。本项目应当根据“研发支出”科目中所属的“资本化支出”明细科目期末余额填列。

（22）“长期待摊费用”项目，反映企业已经发生但应由本期和以后各期负担的分摊期限在一年以上的各项费用。长期待摊费用在一年内（含一年）摊销的部分，在“一年内到期的非流动资产”项目填列。本项目应根据“长期待摊费用”科目的期末余额减去将于一年内（含一年）摊销的数额后的金额分析填列。

（23）“递延所得税资产”项目，反映企业根据《企业会计准则第 18 号——所得税》确认的可抵扣暂时性差异产生的所得税资产。本项目应根据“递延所得税资产”科目的期末余额填列。

（24）“其他非流动资产”项目，反映企业除上述非流动资产以外的其他非流动资产。本项目应根据有关科目的期末余额填列。

2. 负债项目的填列说明

（1）“短期借款”项目，反映企业向银行或其他金融机构等借入的期限在一年以下（含一年）的各种借款。本项目应根据“短期借款”科目的期末余额填列。

（2）“交易性金融负债”项目，反映企业资产负债表日承担的交易性金融负债，以及企业持有的直接指定为以公允价值计量且其变动计入当期损益的金融负债的期末账面价值。本项目应根据“交易性金融负债”科目的相关明细科目期末余额填列。

（3）“应付票据”项目，反映企业资产负债表日以摊余成本计量的，企业因购买材料、商品和接受服务等开出、承兑的商业汇票，包括银行承兑汇票和商业承兑汇票。本项目应根据“应付票据”科目的期末余额填列。

（4）“应付账款”项目，反映企业资产负债表日以摊余成本计量的，企业因购买材料、商品和接受服务等经营活动应支付的款项。本项目应根据“应付账款”和“预付账款”科目所属各明细科目的期末贷方余额合计数填列。

（5）“预收款项”项目，反映企业按照租赁合同规定预收客户的款项。本项目应根据“预收账款”和“应收账款”科目所属各明细科目的期末贷方余额合计数填列。

（6）“合同负债”项目，反映企业按照新收入准则的相关规定，根据本企业履行履约义务与客户付款之间的关系在资产负债表中列示合同负债。本项目应根据“合同负债”科目的相关明细科目期末余额分析填列。

（7）“应付职工薪酬”项目，反映企业为获得职工提供的服务或解除劳动关系而给予的各种形式的报酬或补偿。企业提供给职工配偶、子女、受赡养人、已故员工遗属及其他受益人等的福利，也属于职工薪酬。职工薪酬主要包括短期薪酬、离职后福利、辞退福利和其他长期职工福利。本项目应根据“应付职工薪酬”科目所属各明细科目的期末贷方余额分析填列。外商投资企业按规定从净利润中提取的职工奖励及福利基金，也在本项目列示。

（8）“应交税费”项目，企业所缴纳的税金不需要预计应交数的，如印花税、耕地占用税等，不在本项目列示。本项目应根据“应交税费”科目的期末贷方余额填列，若“应交税费”科目期末为借方余额，应以“－”号填列。

(9)“其他应付款”项目，反映企业除应付票据、应付账款、预收账款、应付职工薪酬、应交税费等经营活动以外的其他各项应付、暂收的款项。本项目应根据“应付股利”“应付利息”“其他应付款”科目的期末余额合计数填列。

(10)“持有待售负债”项目，反映企业资产负债表日处置组中与划分为持有待售类别的资产直接相关的负债的期末账面价值。本项目应根据“持有待售负债”科目的期末余额填列。

(11)“一年内到期的非流动负债”项目，反映企业非流动负债中将于资产负债表日后一年内到期部分的金额，如将于一年内偿还的长期借款。本项目应根据有关科目的期末余额分析填列。

(12)“长期借款”项目，反映企业向银行或其他金融机构借入的期限在一年以上(不含一年)的各项借款。本项目应根据“长期借款”科目的期末余额，扣除“长期借款”科目所属的相关明细科目中将在资产负债表日起一年内到期且企业不能自主地将清偿义务展期的长期借款后的金额计算填列。

(13)“应付债券”项目，反映企业为筹集长期资金而发行的债券本金及应付的利息。本项目应根据“应付债券”科目的期末余额分析填列。对于资产负债表日企业发行的金融工具，分类为金融负债的，应在本项目填列；对于优先股和永续债，还应在本项目下的“优先股”项目和“永续债”项目分别填列。

(14)“租赁负债”项目，反映资产负债表日承租人企业尚未支付的租赁付款额的期末账面价值。本项目应根据“租赁负债”科目的期末余额填列。自资产负债表日起一年内到期应予以清偿的租赁负债的期末账面价值，在“一年内到期的非流动负债”项目反映。

(15)“长期应付款”项目，应当根据“长期应付款”科目的期末余额，减去相关的“未确认融资费用”科目的期末余额后的金额，以及“专项应付款”科目的期末余额，再减去所属相关明细科目中将于一年内到期的部分后的金额填列。

(16)“预计负债”项目，反映企业根据《企业会计准则第 13 号——或有事项》等，还涉及金融工具确认与计量、固定资产等其他准则确认的各项预计负债，包括对外提供担保、未决诉讼、产品质量保证、重组义务以及固定资产和矿区权益弃置义务等产生的预计负债。本项目应根据“预计负债”科目的期末余额填列。

(17)“递延收益”项目，反映尚待确认的收入或收益。本项目核算包括企业根据政府补助准则确认的应在以后期间计入当期损益的政府补助金额、售后租回形成融资租赁的售价与资产账面价值差额等其他递延性收入。本项目应根据“递延收益”科目的期末余额填列。

(18)“递延所得税负债”项目，反映企业根据《企业会计准则第 18 号——所得税》确认的应纳税暂时性差异产生的所得税负债。本项目应根据“递延所得税负债”科目的期末余额填列。

(19)“其他非流动负债”项目，反映企业除上述非流动负债以外的其他非流动负债。本项目应根据有关科目的期末余额，减去将于一年内(含一年)到期偿还数后的余额分析填列。非流动负债各项目中将于一年内(含一年)到期的非流动负债，应在“一年内到期的非流动负债”项目内反映。

3. 所有者权益项目的填列说明

(1) "实收资本(或股本)"项目,反映企业各投资者实际投入的资本(或股本)总额。本项目应根据"实收资本(或股本)"科目的期末余额填列。

(2) "其他权益工具"项目,反映企业发行的除普通股以外分类为权益工具的金融工具的账面价值,并下设"优先股"和"永续债"两个项目,分别反映企业发行的分类为权益工具的优先股和永续债的账面价值。

(3) "资本公积"项目,反映企业收到投资者出资超出其在注册资本或股本中所占的份额以及直接计入所有者权益的利得和损失等。本项目应根据"资本公积"科目的期末余额填列。

(4) "其他综合收益"项目,反映企业其他综合收益的期末余额。本项目应根据"其他综合收益"科目的期末余额填列。

(5) "专项储备"项目,反映高危行业企业按国家规定提取的安全生产费的期末账面价值。本项目应根据"专项储备"科目的期末余额填列。

(6) "盈余公积"项目,反映企业盈余公积的期末余额。本项目应根据"盈余公积"科目的期末余额填列。

(7) "未分配利润"项目,反映企业尚未分配的利润。本项目应根据"本年利润"科目和"利润分配"科目的余额计算填列。未弥补的亏损在本项目内以"一"号填列。

【总结】 资产负债表填列要点:

① 货币资金=库存现金+银行存款+其他货币资金(期末余额)

② 应收账款+预收账款,应付账款+预付账款(借方或贷方相加)

③ 长期项目=长期项目余额-1年内到期的长期项目余额

④ 固定资产="固定资产"科目期末余额-累计折旧-固定资产减值准备+固定资产清理(借方余额)

⑤ 在建工程=在建工程-在建工程减值准备+工程物资-工程物资减值准备

⑥ 存货=原材料+库存商品+委托加工物资+周转材料+材料采购+在途物资+发出商品+材料成本差异-存货跌价准备等

⑦ 其他应收款=应收利息+应收股利+其他应收款-坏账准备

## 第二节 利 润 表

### 利润表概述

利润表,又称损益表,是反映企业在一定会计期间的经营成果的报表。

通过利润表,可以反映企业在一定会计期间收入、费用、利润(或亏损)的金额和构成情况,为财务报表使用者全面了解企业的经营成果,分析企业的获利能力及盈利增长趋势,作出经济决策提供依据。

### 利润表的结构

(1) 利润表的结构包括单步式和多步式。

单步式利润表是将当期所有的收入列在一起，所有的费用列在一起，然后将两者相减得出当期净损益。

多步式利润表，即通过对当期的收入、费用、支出项目按性质加以归类，按利润形成的主要环节列示一些中间性利润指标，分步计算当期净损益，以便财务报表使用者理解企业经营成果的不同来源。如表 6-2 所列。

【提示】 我国企业的利润表采用多步式利润表。

（2）利润表一般分为表头和表体两部分。

① 表头部分应列明报表名称、编制单位名称、编制日期、报表编号和计量单位。

② 表体部分为利润表的主体，列示了形成经营成果的各个项目和计算过程。

（3）利润表金额栏分为"本期金额"和"上期金额"两栏分别填列。

**表 6-2 多步式利润表**

**利 润 表** №

编制单位： 年 月 单位：元

| 项 目 | 本期金额 | 上期金额 |
|---|---|---|
| 一、营业收入 | | |
| 减：营业成本 | | |
| 税金及附加 | | |
| 销售费用 | | |
| 管理费用 | | |
| 研发费用 | | |
| 财务费用 | | |
| 其中：利息费用 | | |
| 利息收入 | | |
| 加：其他收益 | | |
| 投资收益(损失以"－"号填列) | | |
| 其中：对联营企业和合营企业的投资收益 | | |
| 净敞口套期收益(损失以"－"号填列) | | |
| 公允价值变动收益(损失以"－"号填列) | | |
| 信用减值损失(损失以"－"号填列) | | |
| 资产减值损失(损失以"－"号填列) | | |
| 资产处置收益(损失以"－"号填列) | | |
| 二、营业利润(亏损以"－"号填列) | | |
| 加：营业外收入 | | |
| 减：营业外支出 | | |
| 三、利润总额(亏损总额以"－"号填列) | | |
| 减：所得税费用 | | |
| 四、净利润(净亏损以"－"号填列) | | |
| 五、其他综合收益的税后净额 | | |

表 6-2(续)

| 项　　目 | 本期金额 | 上期金额 |
|---|---|---|
| (一) 不能重分类进损益的其他综合收益 | | |
| 1. 重新计量设定受益计划变动额 | | |
| 2. 权益法下不能转损益的其他综合收益 | | |
| …… | | |
| (二) 将重分类进损益的其他综合收益 | | |
| …… | | |
| 六、综合收益总额 | | |
| 七、每股收益 | | |
| (一) 基本每股收益 | | |
| (二) 稀释每股收益 | | |

## 利润表的编制

利润表编制的原理是“收入－费用＝利润”的会计平衡公式和收入与费用的配比原则。企业将经营成果的核算过程和结果编成报表,即利润表。

### 一、利润表项目的填列方法

第一步,计算营业利润。

营业利润＝营业收入－营业成本－税金及附加－销售费用－管理费用－研发费用－财务费用＋其他收益＋投资收益(或减去投资损失)＋净敞口套期收益(或减去净敞口套期损失)＋公允价值变动收益(或减去公允价值变动损失)－资产减值损失－信用减值损失＋资产处置收益(或减去资产处置损失)

第二步,计算利润总额。

利润总额＝营业利润＋营业外收入－营业外支出

第三步,计算净利润(或净亏损)。

净利润＝利润总额－所得税费用

第四步,以净利润(或净亏损)为基础,计算每股收益(略)。

第五步,以净利润(或净亏损)和其他综合收益的税后净额为基础,计算综合收益总额。

### 二、利润表项目的填列说明

(1)“营业收入”项目,反映企业经营主要业务和其他业务所确认的收入总额。本项目应根据“主营业务收入”和“其他业务收入”科目的发生额分析填列。

(2)“营业成本”项目,反映企业经营主要业务和其他业务所发生的成本总额。本项目应根据“主营业务成本”和“其他业务成本”科目的发生额分析填列。

(3)“税金及附加”项目,反映企业经营业务应负担的消费税、城市维护建设税、资源税、土地增值税、教育费附加、房产税、车船税、城镇土地使用税、印花税等相关税费。本项目应根据“税金及附加”科目的发生额分析填列。

(4)“销售费用”项目,反映企业在销售商品过程中发生的包装费、广告费等费用和为销售本企业商品而专设的销售机构的职工薪酬、业务费等经营费用。本项目应根据“销售费用”科目的发生额分析填列。

(5)“管理费用”项目，反映企业为组织和管理生产经营发生的管理费用。本项目应根据“管理费用”科目的发生额分析填列。

(6)“研发费用”项目，反映企业在研究与开发过程中发生的费用化支出。本项目应根据“管理费用”科目的“研发费用”明细科目的发生额分析填列。

(7)“财务费用”项目，反映企业为筹集生产经营所需资金等而发生的筹资费用。本项目应根据“财务费用”科目的相关明细科目的发生额分析填列。

(8)“资产减值损失”项目，反映企业各项资产发生的减值损失。本项目应根据“资产减值损失”科目的发生额分析填列。

(9)“信用减值损失”项目，反映企业计提的各项金融工具减值准备所形成的预期信用损失。本项目应根据“信用减值损失”科目的发生额分析填列。

(10)“其他收益”项目，反映计入其他收益的政府补助等。本项目应根据“其他收益”科目的发生额分析填列。

(11)“投资收益”项目，反映企业以各种方式对外投资所取得的收益。本项目应根据“投资收益”科目的发生额分析填列；若为投资损失，本项目以“－”号填列。

(12)“公允价值变动收益”项目，反映企业应当计入当期损益的资产或负债公允价值变动收益。本项目应根据“公允价值变动损益”科目的发生额分析填列；若为净损失，本项目以“－”号填列。

(13)“资产处置收益”项目，反映企业出售划分为持有待售的非流动资产(金融工具、长期股权投资和投资性房地产除外)或处置组(子公司和业务除外)时确认的处置利得或损失，以及处置未划分为持有待售的固定资产、在建工程、生产性生物资产及无形资产而产生的处置利得或损失。债务重组中因处置非流动资产产生的利得或损失、非货币性资产交换中换出非流动资产产生的利得或损失也包括在本项目内。本项目应根据“资产处置损益”科目的发生额分析填列；若为处置损失，以“－”号填列。

(14)“营业利润”项目，反映企业实现的营业利润；若为亏损，本项目以“－”号填列。

(15)“营业外收入”项目，反映企业发生的除营业利润以外的收益。本项目应根据“营业外收入”科目的发生额分析填列。

(16)“营业外支出”项目，反映企业发生的除营业利润以外的损失。本项目应根据“营业外支出”科目的发生额分析填列。

(17)“利润总额”项目，反映企业实现的总利润；若为总亏损，本项目以“－”号填列。

(18)“所得税费用”项目，反映企业应从当期利润总额中扣除的所得税费用。本项目应根据“所得税费用”科目的发生额分析填列。

(19)“净利润”项目，反映企业实现的净利润；若为净亏损，本项目以“－”号填列。

(20)“其他综合收益的税后净额”项目，反映企业根据《企业会计准则》规定未在损益中确认的各项利得和损失扣除所得税影响后的净额。

(21)“综合收益总额”项目，反映企业净利润与其他综合收益(税后净额)的合计金额。

(22)“每股收益”项目，包括“基本每股收益”和“稀释每股收益”两项指标，反映普通股或潜在普通股已公开交易的企业，以及正处在公开发行普通股或潜在普通股过程中的企业的每股收益信息。

利润表的填列方法如表 6-3 所列。

**表 6-3 利润表的填列方法**

**利 润 表**

No

编制单位： 年 月 单位：元

| 项 目 | 填列方法 |
| --- | --- |
| 一、营业收入 | 主营业务收入+其他业务收入 |
| 减：营业成本 | 主营业务成本+其他业务成本 |
| 税金及附加 | 消费税+城市维护建设税+教育费附加+资源税+土地增值税+房产税+车船税+城镇土地使用税+印花税 |
| 销售费用 | |
| 管理费用 | |
| 研发费用 | 根据“管理费用”科目的“研发费用”明细科目的发生额以及“管理费用”科目“无形资产摊销”明细科目的发生额分析填列 |
| 财务费用 | 略 |
| 其中：利息费用 | |
| 利息支出 | |
| 加：其他收益 | |
| 投资收益(损失以“－”号填列) | |
| 其中：对联营企业和合营企业的投资收益略 | |
| 净敞口套期收益(损失以“－”号填列) | |
| 公允价值变动收益(损失以“－”号填列) | |
| 信用减值损失(损失以“－”号填列) | |
| 资产减值损失(损失以“－”号填列) | |
| 资产处置收益(损失以“－”号填列) | |
| 二、营业利润(亏损以“－”号填列) | |
| 加：营业外收入 | |
| 减：营业外支出 | |
| 三、利润总额(亏损总额以“－”号填列) | |
| 减：所得税费用 | |
| 四、净利润(净亏损以“－”号填列) | |
| 五、其他综合收益的税后净额 | |
| 六、综合收益总额 | “四”+“五” |
| 七、每股收益 | 略 |
| (一) 基本每股收益 | |
| (二) 稀释每股收益 | |

# 第三节　所有者权益变动表

## 所有者权益变动表概述

所有者权益变动表是指反映构成所有者权益各组成部分当期增减变动情况的报表。

通过所有者权益变动表，既可以为报表使用者提供所有者权益总量增减变动的信息，也能为其提供所有者权益增减变动的结构性信息，特别是能够让报表使用者理解所有者权益增减变动的根源。

## 所有者权益变动表的结构

(1) 在所有者权益变动表上，企业至少应当单独列示反映下列信息的项目：

① 综合收益总额；

② 会计政策变更和差错更正的累积影响金额；

③ 所有者投入资本和向所有者分配利润等；

④ 提取的盈余公积；

⑤ 实收资本、其他权益工具、资本公积、其他综合收益、专项储备、盈余公积、未分配利润的期初和期末余额及其调节情况。

(2) 所有者权益变动表以矩阵的形式列示：

一方面(纵向)，列示导致所有者权益变动的交易或事项，即所有者权益变动的来源，对一定时期所有者权益的变动情况进行全面反映；

另一方面(横向)，按照所有者权益各组成部分(即实收资本、其他权益工具、资本公积、库存股、其他综合收益、盈余公积、未分配利润)列示交易或事项对所有者权益各部分的影响。

## 所有者权益变动表的编制

### 一、所有者权益变动表项目的填列方法

(1) 所有者权益变动表各项目均需填列“本年金额”和“上年金额”两栏。

所有者权益变动表“上年金额”栏内各项数字，应根据上年度所有者权益变动表“本年金额”栏内所列数字填列。上年度所有者权益变动表规定的各个项目的名称和内容同本年度不一致的，应对上年度所有者权益变动表各项目的名称和数字按照本年度的规定进行调整，填入所有者权益变动表的“上年金额”栏内。

(2) 所有者权益变动表“本年金额”栏内各项数字一般应根据“实收资本(或股本)”“其他权益工具”“资本公积”“库存股”“其他综合收益”“专项储备”“盈余公积”“利润分配”“以前年度损益调整”科目的发生额分析填列。

(3) 企业的净利润及其分配情况作为所有者权益变动的组成部分，不需要单独编制利润分配表列示。

## 二、所有者权益变动表的主要项目说明(仅对本教材涉及内容说明)

(1)“会计政策变更”“前期差错更正”项目,分别反映企业采用追溯调整法处理的会计政策变更的累积影响金额和采用追溯重述法处理的会计差错更正的累积影响金额。

(2)“本年增减变动金额”项目:

①“综合收益总额”项目,反映净利润和其他综合收益扣除所得税影响后的净额相加后的合计金额。

②“所有者投入和减少资本”项目,反映企业当年所有者投入的资本和减少的资本。

“所有者投入的普通股”项目,反映企业接受投资者投入形成的实收资本(或股本)和资本溢价或股本溢价。

③“利润分配”项目,反映企业当年的利润分配金额。

④“所有者权益内部结转”项目,反映企业构成所有者权益的组成部分之间当年的增减变动情况。

“资本公积转增资本(或股本)”项目,反映企业当年以资本公积转增资本(或股本)的金额。

“盈余公积转增资本(或股本)”项目,反映企业当年以盈余公积转增资本(或股本)的金额。

“盈余公积弥补亏损”项目,反映企业当年以盈余公积弥补亏损的金额。

# 第四节　附　　注

## 一、附注概述

附注是对资产负债表、利润表、现金流量表和所有者权益变动表等报表中列示项目的文字描述或明细资料,以及对未能在这些报表中列示项目的说明等。

附注主要起到以下两方面的作用:

第一,附注的披露,是对资产负债表、利润表、现金流量表和所有者权益变动表中列示项目含义的补充说明,以帮助财务报表使用者更准确地把握其含义。

例如,通过阅读附注中披露的固定资产折旧政策的说明,使用者可以掌握报告企业与其他企业在固定资产折旧政策上的异同,以便进行更准确的比较。

第二,附注提供了对资产负债表、利润表、现金流量表和所有者权益变动表中未列示项目的详细或明细说明。

例如,通过阅读附注中披露的各类存货增减变动情况,财务报表使用者可以了解资产负债表中未单列的存货分类信息。

## 二、附注的主要内容

企业应当按照如下顺序披露附注的内容。

1. 企业的基本情况

(1)企业注册地、组织形式和总部地址。

(2) 企业的业务性质和主要经营活动，如企业所处的行业、所提供的主要产品或服务、客户的性质、销售策略、监管环境的性质等。

(3) 母公司以及集团最终母公司的名称。

(4) 财务报告的批准报出者和财务报告批准报出日。

(5) 营业期限有限的企业，还应当披露有关营业期限的信息。

2. 财务报表的编制基础

财务报表的编制基础是指财务报表是在持续经营基础上还是在非持续经营基础上编制的。企业一般是在持续经营基础上编制财务报表，清算、破产属于在非持续经营基础上编制财务报表。

3. 遵循《企业会计准则》的声明

企业应当声明编制的财务报表符合《企业会计准则》的要求，真实、完整地反映了企业的财务状况、经营成果和现金流量等有关信息，以此明确企业编制财务报表所依据的制度基础。如果企业编制的财务报表只是部分地遵循了《企业会计准则》，附注中不得作出这种表述。

4. 重要会计政策和会计估计

根据《企业会计准则第30号——财务报表列报》的规定，企业应当披露采用的重要会计政策和会计估计，不重要的会计政策和会计估计可以不披露。

5. 会计政策和会计估计变更以及差错更正的说明

企业应当按照《企业会计准则第28号——会计政策、会计估计变更和差错更正》的规定，披露会计政策和会计估计变更以及差错更正的有关情况。

6. 报表重要项目的说明

企业应当以文字和数字描述相结合的方式披露报表重要项目的构成或当期增减变动情况，并且报表重要项目的明细金额合计应当与报表项目金额相衔接。在披露顺序上，一般应当按照资产负债表、利润表、现金流量表、所有者权益变动表及其项目列示的顺序。

【提示】 其他综合收益，企业应当披露下列信息：

① 其他综合收益各项目及其所得税影响；

② 其他综合收益各项目原计入其他综合收益、当期转出计入当期损益的金额；

③ 其他综合收益各项目的期初和期末余额及其调节情况。

7. 或有和承诺事项、资产负债表日后非调整事项、关联方关系及其交易等需要说明的事项有助于财务报表使用者评价企业管理资本的目标、政策及程序的信息

# 第七章　管理会计基础

**本章概述**

本章主要包括四部分内容，第一部分介绍了管理会计的基本概念以及与财务会计的主要区别；第二部分围绕成本核算展开，阐述了成本核算的要求与程序等；第三部分和第四部分聚焦成本归集和分配的方法及原则。

## 第一节　管理会计概述

### 管理会计的概念和目标

#### 一、概念

管理会计是会计的重要分支，主要服务于单位内部管理需要，是通过利用相关信息，有机融合财务与业务活动，在单位规划、决策、控制和评价等方面发挥重要作用的管理活动。

#### 二、目标

管理会计的目标是通过运用管理会计工具方法，参与单位规划、决策、控制、评价活动并为之提供有用信息，推动单位实现战略规划。

### 管理会计的特征和体系

#### 一、特征

管理会计是会计的重要分支，与财务会计相比，管理会计的主要特征如表 7-1 所示。

**表 7-1　管理会计的特征**

| 类别 | 管理会计 | 财务会计 |
|---|---|---|
| 服务对象 | 管理会计为单位内部管理人员服务，提供有效经营和最优化决策的各种财务与管理信息，属于“对内报告会计” | 财务会计侧重于为外部相关单位和人员服务并提供财务信息，属于“对外报告会计” |
| 职能定位 | 管理会计重在“创造价值”，通过所掌握的资料进行定量分析，帮助管理部门提高预测与决策的科学性，更好地筹划未来；它渗透于单位管理的全过程，属于“经营管理型会计” | 财务会计重在“记录价值”，通过确认、计量、记录和报告等程序对单位已经发生的交易或事项进行加工处理，提供并解释历史信息，属于“报账型会计” |
| 程序方法 | 管理会计为单位自身服务，采用的程序与方法灵活多样，具有较大的可选择性 | 财务会计有填制凭证、登记账簿、编制报表等较固定的程序与方法，并受会计规范的约束 |

## 二、指引体系

管理会计指引体系是在管理会计理论研究成果的基础上,形成的具有可操作性的系列标准。管理会计指引体系包括基本指引、应用指引和案例库三个方面,具体内容如表 7-2 所示。

表 7-2 管理会计的指引体系

| 类别 | 具体内容 |
| --- | --- |
| 基本指引 | 基本指引在管理会计指引体系中起统领作用,是制定应用指引和建立案例库的基础,对管理会计基本概念、基本原则、基本方法、基本目标等内容进行了总结提炼 |
| 应用指引 | 应用指引在管理会计指引体系中居于主体地位,是对单位管理会计工作的具体指导,形成了一批普遍适用、具有广泛指导意义的基本工具方法和特殊行业的应用指引 |
| 案例库 | 案例库是对国内外管理会计经验的总结提炼,是对如何运用管理会计应用指引的实例示范。建立管理会计案例库,为单位提供直观的参考借鉴,是管理会计指引体系指导实践的重要内容和有效途径 |

# 管理会计的要素与具体内容

管理会计应用环境是单位应用管理会计的基础。单位应用管理会计包括应用环境、管理会计活动、工具方法、信息与报告四项管理会计要素,具体内容如表 7-3 所示。

表 7-3 管理会计的要素

| 类别 | 具体内容 |
| --- | --- |
| 应用环境 | 管理会计应用环境是单位应用管理会计的基础。单位应用管理会计,首先应充分了解和分析其应用环境,包括外部环境和内部环境。外部环境主要包括国内外经济、市场、法律、行业等因素;内部环境主要包括与管理会计建设和实施相关的价值创造模式、组织架构、管理模式、资源、信息系统等因素 |
| 管理会计活动 | 管理会计活动是单位管理会计工作的具体开展,是单位利用管理会计信息,运用管理会计工具方法,在规划、决策、控制、评价等方面服务于单位管理需要的相关活动 |
| 工具方法 | 管理会计工具方法是实现管理会计目标的具体手段,主要应用于战略管理、预算管理、成本管理、营运管理、投融资管理、绩效管理、风险管理等领域 |
| 信息与报告 | 管理会计信息包括管理会计应用过程中所使用和生成的财务信息和非财务信息,是管理会计报告的基本元素,按期间可以分为定期报告和不定期报告,按内容可以分为综合性报告和专项报告等类别 |

# 管理会计的应用主体和应用原则

## 一、应用主体

管理会计应用主体视管理决策主体而定,可以是单位整体,也可以是单位内部的责任中心;可以是企业,也可以是行政事业单位。成本管理是管理会计的基础,产品成本核算又是成本管理的基础,因此,本章主要对产品成本核算进行重点介绍。

## 二、应用原则

单位应用管理会计应当遵循以下原则,具体内容如表 7-4 所示。

表 7-4　管理会计的应用原则

| 类别 | 具体内容 |
| --- | --- |
| 战略导向原则 | 管理会计的应用应以战略规划为导向，以持续创造价值为核心，促进单位可持续发展 |
| 融合性原则 | 管理会计应嵌入单位相关领域、层次、环节，以业务流程为基础，利用管理会计工具方法，将财务和业务等有机融合 |
| 适应性原则 | 管理会计的应用应与单位应用环境和自身特征相适应。单位自身特征包括单位性质、规模、发展阶段、管理模式、治理水平等 |
| 成本效益原则 | 管理会计的应用应权衡实施成本和预期效益，合理、有效地推进管理会计应用 |

# 第二节　产品成本核算的要求和一般程序

产品成本是指企业在生产产品（包括提供劳务）过程中所发生的材料费用、职工薪酬等，以及不能直接计入而按一定标准分配计入的各种间接费用。产品成本核算是对生产经营过程中实际发生的成本、费用进行计算，并进行相应的账务处理。

## 一、产品成本核算的要求

产品成本核算的要求主要包含五个方面，具体内容如表 7-5 所示。

表 7-5　产品成本核算的要求

| 类别 | 核算要求 |
| --- | --- |
| 做好各项基础工作 | 企业应充分利用现代信息技术，编制、执行企业产品成本预算，对执行情况进行分析、考核，落实成本管理责任制，加强对产品生产事前、事中、事后的全过程控制，加强产品成本核算与管理各项基础工作 |
| 正确划分各种费用支出的界限 | 正确划分收益性支出和资本性支出的界限；<br>正确划分成本费用、期间费用和营业外支出的界限；<br>正确划分本期成本费用与以后期间成本费用的界限；<br>正确划分各种产品成本费用的界限；<br>正确划分本期完工产品与期末在产品成本的界限 |
| 根据生产特点和管理要求选择适当的成本计算方法 | 产品成本的计算，关键是选择适当的产品成本计算方法，目前企业常用的产品成本计算方法有品种法、分批法、分步法、分类法、定额法、标准成本法等 |
| 遵守一致性原则 | 企业产品成本核算采用的会计政策和会计估计一经确定，不得随意变更。在成本核算中，各种会计处理方法要前后一致，使前后各项成本资料相互可比 |
| 编制产品成本报表 | 企业一般应当按月编制产品成本报表，全面反映企业生产成本、成本计划执行情况、产品成本及其变动情况等。企业可以根据自身管理要求，确定成本报表的具体格式和列报方式 |

## 产品成本核算的一般程序

产品成本核算的一般程序，是指对企业在生产经营过程中发生的各项生产费用和期间费用，按照成本核算的要求，逐步进行归集和分配，最后计算出各种产品的生产成本和各项期间费用的过程。产品成本核算的一般程序如下：

(1) 根据生产特点和成本管理的要求，确定成本核算对象。

(2) 确定成本项目。企业计算产品生产成本，一般应当设置“直接材料”“燃料及动力”“直接人工”“制造费用”等成本项目。

(3) 设置有关成本和费用明细账。如生产成本明细账、制造费用明细账、产成品和自制半成品明细账等。

(4) 收集确定各种产品的生产量、入库量、在产品盘存量以及材料、工时、动力消耗等，并对所有已发生生产费用进行审核。

(5) 归集所发生的全部生产费用，并按照确定的成本计算对象予以分配，按成本项目计算各种产品的在产品成本、产成品成本和单位成本。

(6) 结转产品销售成本。

为了进行产品成本和期间费用核算，企业一般应设置“生产成本”“制造费用”“主营业务成本”“税金及附加”“销售费用”“管理费用”“财务费用”等科目。如果需要单独核算废品损失和停工损失，还应设置“废品损失”“停工损失”科目。

## 产品成本核算对象

产品成本核算对象，是指确定归集和分配生产费用的具体对象，即生产费用承担的客体。产品成本核算对象的确定，是设立成本明细分类账户、归集和分配生产费用以及正确计算产品成本的前提。

由于产品工艺、生产方式、成本管理等要求不同，产品项目不等同于成本核算对象。企业应当根据生产经营特点和管理要求来确定成本核算对象，具体内容如下：

(1) 大批大量单步骤生产产品或管理上不要求提供有关生产步骤成本信息的，以产品品种为成本核算对象；

(2) 小批单件生产产品的，以每批或每件产品为成本核算对象；

(3) 多步骤连续加工产品且管理上要求提供有关生产步骤成本信息的，以每种产品及各生产步骤为成本核算对象；

(4) 产品规格繁多的，可将产品结构、耗用原材料和工艺过程基本相同的各种产品，适当合并作为成本核算对象。

## 产品成本项目

为了具体反映计入产品生产成本的生产费用的各种经济用途，还应将其进一步划分为若干个项目，即产品生产成本项目，简称产品成本项目或成本项目。企业应当根据生产经营特点和管理要求，按照成本的经济用途和生产要素内容相结合的原则或者成本性态等设置成本项目，具体内容如表7-6所示。

表 7-6 产品成本项目

| 成本项目 | 含义 | 会计科目 |
| --- | --- | --- |
| 直接材料 | 直接材料指构成产品实体的原材料以及有助于产品形成的主要材料和辅助材料，包括原材料、辅助材料、备品配件、外购半成品、包装物、低值易耗品等 | |
| 燃料及动力 | 燃料及动力指直接用于产品生产的外购和自制的燃料和动力 | “生产成本” |
| 直接人工 | 直接人工指直接从事产品生产的工人的工资、津贴、补贴和福利费以及社保等 | |
| 制造费用 | 制造费用指企业生产产品和提供劳务发生的各项间接费用 | “制造费用” |

# 第三节 产品成本的归集和分配

## 一、产品成本归集和分配的基本原则

企业所发生的生产费用，能确定由某一成本核算对象负担的，应当按照所对应的产品成本项目类别，直接计入产品成本核算对象的生产成本；由几个成本核算对象共同负担的，应当选择合理的分配标准分配计入生产成本。企业应当根据生产经营特点，以正常生产能力水平为基础，按照资源耗费方式确定合理的分配标准。产品成本归集和分配的具体原则如表 7-7 所示。

表 7-7 产品成本归集和分配的基本原则

| 原则 | 具体内容 |
| --- | --- |
| 受益性原则 | 谁受益、谁负担，负担多少视受益程度而定 |
| 及时性原则 | 要及时将各项成本费用分配给受益对象，不应将本应在上期或下期分配的成本费用分配给本期 |
| 成本效益性原则 | 成本分配所带来的效益要远大于分配成本 |
| 基础性原则 | 成本分配要以完整、准确的原始记录为依据 |
| 管理性原则 | 成本分配要有助于企业加强成本管理 |

企业应当按照权责发生制的原则，根据产品的生产特点和管理要求结转成本。企业不得以计划成本、标准成本、定额成本等代替实际成本。企业采用计划成本、标准成本、定额成本等类似成本进行直接材料日常核算的，期末，应当将耗用直接材料的计划成本或定额成本等类似成本调整为实际成本。

企业内部管理有相关要求的，还可以利用现代信息技术，在确定多维度、多层次成本核算对象的基础上，对有关费用进行归集、分配和结转。

## 二、要素费用的归集和分配

制造业企业的生产费用按照经济内容可划分为外购材料、外购燃料、外购动力、职工薪酬、折旧费、利息费用、税金、其他费用等要素费用。

## 一、成本核算的科目设置

1. “生产成本”科目

该科目核算企业进行工业性生产发生的各项生产成本，包括生产各种产品（产成品、自制半成品等）、自制材料、自制工具、自制设备等。该科目借方反映所发生的各项生产费用，贷方反映完工转出的产品成本，期末借方余额反映尚未加工完成的各项在产品的成本。该科目应按产品品种等成本核算对象设置基本生产成本和辅助生产成本明细科目。

“基本生产成本”科目应当分别按照基本生产车间和成本核算对象（产品的品种、类别、订单、批别、生产阶段等）设置明细账（或成本计算单），并按规定的成本项目设置专栏，如表 7-8 所示。

**表 7-8 基本生产成本明细账（产品成本明细账）**

车间：第一车间

产品：A

单位：元

| 月 | 日 | 摘要 | 产量（件） | 成本项目 | | | 成本合计 |
|---|---|---|---|---|---|---|---|
| | | | | 直接材料 | 直接人工 | 制造费用 | |
| 5 | 31 | 在产品费用 | | 35 000 | 4 000 | 7 500 | 46 500 |
| 6 | 30 | 本月生产费用 | | 420 000 | 23 000 | 47 000 | 490 000 |
| 6 | 30 | 生产费用累计 | | 455 000 | 27 000 | 54 500 | 536 500 |
| 6 | 30 | 本月完工产品成本 | 200 | 400 000 | 20 000 | 40 000 | 460 000 |
| 6 | 30 | 完工产品单位成本 | | 2 000 | 100 | 200 | 2 300 |
| 6 | 30 | 在产品费用 | | 55 000 | 7 000 | 14 500 | 76 500 |

辅助生产是为基本生产服务而进行的产品生产和劳务供应。“辅助生产成本”科目按辅助生产车间和提供的产品、劳务分设辅助生产成本明细账，按辅助生产的成本项目分设专栏。期末，对共同负担的生产费用按照一定的分配标准分配至各受益对象。

2. “制造费用”科目

制造费用是指制造业企业为生产产品（或提供劳务）而发生的，应计入产品成本但没有专设成本项目的各项间接生产费用。本科目核算企业生产车间、部门为生产产品和提供劳务而发生的各项间接生产费用，以及虽然直接用于产品生产但管理上不要求或不便于单独核算的生产费用。企业可按不同的生产车间、部门和费用项目进行明细核算。期末，将共同负担的制造费用按照一定的标准分配计入各成本核算对象，除季节性生产外，本科目期末应无余额。

对小型制造业企业而言，也可以将“生产成本”和“制造费用”两个会计科目合并为“生产费用”一个会计科目，下设“基本生产成本”“辅助生产成本”“制造费用”三个明细科目。单独核算废品损失和停工损失的企业，还可以另外增设相应的明细科目。

## 二、材料、燃料、动力费用的归集和分配

1. 材料、燃料、动力费用的归集和分配

制造业企业发生的直接材料费用，能够直接计入成本核算对象的，应当直接计入成本

核算对象的生产成本，否则应当按照合理的分配标准分配计入。

制造业企业外购燃料和动力的，应当根据实际耗用数量或者合理的分配标准对燃料和动力费用进行归集和分配，生产部门直接用于生产的燃料和动力，直接计入生产成本。生产部门间接用于生产(如照明、取暖)的燃料和动力，计入制造费用。

无论是外购的还是自制的，企业发生材料、燃料和动力等各项要素费用时，对于直接用于产品生产、构成产品实体的材料、燃料和动力，一般分产品领用，应根据领退料凭证直接记入相应产品成本的“直接材料”项目。

对于不能分产品领用的材料，如化工生产中为几种产品共同耗用的材料，需要采用适当的分配方法，分配记入各相关产品成本的“直接材料”项目。分配标准的选择可依据材料消耗与产品的关系，对于材料、燃料耗用量与产品质量、体积有关的，按其质量或体积分配。相应的计算公式为：

公式

材料、燃料、动力费用分配率＝消耗总额÷分配标准

某种产品应负担的材料、燃料、动力费用＝该产品的分配标准×材料、燃料、动力费用分配率

其中，消耗总额为材料、燃料、动力的消耗总额；分配标准为产品质量、耗用的原材料和生产工时等。

在消耗定额比较准确的情况下，材料、燃料也可按照产品的材料定额消耗量比例或材料定额费用比例进行分配。相应的计算公式为：

公式

(1) 某种产品材料定额消耗量
＝该产品实际产量×各单位产品材料消耗定额

(2) 材料消耗量分配率
＝材料实际总消耗量÷各种产品材料定额消耗量之和

(3) 某种产品应分配的材料费用
＝该产品的材料定额消耗量×材料消耗量分配率×材料单价

2. 材料、燃料、动力费用分配的账务处理

材料、燃料、动力费用的分配，一般通过材料、燃料、动力分配表进行。材料、燃料分配表应根据领退料凭证和有关资料编制。其中，退料凭证的数额可以从相应的领料凭证的数额中扣除。

## 三、职工薪酬的归集和分配

职工薪酬是企业在生产产品或提供劳务活动过程中所发生的各种直接和间接人工费用的总和。对于职工薪酬的分配，会计实务中通常有两种处理方法：一是按本月应付职工薪酬金额分配本月职工薪酬费用，该方法适用于月份之间职工薪酬差别较大的情况；二是

按本月支付职工薪酬金额分配本月职工薪酬费用，该方法适用于月份之间职工薪酬差别不大的情况。

1. 职工薪酬的归集和分配

职工薪酬的归集，必须有一定的原始记录作为依据：计时工资，以考勤记录中的工作时间记录为依据；计件工资，以产量记录中的产品数量和质量记录为依据；计时工资和计件工资以外的各种奖金、津贴、补贴等，按照国家和企业的有关规定计算。

工资结算和支付的凭证为工资结算单或工资单，为便于成本核算和管理，一般按车间、部门分别填制，它是职工薪酬分配的依据。直接进行产品生产的生产工人的职工薪酬，直接记入产品成本的“直接人工”成本项目；不能直接计入产品成本的职工薪酬，按工时、产品产量、产值比例等方式进行合理分配，记入各有关产品成本的“直接人工”项目。相应的计算公式为：

公式

(1) 生产职工薪酬费用分配率
=各种产品生产职工薪酬总额÷各种产品生产工时之和

(2) 某种产品应分配的生产职工薪酬
=该种产品生产工时×生产职工薪酬费用分配率

如果取得各种产品的实际生产工时数据比较困难，而各种产品的单件工时定额比较准确，也可以按产品的定额工时比例分配职工薪酬。相应的计算公式如下：

公式

(1) 某种产品耗用的定额工时
=该种产品投产量×单位产品工时定额

(2) 生产职工薪酬费用分配率
=各种产品生产职工薪酬总额÷各种产品定额工时之和

(3) 某种产品应分配的生产职工薪酬
=该种产品定额工时×生产职工薪酬费用分配率

### 例题

**【例 7-1】** 甲工厂基本生产车间生产 A、B 两种产品，共发生生产工人职工薪酬 2 700 万元，按生产工时比例分配，A 产品的生产工时为 500 小时，B 产品的生产工时为 400 小时。

生产职工薪酬费用分配率＝2 700÷(500＋400)＝3(万元/小时)

A 产品应分配的生产职工薪酬＝500×3＝1 500(万元)

B 产品应分配的生产职工薪酬＝400×3＝1 200(万元)

2. 职工薪酬的账务处理

职工薪酬的分配，应通过职工薪酬分配表进行。该表根据职工薪酬结算单和有关的分配标准等资料编制。

## 例题

【例 7-2】 承例 7-1,编制的职工薪酬分配表如表 7-9 所示。

表 7-9 职工薪酬分配表

甲工厂 2×21 年 5 月 31 日 单位:万元

| 应借科目 | | 成本项目 | 生产工人职工薪酬 | 其他人员职工薪酬 | 职工薪酬合计 |
|---|---|---|---|---|---|
| 基本生产成本 | A 产品 | 直接人工 | 1 500 | | 1 500 |
| | B 产品 | 直接人工 | 1 200 | | 1 200 |
| | 小计 | | 2 700 | | 2 700 |
| 辅助生产成本 | 辅助车间 | 直接人工 | | 200 | 200 |
| 制造费用 | 基本车间 | 直接人工 | | 1 800 | 1 800 |
| | 辅助车间 | 直接人工 | | 150 | 150 |
| | 小计 | | | 1 950 | 1 950 |
| 管理费用 | 行政管理部门 | 直接人工 | | 800 | 800 |
| 销售费用 | 销售部门 | 直接人工 | | 500 | 500 |
| 合计 | | | 2 700 | 3 450 | 6 150 |

根据表 7-9 编制如下会计分录:

借:生产成本——基本生产成本——A 产品 15 000 000

——B 产品 12 000 000

——辅助生产成本 2 000 000

制造费用 19 500 000

管理费用 8 000 000

销售费用 5 000 000

贷:应付职工薪酬 61 500 000

### 四、辅助生产费用的归集和分配

1. 辅助生产费用的归集

辅助生产费用的归集通过辅助生产成本总账及明细账进行。一般按车间及产品和劳务设立明细账。当辅助生产发生各项生产费用时记入“生产成本——辅助生产成本”科目及其明细科目。一般情况下,辅助生产的制造费用,与基本生产的制造费用一样,先通过“制造费用”科目进行单独归集,然后再转入“辅助生产成本”科目。

对于辅助生产车间规模很小、制造费用很少且辅助生产不对外提供产品和劳务的,为简化核算工作,辅助生产的制造费用也可以不通过“制造费用”科目归集,而直接记入“生产成本——辅助生产成本”科目。

2. 辅助生产费用的分配及账务处理

辅助生产费用的分配应通过辅助生产费用分配表进行。辅助生产费用的分配方法很多,如直接分配法、交互分配法、计划成本分配法、顺序分配法和代数分配法等。

(1) 直接分配法

直接分配法的特点是不考虑各辅助生产车间之间相互提供产品或劳务的情况,而是将各种辅助生产费用直接分配给辅助生产以外的各受益单位。采用此方法,各辅助生产费用只进行对外分配,分配一次,计算简单,但分配结果不够准确。此方法适用于辅助生产内部相互提供产品和劳务不多、不进行费用的交互分配、对辅助生产成本和企业产品成本影响不大的情况。

(2) 交互分配法

交互分配法的特点是辅助生产费用通过两次分配完成,首先将辅助生产明细账上的合计数根据各辅助生产车间、部门相互提供的产品或劳务数量计算分配率,在辅助生产车间进行交互分配;然后将各辅助生产车间交互分配后的实际费用(即交互前的费用加上交互分配转入的费用、减去交互分配转出的费用),再按提供的产品量或劳务量在辅助生产车间以外的各受益单位之间进行分配。这种分配方法的优点是提高了分配的正确性,但同时加大了分配的工作量。

(3) 计划成本分配法

计划成本分配法的特点是辅助生产为各受益单位提供的产品或劳务,都按产品或劳务的计划单位成本进行分配,辅助生产车间实际发生的费用与按计划单位成本分配转出的费用之间的差额采用简化计算方法全部计入管理费用。这种方法便于考核和分析各受益单位的成本,有利于分清各单位的经济责任,但成本分配不够准确。这种分配方法适用于辅助生产产品或劳务计划单位成本比较准确的企业。

## 五、制造费用的归集和分配

1. 制造费用的归集

制造费用的内容比较复杂,包括物料消耗,车间管理人员的薪酬,车间管理用房屋和设备的折旧费、租赁费和保险费,车间管理用具摊销,车间管理用的照明费、水费、取暖费、劳动保护费、设计制图费、试验检验费、差旅费、办公费以及季节性及修理期间停工损失等。为了减少费用项目,简化核算工作,可将性质相同的费用合并设立相应的费用项目,如将用于产品生产的固定资产的折旧费合并设立"折旧费"项目,也可根据费用比重大小和管理上的要求另行设立制造费用项目。但是,为了使各期成本、费用资料可比,制造费用项目一经确定,不应任意变更。

"制造费用"科目应当根据有关付款凭证、转账凭证和前述各种成本分配表登记;此外,还应按不同的车间设立明细账,账内按照成本项目设立专栏,分别反映各车间各项制造费用的发生情况和分配转出情况。基本生产车间和辅助生产车间发生的直接用于生产,但没有专设成本项目的各种材料成本以及用于组织和管理生产活动的各种材料成本,一般应借记"制造费用"及其明细科目(基本生产车间或辅助生产车间)的相关成本项目,贷记"原材料"等科目;基本生产车间和辅助生产车间管理人员的工资、福利费等职工薪酬,应记入"制造费用"科目和所属明细科目的借方,同时,贷记"应付职工薪酬"科目。月末,应按照一定的方法将归集的制造费用从"制造费用"科目贷方分配转入有关成本核算对象。

2. 制造费用的分配

制造费用的分配,一般应先分配辅助生产的制造费用,将其计入辅助生产成本;然后再分配辅助生产费用，将其中应由基本生产负担的制造费用计入基本生产的制造费用；最后再分配基本生产的制造费用。制造费用的分配应当按照车间分别进行，不应将各车间的制造费用汇总在企业范围内统一分配。制造业企业发生的制造费用，应当按照合理的分配标准按月分配计入各成本核算对象的生产成本。制造业企业可以根据自身经营管理特点和条件，利用现代信息技术，采用作业成本法对不能直接归属于成本核算对象的成本进行归集和分配。

制造费用常用计算公式概括如下：

公式

（1）制造费用分配率＝制造费用总额÷各产品分配标准之和

（2）某种产品应分配的制造费用＝该种产品分配标准×制造费用分配率

其中，各产品分配标准之和为：产品生产工时总数或生产工人定额工时总数、生产工人工资总和、机器工时总数、产品计划产量的定额工时总数等。

由于生产工时是分配间接费用的常用标准之一，因此，生产工人工时比例法较为常用；生产工人工资比例法适用于各种产品生产机械化程度相差不多的企业，如果生产工人工资是按生产工时比例分配，该方法实际上等同于生产工人工时比例法；机器工时比例法是按照各产品生产所用机器设备运转时间的比例分配制造费用的方法，适用于产品生产的机械化程度较高的车间；按年度计划分配率分配法是按照年度开始前确定的全年度适用的计划分配率分配费用的方法，分配率计算公式的分母按定额工时计算，年度内如果发生全年的制造费用实际数与计划数差别较大，应及时调整计划分配率，该方法特别适用于季节性生产企业。

3. 制造费用的账务处理

制造费用的分配方法一经确定，不应任意变更。无论采用哪种分配方法，都应根据分配计算结果编制制造费用分配表，根据制造费用分配表进行制造费用分配的总分类核算和明细核算，相关会计分录为：借记“生产成本”科目，贷记“制造费用”科目。然后再将归集在辅助生产成本的费用按照辅助生产费用的方法进行分配，其中，分配给基本生产的制造费用在归集了全部基本生产车间的制造费用后，转入“生产成本——基本生产成本”科目。

## 六、废品损失和停工损失的核算

1. 废品损失的核算

废品损失是指在生产过程中发生的和入库后发现的超定额的不可修复废品的生产成本，以及可修复废品的修复费用，扣除回收的废品残料价值和应收赔款以后的损失。经质量检验部门鉴定不需要返修、可以降价出售的不合格品，以及产品入库后由于保管不善等原因而损坏变质的产品和实行“三包”企业在产品出售后发现的废品均不包括在废品损失内。

为单独核算废品损失，企业应增设“废品损失”科目，在“成本”项目中增设“废品损失”项目。废品损失也可不单独核算，相应费用等体现在“生产成本——基本生产成本”“原材料”等科目中。辅助生产一般不单独核算废品损失。

(1) 不可修复废品损失

不可修复废品的生产成本,可按废品所耗实际费用计算,也可按废品所耗定额费用计算。废品损失采用按废品所耗实际费用计算时,要将废品报废前与合格品在一起计算的各项费用,采用适当的分配方法(见生产费用在完工产品和在产品之间的分配)在合格品与废品之间进行分配,计算出废品的实际成本,从"生产成本——基本生产成本"科目贷方转入"废品损失"科目借方。如果废品是在完工以后发现的,单位废品负担的各项生产费用应与单位合格产品完全相同,可按合格品产量和废品的数量比例分配各项生产费用,计算废品的实际成本。

废品损失采用按废品所耗定额费用计算不可修复废品成本时,废品的生产成本是按废品数量和各项费用定额计算的,不需要考虑废品实际发生的生产费用。

(2) 可修复废品损失

可修复废品返修以前发生的生产费用,不是废品损失,不需要计算其生产成本,而应留在"生产成本——基本生产成本"科目和所属有关产品成本明细账中,不需要转出。返修发生的各种费用,应根据各种费用分配表,记入"废品损失"科目的借方;回收的残料价值和应收的赔款,应从"废品损失"科目贷方分别转入"原材料"和"其他应收款"科目的借方;结转后"废品损失"科目的借方余额反映的是归集的可修复损失成本,应转入"生产成本——基本生产成本"科目的借方。

2. 停工损失的核算

停工损失是指生产车间或车间内某个班组在停工期间发生的各项生产费用,包括停工期间发生的原材料费用、人工费用和制造费用等。由过失单位或保险公司负担的赔款,应从停工损失中扣除。不满1个工作日的停工,一般不计算停工损失。企业的停工可以分为正常停工和非正常停工。正常停工包括季节性停工、正常生产周期内的修理期间的停工、计划内减产停工等;非正常停工包括原材料或工具等短缺停工、设备故障停工、电力中断停工、自然灾害停工等。季节性停工、修理期间的正常停工费用在产品成本核算范围内,应计入产品成本。非正常停工费用应计入企业当期损益。

单独核算停工损失的企业,应增设"停工损失"科目,在成本项目中增设"停工损失"项目,根据停工报告单和各种费用分配表、分配汇总表等有关凭证,将停工期内发生、应列作停工损失的费用记入"停工损失"科目的借方进行归集;由过失单位及过失人员或保险公司负担的赔款,应从"停工损失"科目的贷方转入"其他应收款"等科目的借方。期末,将停工净损失从该科目贷方转出,属于自然灾害的部分,转入"营业外支出"科目的借方;应由本月产品成本负担的部分,则转入"生产成本——基本生产成本"科目的借方;在停工车间生产多种产品时,还要采用合理的分配标准,分配记入该车间各产品成本明细账"停工损失"成本项目。"停工损失"科目月末无余额。

不单独核算停工损失的企业,不设置"停工损失"科目,直接反映在"制造费用"或"营业外支出"等科目中。辅助生产一般不单独核算停工损失。

季节性生产企业在停工期间发生的制造费用,应当在开工期间进行合理分摊,连同开工期间发生的制造费用,一并计入产品的生产成本。

## 生产费用在完工产品和在产品之间的归集和分配

### 一、在产品数量的核算

每月月末，产品成本明细账按照成本项目归集了相应的生产费用后，为确定完工产品总成本和单位成本，还应当将已经归集的产品成本在完工产品和月末在产品之间进行分配。为此，分配前需要取得完工产品和在产品收发结存的数量资料。

在产品是指没有完成全部生产过程、不能作为商品销售的产品，包括正在车间加工中的在产品（包括正在返修的废品）和已经完成一个或几个生产步骤但还需要继续加工的半成品（包括未经验收入库的产品和等待返修的废品）两部分；不包括对外销售的自制半成品。对于某个车间或生产步骤而言，在产品只包括该车间或该生产步骤正在加工中的那部分产品。

为确定在产品结存的数量，企业需要做好两方面工作：一是在产品收发结存的日常核算；二是做好产品的清查工作。车间在产品收发结存的日常核算，通常通过在产品收发结存账进行。在产品清查工作应定期进行，也可以不定期轮流清查，车间没有建立在产品收发日常核算的，应当每月月末清查一次在产品，以取得在产品的实际盘存资料，用来计算产品成本。清查结果，如在产品发生盘盈的，按盘盈在产品成本（一般按定额成本计算），借记"生产成本——基本生产成本"科目，贷记"待处理财产损溢——待处理流动资产损溢"科目，经批准后转入"制造费用"科目；如在产品发生盘亏和毁损的，借记"待处理财产损溢——待处理流动资产损溢"科目，贷记"生产成本——基本生产成本"科目，取得的残料，应借记"原材料"等科目，贷记"待处理财产损溢——待处理流动资产损溢"科目，经批准处理时，应分别转入相应科目，其中由于车间管理不善造成的损失，转入"制造费用"科目。因此，在产品盘存盈亏处理的核算，应在"制造费用"科目结账前进行。

### 二、生产费用在完工产品和在产品之间的分配

每月月末，当月"生产成本"明细账中按照成本项目归集了本月生产成本以后，这些成本就是本月发生的生产成本，并不是本月完工产品的成本。计算本月完工产品成本，还需要将本月发生的生产成本，加上月初在产品成本，然后将其在本月完工产品和月末在产品之间进行分配，以求得本月完工产品成本。

完工产品、在产品成本之间的关系如下：

**公式**

本月完工产品成本
＝本月发生生产成本＋月初在产品成本－月末在产品成本

根据这一关系，结合生产特点，企业应当根据在产品数量的多少、各月在产品数量变化的大小、各项成本比重的大小以及定额管理基础的好坏等具体条件，采用适当的分配方法将生产成本在完工产品和在产品之间进行分配。常用的分配方法有：不计算在产品成本法、在产品按固定成本计价法、在产品按所耗直接材料成本计价法、约当产量比例法、在产品按定额成本计价法、在产品按完工产品成本计价法、定额比例法等。下面介绍约当产量

比例法、在产品按定额成本计价法和定额比例法。

1. 约当产量比例法

采用约当产量比例法，应将月末在产品数量按其完工程度折算为相当于完工产品的产量，即约当产量；然后将产品应负担的全部成本按照完工产品产量与月末在产品约当产量的比例分配计算完工产品成本和月末在产品成本。这种方法适用于产品数量较多，各月在产品数量变化也较大，且生产成本中直接材料成本和直接人工等加工成本的比重相差不大的产品。其计算公式如下：

公式

(1) 在产品约当产量＝在产品数量×完工程度

(2) 单位成本＝(月初在产品成本＋本月发生生产成本)÷(完工产品产量＋在产品约当产量)

(3) 完工产品成本＝完工产品产量×单位成本

(4) 在产品成本＝在产品约当产量×单位成本

有了各工序在产品完工程度和各工序在产品盘存数量，即可求得在产品的约当产量。各工序在产品的完工程度可事先制定，产品工时定额不变时可长期使用。如果各工序在产品数量和单位工时定额都相差不多，在产品的完工程度也可按50%计算。

应当指出的是，在很多加工生产中，材料是在生产开始时一次性投入的，这时，在产品无论完工程度如何，都应和完工产品负担同样的材料成本，材料费用应按完工产品和在产品实际数量比例进行分配。如果材料是随着生产过程陆续投入的，则应按照各工序投入的材料成本在全部材料成本中所占的比例计算在产品的约当产量。

2. 在产品按定额成本计价法

采用在产品按定额成本计价法，月末在产品成本按定额成本计算，该种产品的全部成本(如果有月初在产品，包括月初在产品成本在内)减去按定额成本计算的月末在产品成本，余额作为完工产品成本。每月生产成本脱离定额的节约差异或超支差异全部计入当月完工产品成本。这种方法是事先经过调查研究、技术测定或按定额资料，对各个加工阶段的在产品直接确定一个单位定额成本。这种方法适用于各项消耗定额或成本定额比较准确、稳定，而且各月末在产品数量变化不是很大的产品。其计算公式如下。

公式

(1) 月末在产品成本＝月末在产品数量×在产品单位定额成本

(2) 完工产品成本＝(月初在产品成本＋本月发生生产成本)－月末在产品成本

3. 定额比例法

采用定额比例法，产品的生产成本在完工产品和月末在产品之间按照两者的定额消耗量或定额成本比例分配。其中，直接材料成本，按直接材料的定额消耗量或定额成本比例分配；直接人工等加工成本，可以按各自定额成本比例分配，也可以按定额工时比例分配。

这种方法适用于各项消耗定额或成本定额比较准确、稳定，但各月末在产品数量变动较大的产品。其计算公式如下（以按定额成本比例为例）：

公式

（1）直接材料成本分配率＝（月初在产品实际材料成本＋本月投入的实际材料成本）÷（完工产品定额材料成本＋月末在产品定额材料成本）

（2）完工产品应负担的直接材料成本＝完工产品定额材料成本×直接材料成本分配率

（3）月末在产品应负担的直接材料成本＝月末在产品定额材料成本×直接材料成本分配率

（4）直接人工成本分配率＝（月初在产品实际人工成本＋本月投入的实际人工成本）÷（完工产品定额工时＋月末在产品定额工时）

（5）完工产品应负担的直接人工成本＝完工产品定额工时×直接人工成本分配率

（6）月末在产品应负担的直接人工成本＝月末在产品定额工时×直接人工成本分配率

（7）制造费用分配率＝（月初在产品制造费用＋本月实际发生制造费用）÷（完工产品定额工时＋月末在产品定额工时）

（8）完工产品应负担的制造费用＝完工产品定额工时×制造费用分配率

（9）月末在产品应负担的制造费用＝月末在产品定额工时×制造费用分配率

## 三、联产品和副产品的成本分配

1. 联产品成本的分配

联产品是指使用同种原料，经过同一生产过程同时生产出来的两种或两种以上的主要产品。联产品的生产特点是：在生产开始时，各产品尚未分离，同一加工过程是对联产品的联合加工；当生产过程进行到一定生产步骤，产品才会分离。在分离点以前发生的生产成本，称为联合成本。分离点是指在联产品生产中，投入相同原料，经过同一生产过程，分离为各种联产品的时点。分离后的联产品，有的可以直接销售，有的还需要进一步加工才可供销售。

联产品成本计算的一般程序为：

（1）将联产品作为成本核算对象，设置成本明细账。联产品的特点决定了联产品在分离之前，不可能按各种产品分别计算成本，只能按联产品作为成本核算对象。

（2）归集联产品成本，计算联合成本。联产品发生的成本为联合成本。联产品的在产品一般比较稳定，可不计算期初、期末在产品成本，本期发生的生产成本全部为联产品的完工产品成本。

（3）计算各种产品的成本。企业应当根据生产经营特点和联产品的工艺要求，选择系数分配法、相对销售价格分配法、实物量分配法等合理的方法分配联合成本。

① 相对销售价格分配法。在这种方法下，联合成本是按分离点上每种产品的销售价格

比例进行分配的。采用此方法，要求每种产品在分离点的销售价格可以可靠地计量。如果联产品在分离点上即可供销售，则可采用销售价格进行分配。如果这些产品尚需要进一步加工后才可供销售，则需要对分离点上的销售价格进行估计。此时，也可以采用可变现净值进行分配。

② 实物量分配法。采用实物量分配法时，联合成本是以产品的实物数量为基础分配的。这里的"实物数量"可以是数量或质量。实物量分配法通常适用于企业所生产产品的价格很不稳定或无法直接确定的情况。

公式

单位数量(或质量)成本＝联合成本÷各联产品的总数量(总质量)

前述联产品成本计算步骤(1)至(3)为联产品分离前成本的计算过程。

(4) 计算联产品分离后的加工成本。联产品分离后需继续加工的，按各种产品分别设置明细账，归集其分离后所发生的加工成本。

2. 副产品成本的分配

副产品是指在同一生产过程中，使用同种原料，在生产主产品的同时附带生产出来的非主要产品。它的产量取决于主产品的产量，随主产品产量的变动而变动，如甘油是生产肥皂这个主产品的副产品。

在分配主产品和副产品的生产成本时，通常先确定副产品的生产成本，然后再确定主产品的生产成本。确定副产品成本的方法有：不计算副产品成本扣除法、副产品成本按固定价格或计划价格计算法、副产品只负担继续加工成本法、联合成本在主副产品之间分配法以及副产品作价扣除法等。其中，副产品作价扣除法需要从产品售价中扣除继续加工成本、销售费用、销售税金及相应的利润，相应计算公式为：

公式

$$\text{副产品扣除单价}=\text{单位售价}-\left(\text{继续加工单位成本}+\text{单位销售费用}+\text{单位销售税金}+\text{合理的单位利润}\right)$$

如果副产品与主产品分离以后，还需要进一步加工才能形成市场所需的产品，则企业应根据副产品进一步加工生产的特点和管理要求，采用适当的方法单独计算副产品的成本。

主产品和副产品的区分并不是绝对的，甚至可以相互转化。例如，焦炭与煤气就取决于企业的生产目标，以生产煤气为主的企业，煤气为主产品，焦炭为副产品；而以生产焦炭为主的企业，则焦炭为主产品，煤气为副产品。

## 四、完工产品成本的结转

企业完工产品经产成品仓库验收入库后，其成本应从"生产成本——基本生产成本"科目及所属产品成本明细账的贷方转出，转入"库存商品"科目的借方；"生产成本——基本生产成本"科目的月末余额，就是基本生产在产品的成本，也就是在基本生产过程中占用的生产资金，应与所属各种产品成本明细账中月末在产品成本之和核对相符。

# 第四节　产品成本计算

## 产品成本计算方法概述

### 一、生产特点对产品成本计算的影响

根据生产工艺过程的特点，工业企业的生产可分为单步骤生产和多步骤生产两种。根据生产组织的特点，工业企业生产可分为大量生产、成批生产和单件生产三种。结合两者考虑，工业企业的生产可分为大量大批单步骤生产、大量大批连续式多步骤生产、大量大批平行式加工多步骤生产、单件小批平行式加工多步骤生产。不同的生产工艺和生产组织，形成不同的生产类型，从而对成本管理的要求也不同。

确定产品成本计算方法的主要因素有：成本计算对象、成本计算期及生产费用在完工产品与在产品之间的分配。上述三方面是相互联系、相互影响的，其中生产类型对成本计算对象的影响是主要的。不同的成本计算对象决定了不同的成本计算期和生产费用在完工产品与在产品之间的分配。因此，成本计算对象的确定，是正确计算产品成本的前提，也是区别各种成本计算方法的主要标志。

### 二、产品成本计算的主要方法

根据各种类型生产的特点和管理要求，产品成本计算方法主要包括三种：以产品品种为成本计算对象，简称品种法；以产品批别为成本计算对象，简称分批法；以产品生产步骤为成本计算对象，简称分步法。各种产品成本计算方法的适用范围如表 7-10 所示。

**表 7-10　产品成本计算的基本方法**

| 产品成本计算方法 | 成本计算对象 | 生产类型 | | |
|---|---|---|---|---|
| | | 生产组织特点 | 生产工艺特点 | 成本管理 |
| 品种法 | 产品品种 | 大量大批生产 | 单步骤生产 | |
| | | | 多步骤生产 | 不要求分步计算成本 |
| 分批法 | 产品批别 | 单件小批生产 | 单步骤生产 | |
| | | | 多步骤生产 | 不要求分步计算成本 |
| 分步法 | 生产步骤 | 大量大批生产 | 多步骤生产 | 要求分步计算成本 |

除上述方法外，在产品的品种、规格繁多的工业企业中，为简化成本计算，可采用分类法；在定额管理工作有一定基础的工业企业中，为配合和加强生产费用和产品成本的定额管理，还可以采用定额法。

## 产品成本计算的品种法

### 一、品种法的特点

品种法是指以产品品种作为成本核算对象，归集和分配生产成本，计算产品成本的一种方法。这种方法适用于单步骤、大量生产的企业，如发电、供水、采掘等企业。在这种类

型的生产中，产品的生产技术过程不能从技术上划分为步骤，比如，企业或车间的规模较小，或者车间是封闭的，也就是从材料投入到产品产出的全部生产过程都是在一个车间内进行的，或者生产按流水线组织，管理上不要求按照生产步骤计算产品成本，都可以按照品种计算产品成本。

采用品种法计算产品成本的主要特点：一是成本核算对象是产品品种。如果企业只生产一种产品，全部生产成本都是直接成本，可直接计入该产品生产成本明细账的有关成本项目中，不存在在各种成本核算对象之间分配成本的问题；如果企业生产多种产品，间接生产成本则要采用适当的方法在各成本核算对象之间进行分配。二是一般定期（每月月末）计算产品成本。三是月末一般不存在在产品，如果有在产品，数量也很少，所以一般不需要将生产费用在完工产品与在产品之间进行划分，当期发生的生产费用总和就是该种完工产品的总成本；如果企业月末有在产品，要将生产成本在完工产品和在产品之间进行分配。

### 二、品种法成本核算的一般程序

（1）按产品品种设立成本明细账，根据各项费用的原始凭证及相关资料编制有关记账凭证并登记有关明细账，并编制各种费用分配表分配各种要素费用。

（2）根据上述各种费用分配表和其他有关资料，登记辅助生产明细账、基本生产明细账、制造费用明细账等。

（3）根据辅助生产明细账编制辅助生产成本分配表，分配辅助生产成本。

（4）根据制造费用明细账编制制造费用分配表，在各种产品之间分配制造费用，并据以登记基本生产成本明细账。

（5）根据各产品基本生产明细账编制产品成本计算单，分配完工产品成本和在产品成本。

（6）编制产成品的成本汇总表，结转产成品成本。

## 产品成本计算的分批法

### 一、分批法的特点

分批法是指以产品的批别作为产品成本核算对象，归集和分配生产成本，计算产品成本的一种方法。这种方法主要适用于单件、小批生产的企业，如造船、重型机器制造、精密仪器制造等，也可用于一般企业中的新产品试制或试验的生产、在建工程以及设备修理作业等。

采用分批法计算产品成本的主要特点：一是成本核算对象是产品的批别。由于产品的批别大多是根据销货订单确定的，因此这种方法又称订单法，其成本核算对象是购买者事先订货或企业规定的产品批别。二是产品成本的计算是与生产任务通知单的签发和结束紧密配合的，因此产品成本计算是不定期的，其成本计算期与产品生产周期基本一致，但与财务报告期不一致。三是由于成本计算期与产品的生产周期基本一致，因此在计算月末在产品成本时，一般不存在在完工产品和在产品之间分配成本的问题。

### 二、分批法成本核算的一般程序

（1）按产品批别设置产品基本生产成本明细账、辅助生产成本明细账。账内按成本项目设置专栏，按车间设置制造费用明细账；同时，设置待摊费用、预提费用等明细账。

（2）根据各生产费用的原始凭证或原始凭证汇总表和其他有关资料，编制各种要素费用分配表，分配各要素费用并登账。

对于直接计入费用，应按产品批别列示并直接记入各个批别的产品成本明细账；对于间接计入费用，应按生产地点归集，并按适当的方法分配记入各个批别的产品成本明细账。

（3）月末根据完工批别产品的完工通知单，将记入已完工的该批产品的成本明细账所归集的生产费用，按成本项目加以汇总，计算出该批完工产品的总成本和单位成本，并转账。在分批法下，月末完工产品与在产品之间的费用分配有以下几种情况：

① 如果是单件生产，产品完工以前，产品成本明细账所记的生产费用都是在产品成本；产品完工时，产品成本明细账所记的生产费用就是完工产品成本，因此，在月末计算成本时，不存在在完工产品与在产品之间分配费用的问题。

② 如果是小批生产，批内产品一般都能同时完工，在月末计算成本时，或是全部已经完工，或是全部没有完工，因此，一般也不存在在完工产品与在产品之间分配费用的问题。

③ 如果批内产品跨月陆续完工，这时就要在完工产品与在产品之间分配费用。具体可以采取简化的方法处理：如按计划单位成本、定额单位成本、最近一期相同产品的实际单位成本计算完工产品成本；从产品成本明细账中转出完工产品成本后，各项费用余额之和即为在产品成本。也可根据具体条件采用前述的分配方法。

## 产品成本计算的分步法

### 一、分步法的特点

分步法，是指以生产过程中各个加工步骤（分品种）为成本核算对象，归集和分配生产成本，计算各步骤半成品和最后产成品成本的一种方法。这种方法适用于大量大批的多步骤生产，如冶金、纺织、机械制造等企业。在这类企业中，产品生产成本可以分为若干个生产步骤的成本，通常不仅要求按照产品品种计算成本，而且还要求按照生产步骤计算成本，以便为考核和分析各种产品及各生产步骤的成本计划的执行情况提供资料。

分步法计算成本的主要特点：一是成本核算对象是各种产品的生产步骤；二是月末为计算完工产品成本，还需要将归集在生产成本明细账中的生产成本在完工产品和在产品之间进行分配；三是除了按品种计算和结转产品成本外，还需要计算和结转产品的各步骤成本。分步法的成本核算对象，是各种产品及其所经过的各个加工步骤。如果企业只生产一种产品，则成本核算对象就是该种产品及其所经过的各个生产步骤。分步法的成本计算期是固定的，与产品的生产周期不一致。

### 二、分步法成本核算的一般程序

在实际工作中，根据成本管理对各生产步骤成本资料的不同要求（如是否要求计算半成品成本）和简化核算的要求，各生产步骤成本的计算和结转一般采用逐步结转和平行结转两种方式，分别称为逐步结转分步法和平行结转分步法。

1. 逐步结转分步法

逐步结转分步法是为了分步计算半成品成本而采用的一种分步法，也称计算半成品成本分步法。它是按照产品加工的顺序,逐步计算并结转半成品成本,直到最后加工步骤完成才能计算产成品成本的一种方法。它是按照产品加工顺序先计算第一个加工步骤的半成品成本,然后结转给第二个加工步骤,这时,第二个步骤根据第一个步骤结转来的半成品成本加上本步骤耗用的材料成本和加工成本,即可求得第二个加工步骤的半成品成本。这种方法适用于大量大批连续式、复杂性生产的企业。这种类型的企业,有的不仅将产成品作为商品对外销售,而且生产步骤中所产半成品也经常作为商品对外销售。例如,钢铁厂的生铁、钢锭,纺织厂的棉纱等,都需要计算半成品成本。

逐步结转分步法需要在完工产品和在产品之间分配生产成本,即在各步骤完工产品和在产品之间进行分配。其优点:一是能提供各生产步骤的半成品成本资料;二是为各生产步骤的在产品实物管理及资金管理提供资料;三是能够全面地反映各生产步骤的生产耗费水平,更好地满足各生产步骤成本管理的要求。其缺点:成本结转工作量较大,各生产步骤的半成品成本如果采用逐步综合结转方法,还要进行成本还原,增加了核算的工作量。

逐步结转分步法按照成本在下一步骤成本计算单中的反映方式,还可以分为综合结转和分项结转两种方法。综合结转分步法是指上一步骤转入下一步骤的半成品成本,以“直接材料”或专设的“半成品”项目综合列入下一步骤的成本计算单中;如果半成品通过半成品库收发,由于各月所生产的半成品的单位成本不同,因而所耗半成品的单位成本可以如同材料核算一样,采用先进先出法或加权平均法计算。分项结转分步法是指按产品加工顺序,将上一步骤半成品成本按原始成本项目分别转入下一步骤成本计算单中相应的成本项目内,逐步计算并结转半成品成本,直到最后加工步骤计算出产成品成本的一种逐步结转分步法。

2. 平行结转分步法

平行结转分步法也称不计算半成品成本分步法。它是指在计算各生产步骤成本时,不计算各步骤所产半成品的成本,也不计算各步骤所耗上一步骤的半成品成本,而只计算本步骤发生的各项其他成本,以及这些成本中应计入产成品的份额,将相同产品的各步骤成本明细账中的这些份额平行结转、汇总,即可计算出该种产品的产成品成本。

采用平行结转分步法的成本核算对象是各种产成品及其经过的各生产步骤中的成本份额。而各步骤的产品生产成本并不伴随着半成品实物的转移而结转,各步骤均不计算本步骤的半成品成本,尽管半成品的实物转入下一步骤继续加工,但其成本并不结转到下一步骤的成本计算单中去,只是在产品最后完工入产成品库时,才将各步骤生产成本中应由完工产品负担的份额,从各步骤成本计算单中转出,平行汇总计算产成品的成本。

采用平行结转分步法,每一生产步骤的生产成本都要在其完工产品与月末在产品之间进行分配。完工产品是指企业最后完成的产成品;在产品是指各步骤尚未加工完成的产品和各步骤已完工但尚未最终完成的产品。

平行结转分步法的优点:各步骤可以同时计算产品成本,平行汇总计入产成品成本,不必逐步结转半成品成本;能够直接提供按原始成本项目反映的产成品成本资料,不必进行成本还原,因而能够简化和加速成本计算工作。其缺点:不能提供各步骤的半成品成本资料;在产品的费用在产品最后完成以前,不随实物转出而转出,即不按其所在的地点登记,而按其发生的地点登记，因而不能为各生产步骤在产品的实物和资金管理提供资料；各生产步骤的产品成本不包括所耗半成品费用，因而不能全面地反映各该步骤产品的生产耗费水平(第一步骤除外)，不能更好地满足这些步骤成本管理的要求。

# 第八章 政府会计基础

**本章概述**

本章主要包括两部分内容，第一部分介绍了政府会计的标准体系、政府会计要素及其确认和计量、政府财务报告和决算报告以及政府会计核算模式；第二部分阐述了常见政府单位会计核算，涉及国库集中支付业务、非财政拨款收支业务、预算结转结余及分配业务、净资产业务、资产业务和负债业务六种类型。

## 第一节 政府会计概述

政府会计是会计体系的重要分支，它是运用会计专门方法对政府及其组成主体（包括政府所属的行政事业单位等）的财务状况、运行情况（含运行成本，下同）、现金流量、预算执行等情况进行全面核算、监督和报告。

### 政府会计标准体系

我国的政府会计标准体系主要由政府会计基本准则、政府会计具体准则及应用指南和政府会计制度等组成。

#### 一、政府会计基本准则

政府会计基本准则用于规范政府会计目标、政府会计主体、政府会计信息质量要求、政府会计核算基础以及政府会计要素定义、确认和计量原则、列报要求等原则事项。政府会计基本准则指导政府会计具体准则和政府会计制度的制定，并为政府会计实务问题提供处理原则。

#### 二、政府会计具体准则及应用指南

政府会计具体准则依据基本准则制定，用于规范政府会计主体发生的经济业务或事项的会计处理原则，详细规定经济业务或事项引起的会计要素变动的确认、计量和报告。

政府会计应用指南是对具体准则的实际应用作出的操作性规定。2016 年以来，财政部相继出台了存货、投资、固定资产、无形资产、公共基础设施、政府储备物资、会计调整、负债、财务报表编制和列报等具体准则和固定资产准则应用指南等。

#### 三、政府会计制度

政府会计制度依据基本准则制定，主要规定政府会计科目及账务处理、报表体系及编制说明等。

## 政府会计要素及其确认和计量

政府会计要素包括预算会计要素和财务会计要素。预算会计要素包括预算收入、预算支出与预算结余;财务会计要素包括资产、负债、净资产、收入和费用。

### 一、政府预算会计要素

1. 预算收入

预算收入是指政府会计主体在预算年度内依法取得的并纳入预算管理的现金流入。预算收入一般在实际收到时予以确认,以实际收到的金额计量。

2. 预算支出

预算支出是指政府会计主体在预算年度内依法发生并纳入预算管理的现金流出。预算支出一般在实际支付时予以确认,以实际支付的金额计量。

3. 预算结余

预算结余是指政府会计主体预算年度内预算收入扣除预算支出后的资金余额,以及历年滚存的资金余额,包括结余资金和结转资金。

### 二、政府财务会计要素

1. 资产

资产是指政府会计主体过去的经济业务或者事项形成的,由政府会计主体控制的,预期能够产生服务潜力或者带来经济利益流入的经济资源。服务潜力是指政府会计主体利用资产提供公共产品和服务以履行政府职能的潜在能力。经济利益流入表现为现金及现金等价物的流入,或者现金及现金等价物流出的减少。

2. 负债

负债是指政府会计主体过去的经济业务或者事项形成的,预期会导致经济资源流出政府会计主体的现时义务。现时义务是指政府会计主体在现行条件下已承担的义务。未来发生的经济业务或者事项形成的义务不属于现时义务,不应当确认为负债。

3. 净资产

净资产是指政府会计主体资产扣除负债后的净额,其金额取决于资产和负债的计量。

4. 收入

收入是指报告期内导致政府会计主体净资产增加的、含有服务潜力或者经济利益的经济资源的流入。

5. 费用

费用是指报告期内导致政府会计主体净资产减少的、含有服务潜力或者经济利益的经济资源的流出。

## 政府财务报告和决算报告

### 一、政府财务报告

政府财务报告是反映政府会计主体某一特定日期的财务状况及某一会计期间的运行情况和现金流量等信息的文件。政府财务报告的目标是向财务报告使用者提供与政府财务状况、运行情况和现金流量等有关的信息，反映政府会计主体公共受托责任履行情况，有助于财务报告使用者作出决策或者进行监督和管理。

## 二、政府决算报告

政府决算报告是综合反映政府会计主体年度预算收支执行结果的文件。政府决算报告的目标是向决算报告使用者提供与政府预算执行情况有关的信息，综合反映政府会计主体预算收支的年度执行结果，有助于决算报告使用者进行监督和管理，并为编制后续年度预算提供参考和依据。政府决算报告使用者包括各级人民代表大会及其常务委员会、各级政府及其有关部门、政府会计主体自身、社会公众和其他利益相关者。

政府决算报告与政府综合财务报告的主要区别如表 8-1 所示。

**表 8-1 政府决算报告与政府综合财务报告的主要区别**

| 项目 | 政府决算报告 | 政府综合财务报告 |
| --- | --- | --- |
| 编制主体 | 各级政府财政部门、各部门、各单位 | 各级政府财政部门、各部门、各单位 |
| 反映的对象 | 政府年度预算收支执行情况 | 政府整体财务状况、运行情况和财政中长期可持续性 |
| 编制基础 | 收付实现制 | 权责发生制 |
| 数据来源 | 以预算会计核算生成的数据为准 | 以财务会计核算生成的数据为准 |
| 编制方法 | 汇总 | 合并 |
| 报送要求 | 本级人民代表大会常务委员会审查和批准 | 本级人民代表大会常务委员会备案 |

# 政府会计核算模式

政府会计由预算会计和财务会计构成。政府会计核算模式应当实现预算会计与财务会计适度分离并相互衔接，全面、清晰地反映政府财务信息和预算执行信息。这种核算模式，能够使公共资金管理中预算管理、财务管理和绩效管理相互联结、融合，全面提高管理水平和资金使用效率，对于规范政府会计行为、夯实政府会计主体预算和财务管理基础、强化政府绩效管理具有重要的影响。

## 一、预算会计与财务会计适度分离

1. “双功能”

政府会计应当实现预算会计和财务会计的双重功能。预算会计对政府会计主体预算执行过程中发生的全部预算收入和全部预算支出进行会计核算，主要反映和监督预算收支执行情况。财务会计对政府会计主体发生的各项经济业务或者事项进行会计核算，主要反映和监督政府会计主体财务状况、运行情况和现金流量等。

2. “双基础”

预算会计实行收付实现制，国务院另有规定的，从其规定。财务会计实行权责发生制。

3. “双报告”

政府会计主体应当编制决算报告和财务报告。政府决算报告的编制主要以收付实现制为基础，以预算会计核算生成的数据为准。政府财务报告的编制主要以权责发生制为基础，以财务会计核算生成的数据为准。

### 二、预算会计与财务会计相互衔接

政府预算会计和财务会计"适度分离"，并不是要求政府会计主体分别建立预算会计和财务会计两套账，对同一笔经济业务或事项进行会计核算，而是要求政府预算会计要素和财务会计要素相互协调，决算报告和财务报告相互补充，共同反映政府会计主体的预算执行信息和财务信息。

## 第二节　政府单位会计核算

行政事业单位（以下简称单位）是政府会计主体的重要组成部分。单位会计的原理和方法与企业会计基本一致，但与企业会计不同的是，单位会计核算应当具备预算会计与财务会计双重功能，实现预算会计与财务会计适度分离并相互衔接，全面、清晰地反映单位预算执行信息和财务信息。下面主要以《政府会计制度》为基础，介绍政府单位会计核算的有关内容，与企业会计基本一致的内容不再重述。

### 单位会计核算概述

单位应当根据《政府会计准则》规定的原则和《政府会计制度》的要求，对其发生的各项经济业务或事项进行会计核算。

单位预算会计通过预算收入、预算支出和预算结余三个要素，全面反映单位预算收支执行情况。

单位财务会计通过资产、负债、净资产、收入、费用五个要素，全面反映单位财务状况、运行情况和现金流量情况。

### 国库集中支付业务

国库集中收付，是指以国库单一账户体系为基础，将所有财政性资金都纳入国库单一账户体系管理，收入直接缴入国库和财政专户，支出通过国库单一账户体系支付到商品和劳务供应者或用款单位的一项国库管理制度。

实行国库集中支付的单位，财政资金的支付方式包括财政直接支付和财政授权支付。

### 一、财政直接支付业务

在财政直接支付方式下，对直接支付的支出，单位在收到"财政直接支付入账通知书"时，按照通知书中直接支付的金额，在预算会计中借记"行政支出""事业支出"等科目，贷记"财政拨款预算收入"科目；同时在财务会计中借记"库存物品""固定资产""应付职工薪酬""业务活动费用""单位管理费用"等科目，贷记"财政拨款收入"科目。

年末，根据本年度财政直接支付预算指标数与其实际支出数的差额，在预算会计中借记"资金结存——财政应返还额度"科目，贷记"财政拨款预算收入"科目；同时在财务会计中借记"财政应返还额度——财政直接支付"科目，贷记"财政拨款收入"科目。

下年度恢复财政直接支付额度后，单位以财政直接支付方式发生实际支出时，在预算会计中借记“行政支出”“事业支出”等科目，贷记“资金结存——财政应返还额度”科目；同时在财务会计中借记“库存物品”“固定资产”“应付职工薪酬”“业务活动费用”“单位管理费用”等科目，贷记“财政应返还额度——财政直接支付”科目。

## 二、财政授权支付业务

在财政授权支付方式下，单位收到代理银行盖章的“授权支付到账通知书”时，根据通知书所列数额，在预算会计中借记“资金结存——零余额账户用款额度”科目，贷记“财政拨款预算收入”科目；同时在财务会计中借记“零余额账户用款额度”科目，贷记“财政拨款收入”科目。

按规定支用额度时，按照实际支用的额度，在预算会计中借记“行政支出”“事业支出”等科目，贷记“资金结存——零余额账户用款额度”科目；同时在财务会计中借记“库存物品”“固定资产”“应付职工薪酬”“业务活动费用”“单位管理费用”等科目，贷记“零余额账户用款额度”科目。

年末，依据代理银行提供的对账单作注销额度的相关账务处理，在预算会计中借记“资金结存——财政应返还额度”科目，贷记“资金结存——零余额账户用款额度”科目；同时在财务会计中借记“财政应返还额度——财政授权支付”科目，贷记“零余额账户用款额度”科目。下年年初恢复额度时，在预算会计中借记“资金结存——零余额账户用款额度”科目，贷记“资金结存——财政应返还额度”科目；同时在财务会计中借记“零余额账户用款额度”科目，贷记“财政应返还额度——财政授权支付”科目。

年末，单位本年度财政授权支付预算指标数大于零余额账户用款额度下达数的，根据未下达的用款额度，在预算会计中借记“资金结存——财政应返还额度”科目，贷记“财政拨款预算收入”科目；同时在财务会计中借记“财政应返还额度——财政授权支付”科目，贷记“财政拨款收入”科目。下年度收到财政部门批复的上年年末未下达零余额账户用款额度时，在预算会计中借记“资金结存——零余额账户用款额度”科目，贷记“资金结存——财政应返还额度”科目；同时在财务会计中借记“零余额账户用款额度”科目，贷记“财政应返还额度——财政授权支付”科目。

# 非财政拨款收支业务

单位的收支业务除国库集中收付业务外，还包括事业活动、经营活动等形成的非财政拨款收支。这里主要以事业(预算)收入、捐赠(预算)收入和支出为例进行说明。

## 一、事业(预算)收入

事业(预算)收入是指事业单位开展专业业务活动及其辅助活动实现的收入，不包括从同级政府财政部门取得的各类财政拨款。

(1) 对采用财政专户返还方式管理的事业(预算)收入，实现应上缴财政专户的事业收入时，按照实际收到或应收的金额，在财务会计中借记“银行存款”“应收账款”等科目，贷记“应缴财政款”科目。向财政专户上缴款项时，按照实际上缴的款项金额，在财务会计中借记“应缴财政款”科目，贷记“银行存款”等科目。收到从财政专户返还的事业收入时，按照实际收到的返还金额，在财务会计中借记“银行存款”等科目，贷记“事业收入”科目；同时在预算会计中借记“资金结存——货币资金”科目，贷记“事业预算收入”科目。

(2) 对采用预收款方式确认的事业(预算)收入,实际收到预收款项时,按照收到的金额,在财务会计中借记"银行存款"等科目,贷记"预收账款"科目;同时在预算会计中借记"资金结存——货币资金"科目,贷记"事业预算收入"科目。以合同完成进度确认事业收入时,按照基于合同完成进度计算的金额,在财务会计中借记"预收账款"科目,贷记"事业收入"科目。

(3) 对采用应收款方式确认的事业(预算)收入,根据合同完成进度计算本期应收的款项,在财务会计中借记"应收账款"科目,贷记"事业收入"科目。实际收到款项时,在财务会计中借记"银行存款"等科目,贷记"应收账款"科目;同时在预算会计中借记"资金结存——货币资金"科目,贷记"事业预算收入"科目。单位以合同完成进度确认事业收入时,应当根据业务实质,选择累计实际发生的合同成本占合同预计总成本的比例、已经完成的合同工作量占合同预计总工作量的比例、已经完成的时间占合同期限的比例、实际测定的完工进度等方法,合理确定合同完成进度。

(4) 对于其他方式下确认的事业收入,按照实际收到的金额,在财务会计中借记"银行存款""库存现金"等科目,贷记"事业收入"科目;同时在预算会计中借记"资金结存——货币资金"科目,贷记"事业预算收入"科目。

(5) 事业活动中涉及增值税业务的,事业收入按照实际收到的金额扣除增值税销项税之后的金额入账,事业预算收入按照实际收到的金额入账。

(6) 事业单位对于因开展专业业务活动及其辅助活动取得的非同级财政拨款收入(包括两大类:一类是从同级财政以外的同级政府部门取得的横向转拨财政款,另一类是从上级或下级政府取得的各类财政款),应当通过"事业收入"和"事业预算收入"科目下的"非同级财政拨款"明细科目核算;对于其他非同级财政拨款收入,应当通过"非同级财政拨款收入"和"非同级财政拨款预算收入"科目核算。

## 二、捐赠(预算)收入和支出

1. 捐赠(预算)收入

捐赠收入指单位接受其他单位或者个人捐赠取得的收入,包括现金捐赠收入和非现金捐赠收入。捐赠预算收入指单位接受捐赠的现金资产。

单位接受捐赠的货币资金,按照实际收到的金额,在财务会计中借记"银行存款""库存现金"等科目,贷记"捐赠收入"科目;同时在预算会计中借记"资金结存——货币资金"科目,贷记"其他预算收入——捐赠预算收入"科目。

单位接受捐赠的存货、固定资产等非现金资产,按照确定的成本,在财务会计中借记"库存物品""固定资产"等科目,按照发生的相关税费、运输费等支出金额,贷记"银行存款"等科目,按照其差额,贷记"捐赠收入"科目;同时在预算会计中,按照发生的相关税费、运输费等支出金额,借记"其他支出"科目,贷记"资金结存——货币资金"科目。

2. 捐赠支出

单位对外捐赠现金资产的,按照实际捐赠的金额,在财务会计中借记"其他费用"科目,贷记"银行存款""库存现金"等科目;同时在预算会计中借记"其他支出"科目,贷记"资金结存——货币资金"科目。

单位对外捐赠库存物品、固定资产等非现金资产的,在财务会计中应当将资产的账面价值转入“资产处置费用”科目，如未支付相关费用，预算会计则不作账务处理。

## 预算结转结余及分配业务

单位在预算会计中应当严格区分财政拨款结转结余和非财政拨款结转结余。财政拨款结转结余不参与事业单位的结余分配，单独设置“财政拨款结转”和“财政拨款结余”科目核算。非财政拨款结转结余通过设置“非财政拨款结转”“非财政拨款结余”“专用结余”“经营结余”“非财政拨款结余分配”等科目核算。

### 一、财政拨款结转结余的核算

1. 财政拨款结转的核算

“财政拨款结转”科目核算单位滚存的财政拨款结转资金。财政拨款结转的主要账务处理如下：

① 年末，将财政拨款收入和对应的财政拨款支出结转入“财政拨款结转”科目。

② 按照规定从其他单位调入财政拨款结转资金的，按照实际调增的额度数额或调入的资金数额，在预算会计中借记“资金结存”科目，贷记“财政拨款结转——归集调入”；同时在财务会计中借记“零余额账户用款额度”“财政应返还额度”等科目，贷记“累计盈余”科目。

按规定上缴（或注销）财政拨款结转资金、向其他单位调出财政拨款结转资金的，按照实际上缴资金数额、实际调减（或注销）的资金额度数额或调出的资金数额，在预算会计中借记“财政拨款结转——归集上缴、归集调出”科目，贷记“资金结存”科目；同时在财务会计中借记“累计盈余”科目，贷记“零余额账户用款额度”“财政应返还额度”等科目。

因发生会计差错等事项调整以前年度财政拨款结转资金的，按照调整的金额，在预算会计中借记或贷记“资金结存”科目，贷记或借记“财政拨款结转——年初余额调整”科目；同时在财务会计中借记或贷记“以前年度盈余调整”科目，贷记或借记“零余额账户用款额度”“银行存款”等科目。

经财政部门批准对财政拨款结余资金改变用途，调整用于本单位基本支出或其他未完成项目支出的，按照批准调剂的金额，借记“财政拨款结余——单位内部调剂”科目，贷记“财政拨款结转——单位内部调剂”科目。

③ 年末，冲销有关明细科目余额。将“财政拨款结转——本年收支结转、年初余额调整、归集调入、归集调出、归集上缴、单位内部调剂”科目余额转入“财政拨款结转——累计结转”科目。

④ 年末，完成上述财政拨款收支结转后，应当对财政拨款结转各明细项目执行情况进行分析，按照有关规定将符合财政拨款结余性质的项目余额转入财政拨款结余，借记“财政拨款结转——累计结转”科目，贷记“财政拨款结余——结转转入”科目。

2. 财政拨款结余的核算

“财政拨款结余”科目核算单位滚存的财政拨款项目支出结余资金。财政拨款结余的主要账务处理如下：

① 年末，对财政拨款结转各明细项目执行情况进行分析，按照有关规定将符合财政拨款结余性质的项目余额转入“财政拨款结余”科目。

② 经财政部门批准对财政拨款结余资金改变用途，调整用于本单位基本支出或其他未

完成项目支出的，按照批准调剂的金额，借记“财政拨款结余——单位内部调剂”科目，贷记“财政拨款结转——单位内部调剂”科目。

按照规定上缴财政拨款结余资金或注销财政拨款结余资金额度的，按照实际上缴资金数额或注销资金额度数额，在预算会计中借记“财政拨款结余——归集上缴”科目，贷记“资金结存”科目；同时在财务会计中借记“累计盈余”科目，贷记“零余额账户用款额度”“财政应返还额度”等科目。

因发生会计差错等事项调整以前年度财政拨款结余资金的，按照调整的金额，在预算会计中借记或贷记“资金结存”科目，贷记或借记“财政拨款结余——年初余额调整”科目；同时在财务会计中借记或贷记“以前年度盈余调整”科目，贷记或借记“零余额账户用款额度”“银行存款”等科目。

③ 年末，冲销有关明细科目余额。将“财政拨款结余——年初余额调整、归集上缴、单位内部调剂、结转转入”科目余额转入“财政拨款结余——累计结余”科目。

## 二、非财政拨款结转结余的核算

1. 非财政拨款结转的核算

非财政拨款结转资金是指事业单位除财政拨款收支、经营收支以外的各非同级财政拨款专项资金收入与其相关支出相抵后剩余滚存的、须按规定用途使用的结转资金。非财政拨款结转的主要账务处理如下：

① 年末，将除财政拨款预算收入、经营预算收入以外的各类预算收入本年发生额中的专项资金收入转入“非财政拨款结转”科目，将行政支出、事业支出、其他支出本年发生额中的非财政拨款专项资金支出转入“非财政拨款结转”科目。

② 按照规定从科研项目预算收入中提取项目管理费或间接费时，按照提取金额，在预算会计中借记“非财政拨款结转——项目间接费用或管理费”科目，贷记“非财政拨款结余——项目间接费用或管理费”科目；同时在财务会计中借记“业务活动费用”“单位管理费用”等科目，贷记“预提费用——项目间接费用或管理费”科目。

因会计差错更正等事项调整非财政拨款结转资金的，按照收到或支出的金额，在预算会计中借记或贷记“资金结存——货币资金”科目，贷记或借记“非财政拨款结转——年初余额调整”科目；同时在财务会计中借记或贷记“以前年度盈余调整”科目，贷记或借记“银行存款”等科目。

按照规定缴回非财政拨款结转资金的，按照实际缴回资金数额，在预算会计中借记“非财政拨款结转——缴回资金”科目，贷记“资金结存——货币资金”科目；同时在财务会计中借记“累计盈余”科目，贷记“银行存款”等科目。

③ 年末，冲销有关明细科目余额。将“非财政拨款结转——年初余额调整、项目间接费用或管理费、缴回资金、本年收支结转”科目余额转入“非财政拨款结转——累计结转”科目。结转后，“非财政拨款结转”科目除“累计结转”明细科目外，其他明细科目应无余额。

④ 年末，完成上述结转后，应当对非财政拨款专项结转资金各项目情况进行分析，将留归本单位使用的非财政拨款专项（项目已完成）剩余资金转入“非财政拨款结余”科目，借记“非财政拨款结转——累计结转”科目，贷记“非财政拨款结余——结转转入”科目。

2. 非财政拨款结余的核算

非财政拨款结余指单位历年滚存的非限定用途的非同级财政拨款结余资金，主要为非财政拨款结余扣除结余分配后滚存的金额。非财政拨款结余的主要账务处理如下：

① 年末，将留归本单位使用的非财政拨款专项（项目已完成）剩余资金转入"非财政拨款结余——结转转入"科目，借记"非财政拨款结转——累计结转"科目，贷记"非财政拨款结余——结转转入"科目。

② 有企业所得税缴纳义务的事业单位实际缴纳企业所得税时，按照缴纳金额，在预算会计中借记"非财政拨款结余——累计结余"科目，贷记"资金结存——货币资金"科目；同时在财务会计中借记"其他应交税费——单位应交所得税"科目，贷记"银行存款"等科目。

因会计差错更正等事项调整非财政拨款结余资金的，按照收到或支出的金额，在预算会计中借记或贷记"资金结存——货币资金"科目，贷记或借记"非财政拨款结余——年初余额调整"科目；同时在财务会计中借记或贷记"以前年度盈余调整"科目，贷记或借记"银行存款"等科目。

③ 年末，冲销有关明细科目余额。将"非财政拨款结余——年初余额调整、项目间接费用或管理费、结转转入"科目余额转入"非财政拨款结余——累计结余"科目。结转后，"非财政拨款结余"科目除"累计结余"明细科目外，其他明细科目应无余额。

④ 年末，事业单位将"非财政拨款结余分配"科目余额转入"非财政拨款结余"科目。"非财政拨款结余分配"科目为借方余额的，借记"非财政拨款结余——累计结余"科目，贷记"非财政拨款结余分配"科目；"非财政拨款结余分配"科目为贷方余额的，借记"非财政拨款结余分配"科目，贷记"非财政拨款结余——累计结余"科目。

年末，行政单位将"其他结余"科目余额转入"非财政拨款结余"科目。"其他结余"科目为借方余额的，借记"非财政拨款结余——累计结余"科目，贷记"其他结余"科目；"其他结余"科目为贷方余额的，借记"其他结余"科目，贷记"非财政拨款结余——累计结余"科目。

## 三、专用结余的核算

专用结余是指事业单位按照规定从非财政拨款结余中提取的具有专门用途的资金。"专用结余"科目核算专用结余资金的变动和滚存情况。根据有关规定从本年度非财政拨款结余或经营结余中提取基金的，按照提取金额，借记"非财政拨款结余分配"科目，贷记"专用结余"科目。根据规定使用从非财政拨款结余或经营结余中提取的专用基金时，按照使用金额，借记"专用结余"科目，贷记"资金结存——货币资金"科目。"专用结余"科目年末贷方余额，反映事业单位从非同级财政拨款结余中提取的专用基金的累计滚存数额。

## 四、经营结余的核算

"经营结余"科目核算事业单位本年度经营活动收支相抵后余额弥补以前年度经营亏损的余额。期末，事业单位应当结转本期经营收支。根据经营预算收入本期发生额，借记"经营预算收入"科目，贷记"经营结余"科目；根据经营支出本期发生额，借记"经营结余"科目，贷记"经营支出"科目。年末，如"经营结余"科目为贷方余额，将余额结转入"非财政拨款结余分配"科目；如为借方余额，为经营亏损，不予结转。

## 五、其他结余的核算

"其他结余"科目核算单位本年度除财政拨款收支、非同级财政专项资金收支和经营收支以外各项收支相抵后的余额。年末，行政单位将本科目余额转入"非财政拨款结余——累计结余"科目；事业单位将本科目余额转入"非财政拨款结余分配"科目。

### 六、非财政拨款结余分配的核算

“非财政拨款结余分配”科目核算事业单位本年度非财政拨款结余分配的情况和结果。年末，事业单位应将“其他结余”科目余额和“经营结余”科目贷方余额转入“非财政拨款结余分配”科目。根据有关规定提取专用基金的，按照提取的金额，借记“非财政拨款结余分配”科目，贷记“专用结余”科目；同时在财务会计中按照相同金额，借记“本年盈余分配”科目，贷记“专用基金”科目。然后，将“非财政拨款结余分配”科目余额转入“非财政拨款结余”科目。

## 净资产业务

单位财务会计净资产的来源主要包括累计实现的盈余和无偿调拨的净资产。在日常核算中，单位应当在财务会计中设置“累计盈余”“专用基金”“无偿调拨净资产”“权益法调整”“本期盈余”“本年盈余分配”“以前年度盈余调整”等科目。

### 一、本期盈余及本年盈余分配

1. 本期盈余

“本期盈余”科目核算单位本期各项收入、费用相抵后的余额。期末，单位应当将各类收入科目和各类费用科目本期发生额转入“本期盈余”科目。年末，单位应当将“本期盈余”科目余额转入“本年盈余分配”科目。

2. 本年盈余分配

“本年盈余分配”科目核算单位本年度盈余分配的情况和结果。年末，单位应当将“本期盈余”科目余额转入“本年盈余分配”科目。根据有关规定从本年度非财政拨款结余或经营结余中提取专用基金的，按照预算会计下计算的提取金额，借记“本年盈余分配”科目，贷记“专用基金”科目。然后，将“本年盈余分配”科目余额转入“累计盈余”科目。

### 二、专用基金

“专用基金”科目核算事业单位按照规定提取或设置的具有专门用途的净资产，主要包括职工福利基金、科技成果转换基金等。事业单位从本年度非财政拨款结余或经营结余中提取专用基金的，在财务会计中通过“专用基金”科目核算的同时，还应在预算会计“专用结余”科目进行核算。

### 三、无偿调拨净资产

按照行政事业单位资产管理相关规定，政府单位之间可以无偿调拨资产。通常情况下，无偿调拨非现金资产不涉及资金业务，因此不需要进行预算会计核算(除非以现金支付相关费用等)。从本质上讲，无偿调拨资产业务属于政府间净资产的变化，调入调出方不确认相应的收入和费用。单位应当设置“无偿调拨净资产”科目，核算无偿调入或调出非现金资产所引起的净资产变动金额。年末，单位应将“无偿调拨净资产”科目余额转入“累计盈余”科目。

**例题**

**【例 8-1】** 2×21 年 5 月 5 日，某行政单位接受其他部门无偿调入库存物品一批，该批库存物品在调出方的账面价值为20 000元，经验收合格后入库。库存物品调入过程中该单位以银行存款支付运输费1 000元。不考虑相关税费，该行政单位应作如下账务处理。

编制财务会计分录：

| | | |
|---|---|---|
| 借：库存物品 | 21 000 | |
| 贷：银行存款 | | 1 000 |
| 无偿调拨净资产 | | 20 000 |

同时，编制预算会计分录：

| | | |
|---|---|---|
| 借：其他支出 | 1 000 | |
| 贷：资金结存——货币资金 | | 1 000 |

### 四、权益法调整

"权益法调整"科目核算事业单位持有的长期股权投资采用权益法核算时，按照被投资单位除净损益和利润分配以外的所有者权益变动份额调整长期股权投资账面余额而计入净资产的金额。年末，按照被投资单位除净损益和利润分配以外的所有者权益变动应享有(或应分担)的份额，借记或贷记"长期股权投资——其他权益变动"科目，贷记或借记"权益法调整"科目。处置长期股权投资时，按照原计入净资产的相应部分金额，借记或贷记"权益法调整"科目，贷记或借记"投资收益"科目。

### 五、以前年度盈余调整

"以前年度盈余调整"科目核算单位本年度发生的调整以前年度盈余的事项，包括本年度发生的重要前期差错更正涉及调整以前年度盈余的事项。单位对相关事项调整后，应当及时将"以前年度盈余调整"科目余额转入"累计盈余"科目，借记或贷记"累计盈余"科目，贷记或借记"以前年度盈余调整"科目。

### 六、累计盈余

"累计盈余"科目核算单位历年实现的盈余扣除盈余分配后滚存的金额，以及因无偿调入调出资产产生的净资产变动额。年末，将"本年盈余分配"科目的余额转入"累计盈余"科目，借记或贷记"本年盈余分配"科目，贷记或借记"累计盈余"科目；将"无偿调拨净资产"科目的余额转入"累计盈余"科目，借记或贷记"无偿调拨净资产"科目，贷记或借记"累计盈余"科目。

按照规定上缴、缴回、单位间调剂结转结余资金产生的净资产变动额，以及对以前年度盈余的调整金额，也通过"累计盈余"科目核算。

## 资产业务

资产业务是单位会计核算的重要内容。下面主要介绍资产业务的几个共性内容及固定资产的核算。

### 一、资产业务的几个共性内容

1. 资产取得

单位资产取得的方式包括外购、自行加工或自行建造、接受捐赠、无偿调入、置换换入、租赁等。资产在取得时按照成本进行初始计量，并按不同取得方式进行会计处理。

(1) 外购的资产，其成本通常包括购买价款、相关税费(不包括按规定可抵扣的增值税进项税额)，以及使得资产达到目前场所和状态或交付使用前所发生的归属于该项资产的其他费用。

(2) 自行加工或自行建造的资产，其成本包括该项资产至验收入库或交付使用前所发生的全部必要支出。

(3) 接受捐赠的非现金资产，对于存货、固定资产、无形资产而言，其成本按照有关凭据注明的金额加上相关税费等确定；没有相关凭据可供取得，但按规定经过资产评估的，其成本按照评估价值加上相关税费等确定；没有相关凭据可供取得、也未经资产评估的，其成本比照同类或类似资产的市场价格加上相关税费等确定；没有相关凭据且未经资产评估、同类或类似资产的市场价格也无法可靠取得的，按照名义金额(人民币 1 元)入账。对于投资和公共基础设施、政府储备物资、保障性住房、文物文化资产等经管类资产而言，其初始成本只能按照前三个层次进行计量，不能采用名义金额计量。盘盈资产的入账成本参照上述办法确定。

单位对于接受捐赠的资产，其成本能够确定的，应当按照确定的成本减去相关税费后的净额计入捐赠收入；资产成本不能确定的，单独设置备查簿进行登记，相关税费等计入当期费用。

(4) 无偿调入的资产，其成本按照调出方账面价值加上相关税费等确定，根据确定的成本减去相关税费后的金额计入无偿调拨净资产。

(5) 置换换入的资产，其成本按照换出资产的评估价值，加上支付的补价或减去收到的补价，加上为换入资产发生的其他相关支出确定。

2. 资产处置

按照相关规定，资产处置的形式包括无偿调拨、出售、出让、转让、置换、对外捐赠、报废、毁损以及货币性资产损失核销等。单位应当按规定报经批准后对资产进行处置。通常情况下，单位应当将被处置资产账面价值转销计入资产处置费用，并按照“收支两条线”将处置净收益上缴财政。如按规定将资产处置净收益纳入单位预算管理的，应将净收益计入当期收入。对于资产盘盈、盘亏、报废或毁损的，应当在报经批准前将相关资产账面价值转入“待处理财产损溢”科目，待报经批准后再进行资产处置。

对于无偿调出的资产，单位应当在转销被处置资产账面价值时冲减无偿调拨净资产。对于置换换出的资产，应当与换入资产一同进行相关会计处理。

## 二、固定资产

固定资产一般分为六类：房屋及构筑物，专用设备，通用设备，文物和陈列品，图书、档案，家具、用具、装具及动植物。单位价值虽未达到规定标准，但是使用年限超过 1 年(不含 1 年)的大批同类物资，如图书、家具、用具、装具等，应当确认为固定资产。

为了核算固定资产，单位应当设置“固定资产”“固定资产累计折旧”等科目。购入需要安装的固定资产，应当先通过“在建工程”科目核算，安装完毕交付使用时再转入“固定资产”科目。

单位应当按月对固定资产计提折旧，但下列固定资产除外：① 文物和陈列品；② 动植物；③ 图书、档案；④ 单独计价入账的土地；⑤ 以名义金额计量的固定资产。单位应当根据相关规定以及固定资产的性质和使用情况，合理确定固定资产的使用年限。因改建、扩建等原因而延长固定资产使用年限的，应当重新确定固定资产的折旧年限。单位盘盈、无偿调入、接受捐赠以及置换的固定资产，应当考虑该项资产的新旧程度，按照其尚可使用的年限计提折旧。

固定资产应当按月计提折旧，当月增加的固定资产，当月开始计提折旧；当月减少的固定资产，当月不再计提折旧。固定资产提足折旧后，无论能否继续使用，均不再计提折旧；提前报废的固定资产，也不再补提折旧。已提足折旧的固定资产，可以继续使用的，应当继续使用，规范实物管理。

**例题**

**【例 8-2】** 2×21 年 7 月 18 日，某事业单位经批准购入一栋办公大楼，支付购买价款为 8 000 000 元，全部款项以银行存款支付。该事业单位在购入办公大楼时应作如下账务处理。

编制财务会计分录：

| | | |
|---|---|---|
| 借：固定资产 | 8 000 000 | |
| 　贷：银行存款 | | 8 000 000 |

同时，编制预算会计分录：

| | | |
|---|---|---|
| 借：事业支出 | 8 000 000 | |
| 　贷：资金结存——货币资金 | | 8 000 000 |

## 负债业务

单位负债的财务会计核算与企业会计基本相同。下面主要介绍应缴财政款和应付职工薪酬的核算。

### 一、应缴财政款

应缴财政款是指单位取得或应收的按照规定应当上缴财政的款项，包括应缴国库的款项和应缴财政专户的款项。为核算应缴财政的各类款项，单位应当设置“应缴财政款”科目。单位按照国家税法等有关规定应当缴纳的各种税费，通过“应交增值税”“其他应交税费”科目核算，不通过“应缴财政款”科目核算。

单位取得或应收按照规定应缴财政的款项时，借记“银行存款”“应收账款”等科目，贷记“应缴财政款”科目。单位上缴应缴财政的款项时，按照实际上缴的金额，借记“应缴财政款”科目，贷记“银行存款”科目。由于应缴财政的款项不属于纳入部门预算管理的现金收支，因此不进行预算会计处理。

### 二、应付职工薪酬

应付职工薪酬是指按照有关规定应付给职工（含长期聘用人员）及为职工支付的各种薪酬，包括基本工资、国家统一规定的津贴补贴、规范津贴补贴（绩效工资）、改革性补贴、社会保险费（如职工基本养老保险费、职业年金、基本医疗保险费等）、住房公积金等。为核算应付职工薪酬，单位应当设置“应付职工薪酬”科目。该科目应当根据国家有关规定按照“基本工资（含离退休费）”“国家统一规定的津贴补贴”“规范津贴补贴（绩效工资）”“改革性补贴”“社会保险费”“住房公积金”“其他个人收入”等进行明细核算。其中,“社会保险费”“住房公积金”明细科目核算内容包括单位从职工工资中代扣代缴的社会保险费、住房公积金,以及单位为职工计算缴纳的社会保险费、住房公积金。

## 例题

**【例 8-3】** 2×21 年 5 月,某事业单位为开展专业业务活动及其辅助活动的人员发放工资 500 000 元、津贴 300 000 元、奖金 100 000 元,按规定应代扣代缴个人所得税 30 000 元,该单位以国库授权支付方式支付薪酬并上缴代扣的个人所得税。该事业单位应作如下账务处理。

(1) 计算应付职工薪酬时

| | | |
|---|---|---|
| 借:业务活动费用 | 900 000 | |
| 　贷:应付职工薪酬 | | 900 000 |

(2) 代扣个人所得税时

| | | |
|---|---|---|
| 借:应付职工薪酬 | 30 000 | |
| 　贷:其他应交税费——应交个人所得税 | | 30 000 |

(3) 实际支付职工薪酬时

| | | |
|---|---|---|
| 借:应付职工薪酬 | 870 000 | |
| 　贷:零余额账户用款额度 | | 870 000 |

同时,编制预算会计分录:

| | | |
|---|---|---|
| 借:事业支出 | 870 000 | |
| 　贷:资金结存——零余额账户用款额度 | | 870 000 |

(4) 上缴代扣的个人所得税时

| | | |
|---|---|---|
| 借:其他应交税费——应交个人所得税 | 30 000 | |
| 　贷:零余额账户用款额度 | | 30 000 |

同时,编制预算会计分录:

| | | |
|---|---|---|
| 借:事业支出 | 30 000 | |
| 　贷:资金结存——零余额账户用款额度 | | 30 000 |

# 第九章　综合业务实训

## 一、企业概况及相关会计方法

下沙有限责任公司是一家毛巾生产企业，主要以精制梳棉和涤棉为原料生产高档浴巾和普通毛巾，产品生产工艺流程较为简单，在同一个综合车间进行浴巾和毛巾的加工制造。公司产品主要面向百货公司、超市和商场批发销售。

公司在工商银行通达支行开设了存款账户，账号为076-0628659。公司被税务机关核定为增值税一般纳税人，纳税人登记号为267324510089776，增值税税率为13%，所得税税率为25%。公司城建税按本月应交增值税的5%缴纳，教育费附加按本月应交增值税的3%缴纳。

公司对原材料采用实际成本法计价；对固定资产按平均年限法分类计提折旧，其中厂房的月折旧率为0.4%，车间和管理部门设备的月折旧率分别为0.6%和0.8%。

公司月末制造费用、生产工人工资采用工时比例法进行分配，高档浴巾和普通毛巾的本月定额工时分别为2 800小时和1 200小时。公司按月结转损益，年终进行利润分配。

公司于月末一次计算并结转本月已销产品的实际生产成本。

公司的记账凭证分为收款凭证、付款凭证和转账凭证。各类凭证分别按顺序编号。公司采用记账凭证账务处理程序处理业务。

## 二、业务资料及实训要求

（一）2×21年12月份期初资料

下沙有限责任公司2×21年12月初有关账户余额如表9-1所列。

**表9-1　账户余额表**

| 总账科目 | 明细科目 | 余额 | |
|---|---|---|---|
| | | 借方 | 贷方 |
| 库存现金 | | 218.60 | |
| 银行存款 | 工商银行 | 253 261.68 | |
| 应收账款 | | 75 100.00 | |
| | 东方商城 | 48 600.00 | |
| | 红喜超市 | 26 500.00 | |
| 其他应收款 | 业务员王利 | 680.00 | |
| 原材料 | | 100 556.72 | |
| | 精制梳棉(2.9吨) | 53 930.72 | |
| | 涤棉(3吨) | 42 126.00 | |
| | 润滑油(30桶) | 4 500.00 | |

表 9-1(续)

| 总账科目 | 明细科目 | 余额 | |
|---|---|---|---|
| | | 借方 | 贷方 |
| 库存商品 | | 365 000.00 | |
| | 高档浴巾(6 000 条) | 240 000.00 | |
| | 普通毛巾(25 000 条) | 125 000.00 | |
| 固定资产 | | 4 568 000.00 | |
| 累计折旧 | | | 1 176 312.00 |
| 应付账款 | | | 72 005.70 |
| | 松浦棉纱厂 | | 26 000.00 |
| | 重庆针织厂 | | 46 005.70 |
| 应付职工薪酬 | 职工福利 | | 54 511.85 |
| 应交税费 | 应交所得税 | | 44 672.45 |
| 其他应付款 | | | 1 265.00 |
| 长期借款 | 厂房改造专用款 | | 1 100 000.00 |
| 实收资本 | | | 1 750 000.00 |
| | 市轻纺局 | | 1 250 000.00 |
| | 泰山纺织厂 | | 500 000.00 |
| 资本公积 | | | 385 038.00 |
| 盈余公积 | | | 286 006.00 |
| 本年利润 | | | 385 689.00 |
| 利润分配 | 未分配利润 | | 107 317.00 |

（二）2×21 年 12 月份发生主要经济业务

1. 1 日，向苏州棉麻厂购进精制梳棉，取得增值税专用发票。材料验收入库，货款尚未支付。填制增值税专用发票和收料单。

2. 2 日，向银行借入流动资金借款 228 000 元，期限 3 个月，年利率为 5%，到期还本付息。收到开户银行的收账通知。

3. 3 日，签发银行现金支票一张，提取现金 1 000 元，以备零用。支票号码 CG201280。

4. 5 日，采购员刘杨出差预借差旅费 800 元，出纳以现金付讫。

5. 6 日，收到东方商城支票一张，系该商城偿还上月所欠货款。出纳当日将支票送存银行。填制收据、银行进账单。

6. 8 日，向太平洋百货公司销售高档浴巾，发出 5 000 条，单价 80 元/条，增值税税率为 13%，收到对方交来的银行汇票一张。填制增值税专用发票和进账单。

7. 11 日，生产车间领用精制梳棉 5 吨，成本 92 984 元，用于生产高档浴巾。填制领料单。

8. 12 日，签发银行转账支票，支付易通广告公司广告费 1 560 元。支票号码 BM2860277。

9. 14 日，向松浦棉纱厂购买涤棉，取得增值税专用发票，款项未付。

10. 17 日，以现金支付 14 日采购涤棉搬运费 210 元，材料验收入库。填制收料单。

11. 17 日，车间领用润滑剂 19 桶，成本 2 850 元。填制领料单。

12. 18 日，收到中山修配厂以现金支付的违约金 1 000 元。填制收款收据。

13. 18 日，通过银行信汇方式偿还上月所欠松浦棉纱厂货款 26 000 元。

14. 19 日，收到天山纺织厂投资(假设收到的投资金额全部作为实收资本入账)。

15. 20 日，采购员刘杨报销差旅费 960 元，补付现金 160 元。

16. 21 日，购入涤染机一台，设备投入使用，价款已通过银行电汇支付。

17. 22 日，生产车间领用涤棉 3 吨，成本为 42 126 元，用于生产普通毛巾。填制领料单。

18. 24 日，向联华百货公司销售普通毛巾 20 000 条，单价 9 元/条。委托银行收款，办妥托收手续。填制增值税专用发票和托收承付凭证。

19. 25 日，开出银行转账支票(支票号码 BM2860278)，向大通租赁公司支付当年 12 月车间设备租赁费 5 000 元；管理部门房屋租赁费 2 000 元。

20. 30 日，本月其他各项支出分配汇总表(假设均以银行存款支付，支票号码 BM2860279)。

21. 30 日，计算流动资金借款利息费用，编制本月应付利息计算表。

22. 30 日，开出银行转账支票，预付临安棉麻精纺厂购精制梳棉货款 14 000 元。支票号码为 BM2860280。

23. 30 日，计算结转本月应付职工工资费用，其中生产工人工资 160 000 元，车间管理人员工资 15 600 元，厂部管理部门人员工资 46 800 元，并按工资总额 14%计提职工福利费。编制工资及职工福利分配计算表。

24. 30 日，计提本月固定资产折旧。

25. 30 日，分配结转本月制造费用。编制制造费用分配表。

26. 30 日，本月生产产品全部完工，编制产品生产成本计算表，结转完工产品成本。

27. 30 日，编制产品销售成本计算表，结转本月已销产品生产成本。

28. 30 日，编制本月各项税金计算表，结转应交城建税、教育费附加、所得税费用。

29. 结转本月损益类科目发生额至“本年利润”账户。

30. 30 日，根据董事会决议按全年净利润的 10%提取法定盈余公积，按 5%提取任意盈余公积，按 20%向投资者分配利润。将“本年利润”账户和“利润分配”各明细账户余额转入“利润分配——未分配利润”账户。

（三）实训要求

1. 开设各总分类账户和“原材料”“生产成本”“应付账款”明细账户，登记期初余额。

2. 填制有关经济业务的原始凭证和记账凭证。

3. 根据收付款凭证登记现金日记账和银行存款日记账。

4. 根据原始凭证和记账凭证登记开设的有关明细账户。

5. 根据记账凭证登记各总分类账户。

6. 期末结出各总分类账户及有关明细账户本期发生额及余额。

7. 编制总分类账户本期发生额及余额试算平衡表。

8. 编制 2×21 年 12 月份利润表和资产负债表。

（四）经济业务的原始凭证(按经济业务顺序编号)

1-1/3

4100993170　　**增值税专用发票**　　№0168574

(国统一发票监制　税务局监制)

开票日期:2×21 年 12 月 1 日

<table>
<tr><td>购买单位</td><td colspan="5">名　　称:下沙有限责任公司<br>纳税人识别号:267324510089776<br>地 址 、电 话:文一路 88 号、88654321<br>开户行及账号:工商银行通达支行 076-0628659</td><td>密码区</td><td colspan="2">(略)</td></tr>
<tr><td colspan="2">货物或应税劳务名称</td><td>规格型号</td><td>单位</td><td>数量</td><td>单价</td><td>金额</td><td>税率</td><td>税额</td></tr>
<tr><td colspan="2">精制梳棉</td><td></td><td>吨</td><td>10</td><td>18 596.8</td><td>185 968</td><td>13%</td><td></td></tr>
<tr><td colspan="2">合　计</td><td></td><td></td><td></td><td></td><td>185 968</td><td></td><td></td></tr>
<tr><td colspan="2">价税合计(大写)</td><td colspan="7">拾　万　仟　佰　拾　元　角　分　　(小写)</td></tr>
<tr><td>销售单位</td><td colspan="5">名　　称:苏州棉麻厂<br>纳税人识别号:280602100100026<br>地 址 、电 话:苏州和平路 16 号<br>开户行及账号:工商行太湖路办 211940663-96</td><td>备注</td><td colspan="2">(苏州棉麻厂 280602100100026 发票专用章)</td></tr>
</table>

收款人： 张英　　复核：　　开票人： 王章友　　销售单位:(章)

第二联：发票联 购货方记账凭证

1-2/3

4100993170　　**增值税专用发票**　　№ 0168574

(国统一发票监制　税务局监制)

开票日期:2×21 年 12 月 1 日

<table>
<tr><td>购买单位</td><td colspan="5">名　　称:下沙有限责任公司<br>纳税人识别号:267324510089776<br>地 址 、电 话:文一路 88 号、88654321<br>开户行及账号:工商银行通达支行 076-0628659</td><td>密码区</td><td colspan="2">(略)</td></tr>
<tr><td colspan="2">货物或应税劳务名称</td><td>规格型号</td><td>单位</td><td>数量</td><td>单价</td><td>金额</td><td>税率</td><td>税额</td></tr>
<tr><td colspan="2">精制梳棉</td><td></td><td>吨</td><td>10</td><td>18 596.8</td><td>185 968</td><td>13%</td><td></td></tr>
<tr><td colspan="2">合　计</td><td></td><td></td><td></td><td></td><td>185 968</td><td></td><td></td></tr>
<tr><td colspan="2">价税合计(大写)</td><td colspan="7">拾　万　仟　佰　拾　元　角　分　　(小写)</td></tr>
<tr><td>销售单位</td><td colspan="5">名　　称:苏州棉麻厂<br>纳税人识别号:280602100100026<br>地 址 、电 话:苏州和平路 16 号<br>开户行及账号:工商行太湖路办 211940663-96</td><td>备注</td><td colspan="2">(苏州棉麻厂 280602100100026 发票专用章)</td></tr>
</table>

收款人： 张英　　复核：　　开票人： 王章友　　销售单位:(章)

第一联：抵扣联 购货方作抵扣账凭证

1-3/3

## 收　料　单

仓库：02 库

供货单位：　　　　　　　　　　年　月　日　　　　　　　　　　编号：11002

| 产品编号 | 规格 | 产品名称 | 计量单位 | 数量 | | 实际成本（元） | | | |
|---|---|---|---|---|---|---|---|---|---|
| | | | | 应收 | 实收 | 发票价格 | 采购费用 | 合计 | 单价 |
| （略） | （略） | | | | | | | | |
| | | | | | | | | | |
| | | | | | | | | | |
| 合　计 | | | | | | | | | |

二 财务联

供销主管：　　　　　保管员：　　　　　记账：　　　　　制单：

2

## ICBC　中国工商银行　托收凭证　（付款通知）

№

日期　　年　月　日　　　　　　　　　　银行编号：0256

| | | | | | |
|---|---|---|---|---|---|
| 借款人 | 全　称 | | 收款人 | 全　称 | |
| | 放款账号 | | | 往来户账号 | |
| | 开户银行 | | | 开户银行 | |

| | | 亿 | 千 | 百 | 十 | 万 | 千 | 百 | 十 | 元 | 角 | 分 |
|---|---|---|---|---|---|---|---|---|---|---|---|---|
| 金额 | 人民币（大写） | | | | | | | | | | | |
| 借款原因及用途 | 流动资金　银行核定金额： | 亿 | 千 | 百 | 十 | 万 | 千 | 百 | 十 | 元 | 角 | 分 |
| | | | | | | | | | | | | |

| | | | |
|---|---|---|---|
| 借款期限 | | 借款计划指标 | |

| | |
|---|---|
| 备注：<br>复核　　　　记账 | 上述借款业务已同意带给并转入你单位往来账户，借款到期应当归还此致。<br>借款单位：<br>年　月　日 |

中国工商银行通达支行　年 月 日　转讫

3

中国工商银行
转账支票存根（苏）
CG201280
科　　目________
对方科目________
出票日期：

| |
|---|
| 收款人： |
| 金　额： |
| 用　途： |

单位主管：　　会计：

中国工商银行**现金支票**（苏）CG201280

出票日期：（大写）　　年　月　日　付款行名称
收款人：　　出票人账号：

| 人民币（大写） | 亿 | 千 | 百 | 十 | 万 | 千 | 百 | 十 | 元 | 角 | 分 |
|---|---|---|---|---|---|---|---|---|---|---|---|
| | | | | | | | | | | | |

本支票付款期限十天

用途________　　科目________
上列款项请从我账户内支付　　对方科目（贷）________

| 填写密码 |
|---|
| |

转账日期　　年　月　日

出票人签章　　复核　　记账

||142635||872068||11088680228||

4

## 借　款　单

| | |
|---|---|
| 借款单位（姓名）：**刘 杨** | |
| 借款理由：**公　出** | |
| 借款金额：人民币（大写）**捌佰元整** | |
| 本单位负责人意见：**谢媚霞** | 借款人（签章）**刘 杨** |
| 付款记录：<br>2×21 年 12 月 5 日以第　　号支票（现金）凭单付给<br>出 纳：**刘蕾** | |

5-1/3

## 收　　据

2×21 年 12 月 6 日　　第 007 号

| | | | |
|---|---|---|---|
| 今收到　**东方商城** | | | |
| 人民币（大写） | | ￥________ | |
| 事　由：**上月所欠货款** | | 现　金 | |
| | | 支票第　**002569**　号 | |
| 收款单位（下沙有限责任公司 267324510089776 发票专用章） | 财务主管 | 收款人 | **蒋琳** |

5-2/3(业务章)

## 中国工商银行　进　账　单(收账通知)

2×21 年 12 月 6 日　　　　第 115 号

| | | | | | |
|---|---|---|---|---|---|
| 付款人 | 全　称 | 东方商城 | 收款人 | 全　称 | 下沙有限责任公司 |
| | 账　号 | 076-0645143 | | 账　号 | 076-0628659 |
| | 开户银行 | 工商银行南岗支行 | | 开户银行 | 工商银行通达支行 |

| 金额 | 人民币(大写) | 千 | 百 | 十 | 万 | 千 | 百 | 十 | 元 | 角 | 分 |
|---|---|---|---|---|---|---|---|---|---|---|---|
| | | | | | | | | | | | |

| | | |
|---|---|---|
| 票据种类 | | 中国工商银行通达支行 20×0.12.18 业务章<br>收款人开户行盖章 |
| 票据张数 | | |
| 单位主管　会计　出纳 刘蕾　记账 | | |

此联是银行给收款人的收账通知

5-3/3

## ICBC　中国工商银行　信汇凭证(回　单)

汇款单位编号　　委托日期：　年　月　日　　第 002153 号

| | | | | | | | |
|---|---|---|---|---|---|---|---|
| 收款单位 | 全　称 | | | 汇款单位 | 全　称 | | |
| | 账　号或住址 | | | | 账　号或住址 | 076-0628659 | |
| | 汇　入地　点 | 省 市 | 汇入行名　称 市工行营业部 | | 汇　出地　点 | 汇出行名称 | 工商银行通达支行 |

| 金额 | 人民币(大写) | 千 | 百 | 十 | 万 | 千 | 百 | 十 | 元 | 角 | 分 |
|---|---|---|---|---|---|---|---|---|---|---|---|
| | | | | | | | | | | | |

| | |
|---|---|
| 汇款用途：货款 | 中国工商银行通达支行 年 月 日 讫<br>(汇出行盖章) |
| 上列款项已根据委托办理，如需查询，请持此回单来行面洽。 | |
| 单位主管　会计　复核　记账 | 年　月　日 |

此联是汇出银行给汇款单位的回单

6-1/4

33000445900 **增值税专用发票** №0065501

（全国统一发票监制 税务局监制）

开票日期：2×21 年 12 月 8 日

| | | | | | | | |
|---|---|---|---|---|---|---|---|
| 购买单位 | 名　　称：太平洋百货公司<br>纳税人识别号：234578977665544<br>地 址 、电 话：安宁路 3 号、8566334<br>开户行及账号：工行安宁支行 076-1006312 | | | | 密码区 | （略） | |
| 货物或应税劳务名称 | 规格型号 | 单位 | 数量 | 单价 | 金额 | 税率 | 税额 |
| 高档浴巾 | | 条 | 5 000 | 80 | 400 000 | 13% | |
| 合　计 | | | | | 400 000 | | |
| 价税合计（大写） | 仟 佰 拾 万 仟 佰 拾 元 角 分（小写） | | | | | | |
| 销售单位 | 名　　称：下沙有限责任公司<br>纳税人识别号：267324510089776<br>地 址 、电 话：文一路 88 号、88654321<br>开户行及账号：工商银行通达支行 076-0628659 | | | | 备注 | （下沙有限责任公司 267324510089776 发票专用章） | |

第三联：记账联 销货方作记账凭证

收款人： 蒋琳　　复核：　　开票人： 王静　　销售单位：（章）

6-2/4

## 产成品出库单

仓库名称：成品二仓库　　2×21 年 12 月 8 日　　出库编号：1025

| 产品名称及规格 | 计量单位 | 数 量 | 单 价 | 金 额 | 结算方式 |
|---|---|---|---|---|---|
| 高档浴巾 | 条 | 5 000 | 80 元/条 | 400 000 元 | |
| | | | | | |
| | | | | | |

保管员：刘芳　　会计：夏青　　主管：王刚

6-3/4

## 中国工商银行 信汇单(回 单)

委托日期 年 月 日 第 号

| | | | | | | | | | |
|---|---|---|---|---|---|---|---|---|---|
| 汇款人 | 全 称 | | | | 收款人 | 全 称 | | | |
| | 账 号 | | | | | 账 号 | | | |
| | 汇 出 地 点 | 市 县 | 汇出行名 | | | 开 户 银 行 | 市 县 | 汇出行名 | |
| 金额 | 人民币（大写） | | | | | | 百 十 万 千 百 十 元 角 分 | | |
| 汇款用途： | | | | | | | （汇出行盖章） 中国工商银行安宁支行 20X0.12.08 业务章 年 月 日 | | |
| 上列款项已根据委托办理，如需查询，请持此回单来行面洽。 | | | | | | | | | |
| 单位主管 会计 复核 记账 | | | | | | | | | |

此联是汇出银行给汇款单位的回单

6-4/4(章)

## 中国工商银行 进 账 单(收账通知)

2×21 年 12 月 8 日 第 116 号

| | | | | | |
|---|---|---|---|---|---|
| 付款人 | 全 称 | 太平洋百货公司 | 收款人 | 全 称 | 下沙有限责任公司 |
| | 账 号 | | | 账 号 | |
| | 开户银行 | 工行安宁支行 | | 开户银行 | 工商银行通达支行 |
| 金额 | 人民币（大写） | | | | 千 百 十 万 千 百 十 元 角 分 |
| 票据种类 | | | | | 中国工商银行通达支行 20X0.12.08 业务章 收款人开户行盖章 |
| 票据张数 | | | | | |
| 单位主管 会计 出纳 刘蕾 记账 | | | | | |

此联是银行给收款人的收账通知

7

领料单位：生产车间　　**领　料　单**　　仓库：02 库

领料用途：生产浴巾　　年　月　日　　编号：25001

| 材料类别 | 材料编号 | 材料名称 | 规格型号 | 计量单位 | 数量 | | 单位成本 | 金额（元） | 备注 |
|---|---|---|---|---|---|---|---|---|---|
| | | | | | 应发 | 实发 | | | |
| 纱线类 | M001 | 精制梳棉 | （略） | 吨 | 5 | 5 | 18 596.8 | 92 984 | |
| | | | | | | | | | |
| | | | | | | | | | |
| | | | | | | | | | |

第一联 存根

生产主管：　　保管员：　　记账：　　制单：

8-1/2

**××市广告业专用发票**

客户名称：下沙有限责任公司　　年　月　日　　№6070614

| 项目 | 数量 | 单价 | 金额 | | | | | | | 备注 |
|---|---|---|---|---|---|---|---|---|---|---|
| | | | 万 | 千 | 百 | 十 | 元 | 角 | 分 | |
| 产品广告 | 13 次 | 120 | | 1 | 5 | 6 | 0 | 0 | 0 | |
| | | | | | | | | | | |
| | | | | | | | | | | |
| 人民币（大写）： | | 合计 | ¥ | 1 | 5 | 6 | 0 | 0 | 0 | |

此联为报销凭据

填票人：白月冰　　收款人：李鹏　　单位名称（盖章）：

8-2/2

中国工商银行
现金支票存根（苏）
BM2860277

科　　目________

对方科目________

出票日期：

| 收款人： |
|---|
| 金　额： |
| 用　途： |

单位主管：　　会计：

中国工商银行**转账支票**（苏）BM2860277

出票日期：（大写）　　年　月　日　付款行名称

收款人：　　出票人账号：

| 人民币（大写） | 千 | 百 | 十 | 万 | 千 | 百 | 十 | 元 | 角 | 分 |
|---|---|---|---|---|---|---|---|---|---|---|
| | | | | | | | | | | |

本支票付款期限十天

用途________　　科目________

上列款　　对方科目（贷）________

项请从　　付讫日期　年　月　日

我账户　　出纳　复核　记账

内支付

| 填写密码 |
|---|
| |

出票人签章

贴对号单处　BM2860277

9-1/2

4000983175　　**增值税专用发票**　　№0264496

全国统一发票监制 税务局监制

开票日期:2×21 年 12 月 14 日

| | | | | | | | |
|---|---|---|---|---|---|---|---|
| 购买单位 | 名　　称:下沙有限责任公司<br>纳税人识别号:267324510089776<br>地 址 、电 话:文一路 88 号、88654321<br>开户行及账号:工商银行通达支行 076-0628659 | | | | 密码区 | (略) | |
| 货物或应税劳务名称 | 规格型号 | 单位 | 数量 | 单价 | 金额 | 税率 | 税额 |
| 涤棉 | | 吨 | 5 | 14 000 | 70 000 | 13% | |
| 合　计 | | | | | 70 000 | | |
| 价税合计(大写) | 万　仟　佰　拾　元　角　分 | | | | (小写) | | |
| 销售单位 | 名　　称:松浦棉纱厂<br>纳税人识别号:236102100126654<br>地 址 、电 话:南海市北京路 850 号<br>开户行及账号:工商银行解放路办 258-964320 | | | | 备注 | 松浦棉纱厂 236102100126654 发票专用章 | |

收款人:　张丽　　　复核:　　　开票人:　董浩　　　销售单位:(章)

第二联:发票联　购货方记账凭证

9-2/2

4000983175　　**增值税专用发票**　　№0264496

全国统一发票监制 税务局监制

开票日期:2×21 年 12 月 14 日

| | | | | | | | |
|---|---|---|---|---|---|---|---|
| 购买单位 | 名　　称:下沙有限责任公司<br>纳税人识别号:267324510089776<br>地 址 、电 话:文一路 88 号、88654321<br>开户行及账号:工商银行通达支行 076-0628659 | | | | 密码区 | (略) | |
| 货物或应税劳务名称 | 规格型号 | 单位 | 数量 | 单价 | 金额 | 税率 | 税额 |
| 涤棉 | | 吨 | 5 | 14 000 | 70 000 | 13% | |
| 合　计 | | | | | 70 000 | | |
| 价税合计(大写) | 万　仟　佰　拾　元　角　分 | | | | (小写) | | |
| 销售单位 | 名　　称:松浦棉纱厂<br>纳税人识别号:236102100126654<br>地 址 、电 话:南海市北京路 850 号<br>开户行及账号:工商银行解放路办 258-964320 | | | | 备注 | 松浦棉纱厂 236102100126654 发票专用章 | |

收款人:　张丽　　　复核:　　　开票人:　董浩　　　销售单位:(章)

第一联:抵扣联　购货方抵扣凭证

10-1/2

## ××市服务业统一发票

客户名称：下沙有限责任公司　　　　年　月　日

| 项目 | 数量 | 单价 | 金额 | | | | | | | 备注 |
|---|---|---|---|---|---|---|---|---|---|---|
| | | | 万 | 千 | 百 | 十 | 元 | 角 | 分 | |
| 搬运费 | | | | | 2 | 1 | 0 | 0 | 0 | |
| | | | | | | | | | | |
| | | | | | | | | | | |
| 人民币(大写)： | | 合计 | | ¥ | 2 | 1 | 0 | 0 | 0 | |

中远运输第六服务公司
240112857620450
发票专用章

此联为报销凭据

填票人：刘然　　　　收款人：关爱红　　　　单位名称(盖章)：

10-2/2

## 收　料　单

发票号：　　　　年　月　日　　　　编号：

| 供应单位 | | | | 材料类别及编号 | | (略) | |
|---|---|---|---|---|---|---|---|
| 材料名称及规格 | 单位 | 数　量 | | 实际成本 | | | |
| | | 发票 | 实收 | 发料价格 | 运杂费 | 合计 | 单价 |
| | | | | | | | |
| | | | | | | | |
| 备　注 | | | | | | | |

第二联　记账联

核算　　　　主管　　　　保管　　　　检验　　　　交库

11

## 领　料　单

领料单位：　　　　年　月　日　　　　编号：

| 用 途 | | | 材料类别及编号 | | |
|---|---|---|---|---|---|
| 材料名称及规格 | 单位 | 请领数 | 实发数 | 单价 | 金额 |
| | | | | | |
| | | | | | |
| 备注 | | | | | |

第三联　仓库

领料单位负责人：　　　　记账：　　　　发料：　　　　领料：

12

## 收　　据

2×21 年 12 月 18 日　　　　第 008 号

| | | | | |
|---|---|---|---|---|
| 今收到　中山修配厂 | | | | |
| 人民币(大写)　壹仟元整 | | | ¥ 1 000.00 | |
| 事由：违约金 | | | 现金 | |
| | | | 支票第　　号 | |
| 收款单位 | | 财务主管 | 收款人 | 蒋琳 |

(印章：下沙有限责任公司财务专用章)

13

ICBC　**中国工商银行　信汇凭证(回　单)**

汇款单位编号　　　委托日期：　年　月　日　　　第 00608 号

| | | | | | | | | | | | | | |
|---|---|---|---|---|---|---|---|---|---|---|---|---|---|
| 收款单位 | 全　称 | | | | 汇款单位 | 全　称 | | | | | | | |
| | 账　号或住址 | 2606001234 | | | | 账　号或住址 | | | | | | | |
| | 汇　入地　点 | ××省彭城市 | 汇入行名　称 | 市工行营业部 | | 汇　出地　点 | ××省 | | 汇出行名称 | | 市工行营业部 | | |
| 金额 | 人民币(大写) | | | | | | 千 | 百 | 十 | 万 | 千 | 百 | 十 | 元 | 角 | 分 |
| 汇款用途：货款 | | | | | | | (汇出行盖章) | | | | | | |
| 上列款项已根据委托办理，如需查询，请持此回单来行面洽。 | | | | | | | | | | | | | |
| 单位主管　会计　复核　记账 | | | | | | | 年　月　日 | | | | | | |

(印章：中国工商银行通达支行　年　月　日　转讫)

此联是汇出银行给汇款单位的回单

14

## 中国工商银行 进 账 单(回单)

年 月 日　　　　第 0006 号

| | | | | | |
|---|---|---|---|---|---|
| 付款人 | 全 称 | | 收款人 | 全 称 | |
| | 账 号 | | | 账 号 | |
| | 开户银行 | | | 开户银行 | |

| 金额 | 人民币（大写） | 百 | 十 | 万 | 千 | 百 | 十 | 元 | 角 | 分 |
|---|---|---|---|---|---|---|---|---|---|---|
| | | | | | | | | | | |

| | | |
|---|---|---|
| 票据种类 | | 收款人开户银行盖章 |
| 票据张数 | | |
| 单位主管 会计 出纳 记账 | | |

15

## 出差旅费报销单

报销日期： 年 月 日

| 部门 | 采购部 | 出差人 | 刘杨 | 出差事由 | 公差 |
|---|---|---|---|---|---|

| 出发 | | | | 到达 | | | | 交通工具 | 单据张数 | 车船费 | 途中补贴 | | | | | 住勤费 | | | | 其他费用 | | |
|---|---|---|---|---|---|---|---|---|---|---|---|---|---|---|---|---|---|---|---|---|---|---|
| 月 | 日 | 时 | 地点 | 月 | 日 | 时 | 地点 | | | | 早 | 中 | 晚 | 夜间 | 金额 | 早 | 中 | 晚 | 金额 | 项目 | 单据 | 金额 |
| # | 5 | | 上海 | # | 7 | | 丰庆 | | | 220 | | | | | 120 | | | | 300 | | | 100 |
| # | # | | 丰庆 | # | # | | 上海 | | | 220 | | | | | | | | | | | | |
| | | | | | | | | | | | | | | | | | | | | | | |
| | | | | | | | | | | | | | | | | | | | | | | |
| | | | | | | | | | | | | | | | | | | | | | | |
| | | | | | | | | | | | | | | | | | | | | | | |
| 合计 | | | | | | | | | | 440 | | | | | 120 | | | | 300 | | | 100 |

| 报销总额 | 人民币（大写） | 玖佰陆拾元整 ¥960.00 | 预支旅费 | 月 日 | 补领不足 |
|---|---|---|---|---|---|
| | | | | | 归还多余 |

主管：蒋才梦　　　　审核：徐丽　　　　报销人：刘杨

16-1/4

3009883175　　**增值税专用发票**　　№0265588

（全国统一发票监制 税务局监制）

开票日期:2×21 年 12 月 21 日

购买单位
名　　　　称:下沙有限责任公司
纳税人识别号:267324510089776
地 址 、电 话:文一路 88 号、88654321
开户行及账号:工商银行通达支行 076-0628659

密码区：（略）

| 货物或应税劳务名称 | 规格型号 | 单位 | 数量 | 单价 | 金额 | 税率 | 税额 |
|---|---|---|---|---|---|---|---|
| 涤染机 | | 台 | 1 | 150 000 | 150 000 | 13% | |
| 合　计 | | | | | 150 000 | | |
| 价税合计(大写) | 拾　万　仟　佰　拾　元　角　分 | | | | （小写） | | |

销售单位
名　　　　称:同江机器厂
纳税人识别号:430202160126654
地 址 、电 话:大同市北山路 650 号
开户行及账号:工商行太平支行 221049603-84

备注：（同江机器设备厂 430202160126654 发票专用章）

第二联：发票联　购货方记账凭证

收款人：张勤　　复核：　　开票人：王雅丽　　销售单位:(章)

16-2/4

3009883175　　**增值税专用发票**　　№0265588

（全国统一发票监制 税务局监制）

开票日期:2×21 年 12 月 21 日

购买单位
名　　　　称:下沙有限责任公司
纳税人识别号:267324510089776
地 址 、电 话:文一路 88 号、88654321
开户行及账号:工商银行通达支行 076-0628659

密码区：（略）

| 货物或应税劳务名称 | 规格型号 | 单位 | 数量 | 单价 | 金额 | 税率 | 税额 |
|---|---|---|---|---|---|---|---|
| 涤染机 | | 台 | 1 | 150 000 | 150 000 | 13% | |
| 合　计 | | | | | 150 000 | | |
| 价税合计(大写) | 拾　万　仟　佰　拾　元　角　分 | | | | （小写） | | |

销售单位
名　　　　称:同江机器厂
纳税人识别号:430202160126654
地 址 、电 话:大同市北山路 650 号
开户行及账号:工商行太平支行 221049603-84

备注：（同江机器设备厂 430202160126654 发票专用章）

第一联：抵扣联　购货方抵扣凭证

收款人：张勤　　复核：　　开票人：王雅丽　　销售单位:(章)

16-3/4

ICBC **中国工商银行 信汇凭证**(回 单)

汇款单位编号　　　　委托日期：　年　月　日　　　　第 002153 号

<table>
<tr><td rowspan="3">收款单位</td><td>全　称</td><td colspan="3">同江机械厂</td><td rowspan="3">汇款单位</td><td>全　称</td><td colspan="10"></td></tr>
<tr><td>账　号<br>或住址</td><td colspan="3">221049603-84</td><td>账　号<br>或住址</td><td colspan="10">076-0628659</td></tr>
<tr><td>汇　入<br>地　点</td><td>山西省<br>大同市</td><td>汇入行<br>名　称</td><td>工行太<br>平支行</td><td>汇　出<br>地　点</td><td colspan="2"></td><td colspan="4">汇出行名称</td><td colspan="4">工商银行<br>通达支行</td></tr>
<tr><td rowspan="2">金额</td><td colspan="6" rowspan="2">人民币<br>(大写)</td><td>千</td><td>百</td><td>十</td><td>万</td><td>千</td><td>百</td><td>十</td><td>元</td><td>角</td><td>分</td></tr>
<tr><td></td><td></td><td></td><td></td><td></td><td></td><td></td><td></td><td></td><td></td></tr>
<tr><td colspan="7">汇款用途：购买设备</td><td colspan="10" rowspan="3">(汇出行盖章)<br>中国工商银行通达支行<br>年 月 日<br>转讫<br><br>年　月　日</td></tr>
<tr><td colspan="7">上列款项已根据委托办理，如需查询，请持此回单来行面洽。</td></tr>
<tr><td colspan="7">单位主管　　会计　　复核　　记账</td></tr>
</table>

此联是汇出银行给汇款单位的回单

16-4/4

## 固定资产验收报告单

2×21 年 12 月 21 日

| | | | |
|---|---|---|---|
| 固定资产名称及规格 | 涤染机 | 验收日期 | 2×21.12.21 |
| 固定资产编号 | 0×-12-01 | 购买(建造)日期 | 2×21.12.21 |
| 使用或保管部门 | 综合车间 | 入账价值 | 150 000.00 元 |
| 验收意见：<br>经测试，技术性能及功能符合车间使用要求。<br>验收通过。 | | | |
| 备注 | 采购员(建造部门)：邱正山 | 交验部门主管：王春青 | |

17

**领　料　单**

领料单位：生产车间　　　　仓库：02 库

领料用途：生产毛巾　　　年　月　日　　　编号：21001

| 材料类别 | 材料编号 | 材料名称 | 规格型号 | 计量单位 | 数量 | | 单位成本 | 金额(元) | 备注 |
|---|---|---|---|---|---|---|---|---|---|
| | | | | | 应发 | 实发 | | | |
| 纱线类 | DM001 | 普通涤棉 | (略) | 吨 | 3 | 3 | 14 042 | 42 126 | |
| | | | | | | | | | |
| | | | | | | | | | |
| | | | | | | | | | |

第一联　存根

生产主管：　　　保管员：　　　记账：　　　制单：

18-1/3

**产成品出库单**

仓库名称：成品一仓库　　　2×21 年 12 月 24 日　　　出库编号：1026

| 产品名称及规格 | 计量单位 | 数 量 | 单 价 | 金 额 | |
|---|---|---|---|---|---|
| 普通毛巾 | 条 | 20 000 | 9 元/条 | 180 000 元 | |
| | | | | | |

保管员：刘芳　　　会计：　　　主管：王刚

18-2/3

3009883175　　　**增值税专用发票**　　　№0265588

（全国统一发票监制章 税务局监制）

开票日期：2×21 年 12 月 21 日

| 购买单位 | 名　　　称：联华百货公司<br>纳税人识别号：5566778899<br>地 址 、电 话：上海淮海路 4 号、7654321<br>开户行及账号：工商行淮海支行 063-7086521 | | | | | 密码区 | (略) |
|---|---|---|---|---|---|---|---|
| 货物或应税劳务名称 | 规格型号 | 单位 | 数量 | 单价 | 金额 | 税率 | 税额 |
| 普通毛巾 | | 条 | 20 000 | 9 | 180 000 | 13% | |
| 合　计 | | | | | 180 000 | | |
| 价税合计(大写) | 仟　佰　拾　拾　万　仟　佰　拾　元　角　分　(小写) | | | | | | |
| 销售单位 | 名　　　称：下沙有限责任公司<br>纳税人识别号：267324510089776<br>地 址 、电 话：文一路 88 号、88654321<br>开户行及账号：工商银行通达支行 076-0628659 | | | | | 备注 | （印章：下沙有限责任公司 267324510089776 发票专用章） |

第二联：发票联　购货方记账凭证

收款人：　蒋琳　　　复核：　　　开票人：　王静　　　销售单位：(章)

18-3/3

ICBC　　**中国工商银行　托收凭证**(收账通知)　　№

委托日期　年　月　日　　付款日期　年　月　日

| 业务类型 | | | | 委托收款(□邮划、□电划)　托收承付(□邮划、□电划) | | | |
|---|---|---|---|---|---|---|---|
| 付款人 | 全　称 | 联华百货公司 | | 收款人 | 全　称 | 下沙有限责任公司 | |
| | 账　号 | 500600120516 | | | 账　号 | | |
| | 地　址 | 省 上海 市/县 | 开户行　淮海支行 | | 地　址 | 省　市 | 开户行 |
| 金额 | 人民币(大写) | | | 亿 千 百 十 万 千 百 十 元 角 分 | | | |
| 款项内容 | 货款 | 托收凭据名称 | 银行承兑汇票 | 附寄单证张数 | 1 | | |
| 商品发运情况 | | 合同名称号码 | | | | | |
| 备注：<br>复核　　记账 | | 上列款项已划回收入你方账户内。<br>收款人开户银行签章<br>年　月　日 | | 该银行承兑汇票到期日为　月　日。 | | | |

中国工商银行通达支行 年 月 日 转 讫

此联付款人开户行凭以汇款或收款人开户银行作收账通知

19-1/2

**××市服务业统一发票**

客户名称：下沙有限责任公司　　　　年　月　日

| 项目 | 数量 | 单价 | 金额 万 | 千 | 百 | 十 | 元 | 角 | 分 | 备注 |
|---|---|---|---|---|---|---|---|---|---|---|
| 租赁设备 | 1台 | | 1 | 5 | 0 | 0 | 0 | 0 | 0 | 租赁时间从2×21.12.01至2×22.02.28 |
| 租赁房屋 | 3间 | | | 6 | 0 | 0 | 0 | 0 | 0 | |
| | | | | | | | | | | |
| 人民币(大写)： | | 合计 | 2 | 1 | 0 | 0 | 0 | 0 | 0 | |

大通租赁有限责任公司 91370100024032457M 发票专用章

此联为报销凭据

填票人：谢玲　　　　收款人：赵庆刚　　　　单位名称(盖章)：

19-2/2

中国工商银行
现金支票存根（苏）
BM2860278
科　　目＿＿＿＿＿＿
对方科目＿＿＿＿＿＿
出票日期：

| | |
|---|---|
| 收款人： | |
| 金　额： | |
| 用　途： | |

单位主管：　　　会计：

中国工商银行**转账支票**（苏）BM2860278

出票日期：（大写）　　年　月　日　付款行名称
收款人：　　　　　　　　　　　　出票人账号：

| 人民币（大写） | 千 | 百 | 十 | 万 | 千 | 百 | 十 | 元 | 角 | 分 |
|---|---|---|---|---|---|---|---|---|---|---|
| | | | | | | | | | | |

本支票付款期限十天

用途＿＿＿＿
上列款项请从我账户内支付
出票人签章

科目＿＿＿＿＿＿
对方科目（贷）＿＿＿＿
付讫日期　年　月　日
出纳　复核　记账

| 填写密码 |
|---|
| |

下沙有限责任公司财务专用章

王刚之印

贴对号单处　BM2860278

20-1/2

**其他支出分配汇总**

2×21年12月

| 部门＼项目 | 办公费 | 水电费 | 修理费 | 保险费 | 合　计 | 应记科目 |
|---|---|---|---|---|---|---|
| 车　间 | 1 500 | 4 266 | 3 180 | 5 600 | 14 546 | 制造费用 |
| 管理部门 | 3 200 | 800 | 1 200 | 2 200 | 7 400 | 管理费用 |
| 合　计 | 4 700 | 5 066 | 4 380 | 7 800 | 21 946 | |

制单：张俪　　　　会计：　　　　复核：周涛

20-2/2

中国工商银行
现金支票存根　（苏）
BM2860279
科　　目________
对方科目________
出票日期：

| 收款人： |
| --- |
| 金　额： |
| 用　途： |

单位主管：　　　会计：

中国工商银行**转账支票**（苏）BM2860279

出票日期：（大写）　　年　月　日　付款行名称
收款人：　　　　　　出票人账号：

| 人民币（大写） | 千 | 百 | 十 | 万 | 千 | 百 | 十 | 元 | 角 | 分 |
| --- | --- | --- | --- | --- | --- | --- | --- | --- | --- | --- |
| | | | | | | | | | | |

本支票付款期限十天

用途________
上列款项请从我账户内支付
出票人签章

科目________
对方科目（贷）________
付讫日期　年　月　日
出纳　复核　记账

| 填写密码 |
| --- |
| |

下沙有限责任公司财务专用章

王刚之印

贴对号单处　BM2860279

21

## 应付利息计算表

2×21 年 12 月

| 借款银行 | 借款金额 | 借款时间 | 偿还期限 | 利息支付方式 | 年利率 | 月利率 | 本月应付利息 |
| --- | --- | --- | --- | --- | --- | --- | --- |
| | | | | | | | |
| | | | | | | | |

制单：张俪　　　会计：　　　复核：周涛

22

中国工商银行
现金支票存根 （苏）
BM2860280
科　　目＿＿＿＿＿＿＿＿
对方科目＿＿＿＿＿＿＿＿
出票日期：

| 收款人： |
|---|
| 金　额： |
| 用　途： |

单位主管：　　　　会计：

中国工商银行**转账支票**（苏）BM2860280

出票日期：（大写）　　　年　月　日　付款行名称
收款人：　　　　　　　　出票人账号：

| 人民币（大写） | 千 | 百 | 十 | 万 | 千 | 百 | 十 | 元 | 角 | 分 |
|---|---|---|---|---|---|---|---|---|---|---|
| | | | | | | | | | | |

本支票付款期限十天

用途＿＿＿＿＿＿
上列款项请从
我账户内支付
出票人签章

科目＿＿＿＿＿＿＿＿
对方科目（贷）＿＿＿＿＿
付讫日期　年　月　日
出纳　　复核　　记账

| 填写密码 |
|---|
| |

下沙有限责任公司财务专用章

王刚之印

贴对号单处　BM2860280

23

## 工资及职工福利分配计算表

2×21年12月

| 部门＼项目 | 定额工时（小时） | | 分配率 | 工资（元） | 职工福利（14%） | 合计 |
|---|---|---|---|---|---|---|
| 生产工人 | 浴巾 | 2 800 | 40 | 112 000 | 15 680 | 127 680 |
| | 毛巾 | 1 200 | 40 | 48 000 | 6 720 | 54 720 |
| | 小计 | | | 160 000 | 22 400 | |
| 车间管理人员 | | | | 15 600 | 2 184 | 17 784 |
| 厂部管理人员 | | | | 46 800 | 6 552 | 53 352 |
| 合计 | | | | 222 400 | 31 136 | 253 536 |

制单：张俪　　　　会计：　　　　复核：周涛

24

## 固定资产折旧分配计算表

2×21 年 12 月

| 项　目 | | 固定资产原值 | 月折旧率 | 月折旧额 | 应记科目 |
|---|---|---|---|---|---|
| 车间 | 房屋 | 2 000 000 | 0.4% | | |
| | 设备 | 1 050 000 | 0.6% | | |
| | 小计 | 3 050 000 | | | |
| 管理部门 | 房屋 | 1 250 000 | 0.4% | | |
| | 设备 | 268 000 | 0.8% | | |
| | 小计 | 1 518 000 | | | |
| 合计 | | 4 568 000 | | | |

制单:张俪　　　　会计:　　　　复核:周涛

25

## 制造费用分配表

2×21 年　月

| 分配对象 | 定额工时 | 分配率 | 金额 |
|---|---|---|---|
| 浴巾 | | | |
| 毛巾 | | | |
| 合计 | | | |

制单:　　　　会计:　　　　复核:

26-1/2

## 产品生产成本计算表

产品名称:浴巾　　　　2×21 年　月　　　　完工数量:6 470 条

| 项　目 | 直接材料 | 直接人工 | 制造费用 | 合　计 |
|---|---|---|---|---|
| 月初在产品 | | | | |
| 本月生产费用 | | | | |
| 累计生产费用 | | | | |
| 月末在产品 | | | | |
| 完工生产成本 | | | | |
| 单位成本 | | | | |

制单:　　　　会计:　　　　复核:

26-2/2

## 产品生产成本计算表

产品名称：毛巾　　2×21 年　月　　完工数量：22 638 条

| 项　目 | 直接材料 | 直接人工 | 制造费用 | 合　计 |
|---|---|---|---|---|
| 月初在产品 | | | | |
| 本月生产费用 | | | | |
| 累计生产费用 | | | | |
| 月末在产品 | | | | |
| 完工生产成本 | | | | |
| 单位成本 | | | | |

制单：　　会计：　　复核：

27

## 产品销售成本计算表

2×21 年　月

| 项　目 | 产品一（浴巾） | | | 产品二（毛巾） | | | 合计（元） |
|---|---|---|---|---|---|---|---|
| | 数量（条） | 单价（元） | 金额（元） | 数量（条） | 单价（元） | 金额（元） | |
| 期初结存 | | | | | | | |
| 本期完工 | | | | | | | |
| 本期销售 | | | | | | | |
| 期末结存 | | | | | | | |

制单：　　会计：　　复核：

28-1/2

## 税金及附加计算表

2×21 年 12 月

| 项　目 | 金额（元） | 应记科目 | 对应科目 |
|---|---|---|---|
| 本期产品销售额① | | ×× | ×× |
| 增值税销项税额②＝①×13% | | ×× | ×× |
| 增值税进项税额③ | | ×× | ×× |
| 应交增值税额④＝②－③ | | ×× | ×× |
| 应交城建税⑤＝④×5% | | 应交税费 | 税金及附加 |
| 应交教育费附加⑥＝④×3% | | 应交税费 | 税金及附加 |

制单：张俪　　会计：　　复核：周涛

28-2/2

## 企业所得税计算表

2×21 年 12 月

| 项目 | 本月利润总额<br>① | 本月纳税调整增加<br>② | 本月纳税调整减少<br>③ | 本月应纳税所得额<br>④=①+②-③ | 本月应交所得税<br>⑤=④×25% |
|---|---|---|---|---|---|
| 金额 | | | | | |

制单:张俪　　　　会计:　　　　复核:周涛

30

## 利润分配计算表

2×21 年 12 月

<table>
<tr><td colspan="2">分配基数确定</td><td>分配项目</td><td>分配比例</td><td>分配金额</td></tr>
<tr><td>本月利润总额</td><td></td><td rowspan="2">法定盈余公积</td><td rowspan="2"></td><td rowspan="2"></td></tr>
<tr><td>本月所得税</td><td></td></tr>
<tr><td>本月净利润</td><td></td><td rowspan="2">任意盈余公积</td><td rowspan="2"></td><td rowspan="2"></td></tr>
<tr><td>1～11 月份累计净利润</td><td></td></tr>
<tr><td>200×年度累计净利润</td><td></td><td>应付利润</td><td></td><td></td></tr>
</table>

制单:　　　　财务主管:　　　　复核:

# 习　题

## 第一章　会计概述·习题

**【不定项选择题】**

1. 下列各项中,属于会计基本特征的有(　　)。(考点:会计含义)

A. 会计是一种经济管理活动

B. 会计是一个经济信息系统

C. 会计以货币作为主要计量单位

D. 会计具有核算和监督的基本职能

2. 下列各项中,对企业会计核算资料的真实性、合法性和合理性进行审查的会计职能是(　　)。(考点:会计职能)

A. 参与经济决策职能　　B. 评价经营业绩职能

C. 监督职能　　D. 核算职能

3. 下列各项中,属于会计核算具体内容的有(　　)。(考点:会计职能)

A. 款项和有价证券的收付　　B. 会计计划的制订

C. 资本、基金的增减　　D. 财务成果的计算和处理

4. 会计的拓展职能包括(　　)。(考点:会计职能)

A. 预测经济前景　　B. 参与经济决策

C. 评价经营业绩　　D. 会计监督职能

5. 以下关于会计目标的说法正确的有(　　)。(考点:会计目标)

A. 会计目标是要求会计工作完成的任务或达到的标准

B. 会计目标是向财务会计报告使用者提供与企业财务状况、经营成果和现金流量等有关的会计信息

C. 会计目标是反映企业管理层受托责任履行情况

D. 会计目标有助于财务报告使用者作出经济决策

6. 下列各项中,不属于企业会计基本假设的是(　　)。(考点:会计基本假设)

A. 货币计量　　B. 会计主体

C. 实质重于形式　　D. 持续经营

7. 下列各项中,属于对企业会计核算空间范围所作的合理假设是(　　)。(考点:会计基本假设)

A. 会计主体　　B. 会计分期　　C. 货币计量　　D. 持续经营

8. 下列各项中，可确认为会计主体的有(　　)。(考点：会计基本假设)

A. 子公司　　B. 销售部门　　C. 集团公司　　D. 母公司

9. 目前，我国政府会计可采用的会计基础有(　　)。(考点：会计基础)

A. 持续经营　　B. 权责发生制　　C. 货币计量　　D. 收付实现制

10. 甲公司确认本月办公楼租金60万元，用银行存款支付10万元，50万元未付。按照权责发生制和收付实现制分别确认费用(　　)。(考点：会计基础)

A. 10万元，60万元　　B. 60万元，0万元

C. 60万元，50万元　　D. 60万元，10万元

11. 企业对可能承担的环保责任确认为预计负债，体现的会计信息质量要求是(　　)。(考点：会计信息质量要求)

A. 谨慎性　　B. 可比性　　C. 重要性　　D. 相关性

12. 下列各项中，关于企业会计信息可靠性表述正确的有(　　)。(考点：会计信息质量要求)

A. 企业应当保持应有的谨慎，不高估资产和收益、低估负债和费用

B. 企业提供的会计信息应当相互可比

C. 企业应当保证会计信息真实可靠、内容完整

D. 企业应当以实际发生的交易或事项为依据进行确认、计量和报告

13. 企业应当按照交易或者事项的经济实质进行会计确认、计量和报告，不仅仅以交易或者事项的法律形式为依据，其所体现的会计信息质量要求是(　　)。(考点：会计信息质量要求)

A. 可靠性　　B. 实质重于形式

C. 可比性　　D. 谨慎性

14. 下列各项中符合会计信息质量基本要求的是(　　)。(考点：会计信息质量要求)

A. 企业提供的会计信息应当清晰明了、便于理解

B. 对于相似的交易或事项，不同企业相同会计期间应当采用一致的会计政策

C. 会计信息根据交易或事项的经济实质和法律形式进行确认、计量和报告

D. 企业可以通过设置秘密准备来规避估计到的各种风险和损失

15. 下列各项中，企业应确认为资产的是(　　)。(考点：会计要素的确认)

A. 月末发票账单未到按暂估价值入账的已入库原材料

B. 自行研发专利技术发生的无法区分研究阶段和开发阶段的支出

C. 已签订采购合同尚未购入的生产设备

D. 行政管理部门发生的办公设备日常修理费用

16. 下列各项中，属于负债要素特征的有(　　)。(考点：会计要素的确认)

A. 预期会导致经济利益流出企业

B. 企业承担的现时义务

C. 由企业过去的交易或者事项形成的

D. 未来流出的经济利益的金额能够可靠地计量

17. 下列各项中，不属于所有者权益的有(　　)。(考点：会计要素的确认)

A. 所有者投入的资本　　B. 企业的留存收益

C. 企业的营业收入　　D. 企业的未分配利润

18. 下列各项中，甲企业关于收入要素的说法错误的有(　　)。(考点：会计要素的确认)

A. 收入是指企业在日常活动中形成的、会导致所有者权益增加的经济利益的总流入

B. 收入表现为资产的增加或负债的减少

C. 收入必须在收到相关的货币时才可以确认

D. 出售固定资产的利益流入属于收入

19. 下列各项中，属于损失的是(　　)。(考点：会计要素的确认)

A. 处置固定资产损失　　B. 罚没支出

C. 商品销售成本　　D. 税金

20. 反映企业经营成果的会计要素，也称为动态会计要素，构成利润表的基本框架。下列不属于动态会计要素的是(　　)。(考点：会计要素的确认)

A. 收入　　B. 成本　　C. 费用　　D. 利润

21. 下列各项中，企业确认盘盈固定资产初始入账价值所采用的会计计量属性是(　　)。(考点：计量属性)

A. 可变现净值　　B. 重置成本

C. 现金　　D. 公允价值

22. 资产按照购置时支付的现金或者现金等价物的金额，或者按照购置时所付出对价的公允价值计量，称为(　　)。(考点：计量属性)

A. 历史成本　　B. 重置成本　　C. 公允价值　　D. 现值

23. "资产＝负债＋所有者权益"等式(　　)。(考点：会计等式)

A. 是某一时期的等式　　B. 表现资金运动的相对静止状态

C. 反映企业的财务状况　　D. 是编制资产负债表的依据

24. 下列各项中，引起企业会计等式中资产和负债同时增加的业务是(　　)。(考点：会计等式)

A. 收到购货方归还前欠货款，存入银行

B. 从银行存款中提取现金备用

C. 以银行存款偿还前欠劳务款

D. 从银行取得借款，存入银行

25. 将无力支付的商业承兑票据转为企业的应付账款，对会计等式的影响是(　　)。(考点：会计等式)

A. 一项资产减少，一项负债减少

B. 一项负债减少，一项所有者权益减少

C. 一项资产增加，一项负债增加

D. 一项负债增加，一项负债减少

26. 账户具有一定的格式和结构，是用来分类反映会计要素增减变动情况及其结果的载体，其设置依据是(　　)。(考点：会计科目与账户)

A. 会计对象　　B. 会计信息　　C. 会计科目　　D. 会计要素

27. 下列各项中，属于成本类账户的有(　　)。(考点：会计科目与账户)

A. 主营业务成本　　B. 生产成本
C. 其他业务成本　　D. 制造费用

28. 下列各项中，属于会计科目分类方法的有（　　）。（考点：会计科目与账户）
A. 按其提供信息的详细程度及统驭关系分类
B. 按其核算性质不同进行分类
C. 按其企业会计核算制度需要分类
D. 按其反映的经济内容分类

29. 下列账户的内部关系中，正确的有（　　）。（考点：复式记账）
A. 资产类账户期末借方余额＝期初借方余额＋本期贷方发生额－本期借方发生额
B. 资产类账户期末借方余额＝期初借方余额＋本期借方发生额－本期贷方发生额
C. 权益类账户期末贷方余额＝期初贷方余额＋本期借方发生额－本期贷方发生额
D. 权益类账户期末贷方余额＝期初贷方余额＋本期贷方发生额－本期借方发生额

30. 账户的左方和右方，哪一方登记增加额，哪一方登记减少额，取决于（　　）。（考点：复式记账）
A. 所记经济业务的重要程度
B. 开设账户时间的长短
C. 所记金额的大小
D. 所记录的经济业务和账户的性质

31. 下列各项中，属于会计分录必须具备的要素是（　　）。（考点：复式记账）
A. 摘要、凭证号、金额
B. 账户名称、记账符号、金额
C. 借方、贷方金额
D. 总分类账户、明细分类账户、金额

32. 下列各项中，通过编制试算平衡表无法发现的记账错误有（　　）。（考点：试算平衡）
A. 记录某项经济业务的借、贷方向颠倒
B. 某项经济业务借方金额多记、贷方金额少记
C. 漏记某项经济业务
D. 重记某项经济业务

33. 下列各项中，属于企业累计原始凭证的是（　　）。（考点：原始凭证的分类）
A. 增值税专用发票　　B. 出差报销的火车票
C. 银行结算凭证　　D. 限额领料单

34. 下列各项中，属于原始凭证应当具备的基本内容有（　　）。（考点：原始凭证的基本内容）
A. 填制凭证的日期　　B. 经济业务摘要
C. 经办人员签名或盖章　　D. 记账符号

35. 下列各项中，对于金额有错误的原始凭证处理方法正确的是（　　）。（考点：原始凭证的填制要求）
A. 由出具单位在凭证上更正并加盖出具单位公章

B. 由出具单位在凭证上更正并由经办人员签名

C. 由出具单位在凭证上更正并由单位负责人签名

D. 由出具单位重新开具凭证

36. 下列各项中，采用收款、付款和转账三类记账凭证的企业，将现金存入银行应编制的记账凭证是（　　）。（考点：记账凭证的种类）

A. 转账凭证　　B. 付款凭证　　C. 收款凭证　　D. 汇总凭证

37. 关于记账凭证的审核，下列表述不正确的是（　　）。（考点：记账凭证的审核）

A. 内容是否真实　　B. 由出纳人员进行审核

C. 会计科目是否正确　　D. 项目是否齐全

38. 会计凭证的保管是指会计凭证后的（　　）工作。（考点：会计凭证的保管）

A. 整理　　B. 装订　　C. 归档　　D. 存查

39. 会计账簿的基本内容有（　　）。（考点：会计账簿的基本内容）

A. 封面　　B. 扉页　　C. 账页　　D. 内容

40. 下列各项中，适合采用数量金额式账簿的是（　　）。（考点：会计账簿的分类）

A. 库存商品明细账　　B. 短期借款明细账

C. 银行存款日记账　　D. 制造费用明细账

41. 凡结账前发现记账凭证正确而登记账簿时发生错误，可以采用的更正方法是（　　）。（考点：会计账簿的登记要求）

A. 划线更正法　　B. 补充登记法　　C. 红字更正法　　D. 涂改法

42. 下列各项中，属于账实核对的是（　　）。（考点：对账与结账）

A. 总账和明细账核对

B. 银行存款日记账和银行对账单核对

C. 账簿记录和记账凭证核对

D. 总账和日记账核对

43. 某企业在遭受洪灾后，对其受损的财产物资进行的清查，属于（　　）。（考点：财产清查的种类）

A. 局部清查和定期清查　　B. 全面清查和定期清查

C. 局部清查和不定期清查　　D. 全面清查和不定期清查

44. 按财产清查的时间不同可将财产清查分为（　　）。（考点：财产清查的种类）

A. 定期清查　　B. 不定期清查　　C. 局部清查　　D. 全面清查

45. 下列各项中，采用发函询证方法进行财产清查的有（　　）。（考点：货币资金、实务、往来账的清查）

A. 应收账款　　B. 预付账款　　C. 银行存款　　D. 存货

46. 财产清查产生的损益，在期末结账前尚未经批准的，在对外提供财务报表时（　　）。（考点：财产清查的处理）

A. 按相关规定进行账务处理

B. 在附注中作说明

C. 批准处理金额与已处理金额不一致，调整财务报表相关项目期初数

D. 直至批准，不做任何处理

## 【分录题】

1. 长城公司月初负债总额 6 500 万元，所有者权益总额 8 000 万元。该企业本月发生下列经济业务：(考点：会计等式)

(1) 向银行借款 500 万元，存入银行。

(2) 以银行存款 60 万元，偿还银行短期借款。

(3) 购入材料一批，价值 100 万元，货款尚未支付。

(4) 以银行存款 3 万元缴纳未交税金。

(5) 将库存现金 10 万元存入银行。

(6) 以银行存款 400 万元购置一项固定资产。

(7) 以资本公积 200 万元转增实收资本。

(8) 经协商将应付甲公司货款 12 万元转化为甲公司对企业的投资。

要求：请将上述各项经济业务引起会计要素发生增减变动的项目及金额填入下表，证明各项经济业务发生后不会破坏会计等式。

| 资料序号 | 应归属会计要素类别及金额 | | |
|---|---|---|---|
| | 资产 | 负债 | 所有者权益 |
| (1) | | | |
| (2) | | | |
| (3) | | | |
| (4) | | | |
| (5) | | | |
| (6) | | | |
| (7) | | | |
| (8) | | | |

2. 资料一：天坛公司 7 月账户期初余额见下表。(考点：复式记账＋试算平衡)

| 账户名称 | 借方余额 | 账户名称 | 贷方余额 |
|---|---|---|---|
| 库存现金 | 100.00 | 短期借款 | 230 000.00 |
| 银行存款 | 250 000.00 | 应付账款 | 126 000.00 |
| 应收账款 | 85 900.00 | 实收资本 | 700 000.00 |
| 库存商品 | 120 000.00 | | |
| 固定资产 | 600 000.00 | | |

资料二：天坛公司 7 月发生的经济业务如下：

(1) 从银行提取现金 3 000 元放入库存现金备用。

(2) 用银行存款购买材料，价款 80 000 元，材料已验收入库。

(3) 购买材料，价款 50 000 元，材料已验收入库，货款尚未支付。

（4）收回B公司前欠购货款46 800元存入银行。

（5）以银行存款23 000元偿还到期的短期借款。

（6）从银行取得6个月期的借款50 000元，存入银行以备使用。

（7）以银行存款12 000元偿还前欠购买材料款。

（8）收到某公司投入的货币资金300 000元，存入银行。

要求：

（1）根据资料二编制该企业7月的会计分录；

（2）根据期初余额与所编制的会计分录，开设并登记T字账户，结出本期发生额及期末余额；

（3）根据上述账户记录，编制总分类账户试算平衡表。

## 【论述题】

1. 简述会计的概念、职能和目标。（考点：会计概念、职能）

2. 举例说明企业常用的账务处理类型，并画出程序图。（考点：账务处理程序）

# 第二章 资产·习题

## 【不定项选择题】

1. 按照现金管理相关规定，下列各项中，企业一般不能使用库存现金进行结算的经济业务是(　　)。(考点：现金管理制度)

A. 按规定颁发给科技人员的创新奖金

B. 发放给职工的劳保福利

C. 向个人收购农产品的价款

D. 向外单位支付的机器设备款

2. 某企业现金盘点时发现库存现金短款 351 元，经核准需由出纳员赔偿 200 元，其余短款无法查明原因。关于现金短款的相关会计科目处理正确的是(　　)。(考点：现金管理制度)

A. 借记“财务费用”科目 151 元

B. 借记“其他应付款”科目 200 元

C. 借记“管理费用”科目 151 元

D. 借记“营业外支出”科目 151 元

3. 企业将款项汇往外地开立采购专用账户时，应借记的会计科目是(　　)。(考点：其他货币资金)

A. 材料采购　　B. 在途物资　　C. 预付账款　　D. 其他货币资金

4. 下列不应列入资产负债表“货币资金”项目的是(　　)。(考点：其他应收款)

A. 库存现金　　B. 银行存款　　C. 其他货币资金　　D. 备用金

5. 某企业为增值税一般纳税人，2020 年 10 月该企业使用信用卡购买一批办公用品，取得增值税专用发票上注明价款 1 000 元，增值税税额 130 元。不考虑其他因素，下列关于购买办公用品应记入的相关科目表述正确的是(　　)。(考点：其他货币资金)

A. 借记“管理费用”科目 1 130 元

B. 借记“材料采购”科目 1 130 元

C. 贷记“其他货币资金”科目 1 130 元

D. 贷记“银行存款”科目 1 130 元

6. 下列各项中，企业应通过“其他货币资金”科目核算的有(　　)。(考点：其他货币资金)

A. 用银行本票支付采购办公用品的款项

B. 存入证券公司指定账户的款项

C. 汇往异地银行开立采购专户的款项

D. 存入银行信用证保证金专户的款项

7. 某企业采用托收承付结算方式销售一批商品，增值税专用发票上注明的价款为1 000万元，适用的增值税税率为13%，销售商品为客户代垫运输费含税价款 5.45 万元，全部款项已办妥托收手续。该企业应确认的应收账款为（　　）万元。（考点：应收账款）

A. 1 000　　B. 1 005.45　　C. 1 130　　D. 1 135.45

8. 企业未设置"预付账款"科目，发生预付货款业务时应借记的会计科目是（　　）。（考点：预付账款）

A. 预收账款　　B. 其他应付款　　C. 应收账款　　D. 应付账款

9. 下列各项中，企业应通过"其他应收款"科目核算的有（　　）。（考点：其他应收款）

A. 应收代职工垫付的房租和水电费

B. 财产遭受意外损失应由保险公司支付的赔偿款项

C. 销售商品代客户垫付的运输费

D. 租入包装物支付的押金

10. 下列各项中，构成企业存货的有（　　）。（考点：存货种类）

A. 委托代销商品　　B. 工程物资

C. 在产品　　D. 低值易耗品

11. 下列各项中，企业应计入存货成本的有（　　）。（考点：存货入账价值）

A. 为特定客户设计产品发生的可直接确定的设计费用

B. 发出委托加工材料负担的运输费用

C. 自制存货发生的直接材料、直接人工和制造费用

D. 购进原材料运输途中发生的合理损耗

12. 甲公司属于一般纳税人，2019 年 5 月 1 日购入 M 材料 100 件，每件买价为 1 000 元，增值税税率为13%；发生运费 2 000 元，增值税税率为 9%；支付包装物押金 1 000 元，所有款项已支付。材料验收入库发现合理损耗 4 件，该批材料成本为（　　）元。（考点：存货入账价值）

A. 102 000　　B. 106 250　　C. 1 020　　D. 1 062.5

13. 存货计价方法包括（　　）。（考点：存货计价方法）

A. 先进先出法　　B. 个别计价法

C. 后进先出法　　D. 加权平均法

14. 某企业本期购进 5 批存货，发出 2 批，在物价持续上升的情况下，与加权平均法相比，该企业采用先进先出方法导致的结果是（　　）。（考点：存货计价方法）

A. 当期利润较低

B. 库存存货价值较低

C. 期末存货成本接近于市价

D. 发出存货的成本较高

15. 下列各项中，影响固定资产折旧的因素有（　　）。（考点：固定资产折旧）

A. 固定资产原价

B. 固定资产的折旧方法

C. 固定资产预计净残值

D. 已计提的固定资产减值准备

16. 下列各项中,关于企业固定资产折旧范围表述正确的有(　　)。(考点:固定资产折旧)

A. 已达到预定可使用状态但尚未办理竣工决算的固定资产不需要计提折旧

B. 提前报废的固定资产不再补提折旧

C. 当月增加的固定资产从下月起计提折旧

D. 已提足折旧继续使用的固定资产不需要计提折旧

17. 下列固定资产的表述中,正确的有(　　)。(考点:固定资产后续支出)

A. 经营出租的生产设备计提的折旧记入其他业务成本

B. 生产线的日常修理费记入在建工程

C. 设备报废清理净损失记入营业外支出

D. 设备报废清理费用记入营业外支出

18. 下列各项中,关于企业固定资产会计处理的表述正确的是(　　)。(考点:处置固定资产)

A. 盘盈的固定资产应计入营业外收入

B. 已提足折旧仍继续使用的固定资产不再计提折旧

C. 固定资产发生的符合资本化条件的后续支出计入当期损益

D. 已确认的固定资产减值损失在以后会计期间可以转回

19. 下列关于固定资产的表述中,正确的是(　　)。(考点:固定资产折旧)

A. 经营出租的生产设备计提的折旧记入"其他业务成本"科目

B. 当月新增固定资产,当月开始计提折旧

C. 生产线的日常修理费记入"在建工程"科目

D. 设备报废时的清理费记入"管理费用"科目

20. 甲公司为增值税一般纳税人,向乙公司销售商品一批,商品价款 20 万元、增值税税额为 2.6 万元;以银行存款支付代垫运费 1 万元、增值税税额 0.09 万元。上述业务均已开具增值税专用发票,全部款项尚未收到。不考虑其他因素,甲公司应收账款的入账金额为(　　)万元。(考点:应收账款)

A. 21　　B. 22.6　　C. 23.69　　D. 20

21. 企业销售商品代购货单位垫付的包装费、运杂费应计入的会计科目是(　　)。(考点:应收账款)

A. 销售费用　　B. 原材料　　C. 应收账款　　D. 管理费用

22. 某企业处置一项固定资产收回的价款为 80 万元,该资产原价为 100 万元,已计提折旧 60 万元,计提减值准备 5 万元,处置发生清理费用 5 万元。不考虑其他因素,处置该资产对当期利润总额的影响金额为(　　)万元。(考点:固定资产处置)

A. 40　　B. 80　　C. 50　　D. 35

23. 某企业处置一台旧设备,原价为 23 万元,已计提折旧 5 万元。处置该设备开具的增值税专用发票上注明的价款为 20 万元,增值税税额为 2.6 万元,发生的清理费用为 1.5 万元。不考虑其他因素,该企业处置设备应确认的净收益为(　　)万元。(考点:固定资产处置)

A. −2.9　　B. 0.5　　C. 20　　D. 2

24. 下列各项中，应通过“固定资产清理”科目核算的有(　　)。(考点：固定资产清理)

A. 固定资产盘亏的账面价值

B. 固定资产更新改造支出

C. 固定资产毁损净损失

D. 固定资产出售的账面价值

## 【分录题】

资料一：(考点：存货计价方式、存货入账范围、其他货币资金)

甲企业为增值税一般纳税人。原材料采用实际成本进行日常核算。材料发出成本采用月末一次加权平均法计算。2020 年 12 月初，M 材料库存数量为 1 000 kg，每千克实际成本为 100 元。该企业 12 月发生有关经济业务如下：

(1) 1 日，购买 M 材料 1 600 kg，其价款 200 000 元、增值税税额 26 000 元。销货方代垫材料运费 3 000 元、增值税税额 270 元，已取得可抵扣的增值税专用发票。货款和运费以面值 230 000 元的银行汇票支付。余款退回银行。5 日，该批材料全部验收入库。

(2) 10 日，收到乙企业作为资本投入的 M 材料 6 000 kg，并验收入库。取得的增值税专用发票上注明价款 600 000 元(与公允价值相同)、增值税税额 78 000 元。税款由乙企业支付。乙企业在甲企业注册资本中享有份额的金额为 580 000 元。

(3) 31 日，发料凭证汇总表中的领用情况为：生产产品领用 3 200 kg，车间一般消耗领用 600 kg，行政管理部门领用 400 kg，专设销售机构领用 200 kg。

要求：根据上述资料，不考虑其他因素，分析回答下列小题。

1. 根据资料(1)，完成甲企业购买材料相关会计处理。

2. 根据资料(2)，完成甲企业接受投资相关会计处理。

3. 根据期初资料、资料(1)和(2)，计算甲企业当月发出 M 材料平均单位成本。

4. 根据期初资料、资料(1)至(3)，完成甲企业发出材料相关会计处理。

资料二：(考点：固定资产相关)

甲公司为增值税一般纳税人。2020 年 12 月初，该公司资产总额为 3 500 万元。当月该公司发生如下经济业务：

(1) 5 日，收到乙公司作为资本投入的原材料一批并验收入库，合同约定的不含增值税价值为 50 万元、增值税税额为 6.5 万元(由乙公司支付税款并开具增值税专用发票)。合同约定的价值与公允价值相符，乙公司投入的原材料按合同约定在甲公司注册资本中占有的份额为 50 万元。

(2) 20 日，购入需要安装的设备一台，价款 80 万元，增值税税额为 10.4 万元；另发生安装费 0.5 万元，增值税税额 0.045 万元。当日设备安装完毕并交付使用，全部款项本月尚未支付，已取得全部可抵扣的增值税专用发票。

(3) 25 日，购入一项行政管理用非专利技术，取得的增值税专用发票上注明的价款为 120 万元，增值税税额为 7.2 万元，款项尚未支付。该项非专利技术预计可使用年限为 5 年，预计残值为 0，采用直线法摊销。

要求：根据上述资料，不考虑其他因素，分析回答下列小题。

1. 根据资料(1)，完成甲公司接受投资相关会计处理。

2. 根据资料(2),完成甲公司购入设备相关会计处理。

## 【论述题】

1. 试论不同存货计价方法(先进先出法、全月一次加权平均法和移动加权平均法)的特点及适用范围。

2. 简述如何完成企业银行存款的清查。

# 第三章　负债·习题

**【不定项选择题】**

1. 下列各项中,关于制造业企业预提短期借款利息的会计科目处理正确的有(　　)。(考点:短期借款)

A. 贷记"应付账款"科目　　B. 借记"制造费用"科目

C. 贷记"应付利息"科目　　D. 借记"财务费用"科目

2. 2021 年 7 月 1 日,某企业向银行借入一笔经营周转资金 100 万元,期限 6 个月,到期一次还本付息,年利率为 6%,借款利息按月预提。2021 年 11 月 30 日该短期借款的账面价值为(　　)万元。(考点:短期借款)

A. 120.5　　B. 102.5　　C. 100　　D. 102

3. 2021 年 9 月 1 日,某企业向银行借入一笔期限 2 个月、到期一次还本付息的生产经营周转借款 200 000 元,年利率 6%。借款利息不采用预提方式,于实际支付时确认。11 月 1 日,企业以银行存款偿还借款本息的会计处理正确的是(　　)。(考点:短期借款)

A. 借:短期借款　　200 000
　　　应付利息　　2 000
　　贷:银行存款　　202 000

B. 借:短期借款　　202 000
　　贷:银行存款　　202 000

C. 借:短期借款　　200 000
　　　应付利息　　1 000
　　　财务费用　　1 000
　　贷:银行存款　　202 000

D. 借:短期借款　　200 000
　　　财务费用　　2 000
　　贷:银行存款　　202 000

4. 下列各项中,应通过"应付票据"会计科目核算的是(　　)。(考点:应付票据)

A. 用银行本票购买办公用品

B. 用商业汇票购买原材料

C. 用转账支票购买固定资产

D. 用银行汇票购买周转材料

5. 某企业为增值税一般纳税人,开出银行承兑汇票购入原材料一批,并支付银行承兑手续费。下列各项中,关于该企业采购原材料的会计处理表述正确的有(　　)。(考点:应付账款)

A. 支付的原材料价款计入材料成本

B. 支付的运输费计入材料成本

C. 支付的可以抵扣的增值税进项税额计入材料成本

D. 支付的票据承兑手续费计入财务费用

6. 10 月 8 日,甲公司从乙公司购入原材料,增值税专用发票上注明价款 200 万元,增值税 26 万元,合同上现金折扣条件:2/10. 1/20. N/30(计算现金折扣不考虑增值税)。15 日,甲公司付清货款。甲公司因购买该批材料的应付账款入账价值为(　　)万元。(考点:应付账款,现金折扣)

A. 23　　B. 226　　C. 227.36　　D. 200

7. 2021 年 7 月 2 日,甲企业购买乙企业一批商品并验收入库,取得经税务机关认证的增值税专用发票,价款 50 000 元,增值税税额 6 500 元,按照协议约定,甲企业在 15 天内付款,可享受 1%的现金折扣(计算现金折扣不考虑增值税)。不考虑其他因素,甲企业应付账款入账金额为(　　)元。(考点:应付账款,现金折扣)

A. 56 000　　B. 55 935　　C. 56 500　　D. 50 000

8. 企业发生赊购商品业务,下列各项中不影响应付账款入账金额的是(　　)。(考点:应付账款入账范围)

A. 商品价款　　B. 增值税进项税额

C. 现金折扣　　D. 销货方代垫运杂费

9. 转销企业无法支付的应付账款,应贷记的科目是(　　)。(考点:应付账款)

A. 营业外收入　　B. 其他业务收入

C. 其他应付款　　D. 资本公积

10. 下列各项中,关于应付账款的会计处理表述正确的有(　　)。(考点:应付账款账务)

A. 确定无法偿还的应付账款,应按其账面余额计入其他业务收入

B. 购入材料确认的应付账款,不包括商业折扣

C. 附有现金折扣条件的,按现金折扣前的金额入账

D. 开出商业汇票抵付所欠货款时,将应付账款转作应付票据

11. 下列各项中,关于“应付利息”科目表述正确的有(　　)。(考点:应付利息)

A. 企业开出银行承兑汇票支付银行手续费,应记入“应付利息”科目借方

B. “应付利息”科目期末贷方余额反映企业应付未付的利息

C. 按照短期借款合同约定计算的应付利息,应记入“应付利息”科目借方

D. 企业支付已经预提的利息,应记入“应付利息”科目借方

12. 下列各项中,不应记入资产负债表中“应付利息”项目的是(　　)。(考点:应付利息)

A. 计提分期付息到期还本的长期借款利息

B. 计提到期一次还本付息的长期借款利息

C. 计提短期借款利息

D. 计提分期付息的应付债券利息

13. 下列各项中,不应计入应付股利的有(　　)。(考点:应付股利)

A. 董事会通过的利润分配方案中拟分派的现金股利

B. 已分派的股票股利

C. 已宣告分派但尚未支付的现金股利

D. 已宣告分派的股票股利

14. 某企业 2021 年 5 月 1 日短期经营租入管理用办公设备一批，月租金为 2 260 元（含增值税），每季度末一次性支付本季度租金。不考虑其他因素，该企业 5 月 31 日计提租入设备租金时相关会计科目处理正确是（　　）。（考点：其他应付款）

A. 贷记“预收账款”科目 2 260 元

B. 贷记“应付账款”科目 2 260 元

C. 贷记“预付账款”科目 2 260 元

D. 贷记“其他应付款”科目 2 260 元

15. 下列各项中，属于“其他应付款”科目核算内容的有（　　）。（考点：其他应付款）

A. 应付长期租入固定资产租金

B. 应付短期租入固定资产租金

C. 应付短期租入包装物租金

D. 租出包装物应收取的租金

16. 下列各项中，属于“应付职工薪酬”科目核算内容的有（　　）。（考点：应付职工薪酬）

A. 发放给员工的生活困难补助

B. 报销员工出差的差旅费

C. 给员工支付的培训支出

D. 离职后福利

17. 下列各项中，属于企业资产负债表“应付职工薪酬”项目列报内容的有（　　）。（考点：应付职工薪酬）

A. 应支付给临时职工的短期薪酬

B. 应提供给已故职工遗属的福利

C. 因解除劳动关系而应给予职工的现金补偿

D. 向职工提供的异地安家费

18. 下列各项中，企业应记入“应付职工薪酬”科目贷方的是（　　）。（考点：应付职工薪酬）

A. 发放职工工资

B. 确认因解除与职工劳动关系应给予的补偿

C. 支付职工的培训费

D. 缴存职工基本养老保险费

19. 下列各项中，应作为职工薪酬记入相关资产成本的有（　　）。（考点：应付职工薪酬）

A. 设备采购人员差旅费

B. 公司总部管理人员的工资

C. 生产职工的伙食补贴

D. 材料入库前挑选整理人员的工资

20. 某企业计提生产车间管理人员基本养老保险费 120 000 元。下列各项中,关于该事项的会计处理正确的是(　　)。(考点:应付职工薪酬)

A. 借:管理费用　　120 000
　　贷:应付职工薪酬——设定提存计划——基本养老保险费　　120 000

B. 借:制造费用　　120 000
　　贷:应付职工薪酬——设定提存计划——基本养老保险费　　120 000

C. 借:制造费用　　120 000
　　贷:银行存款　　120 000

D. 借:制造费用　　120 000
　　贷:其他应付款　　120 000

21. 下列各项中,企业应通过"应交税费"科目核算的有(　　)。(考点:应交税费)

A. 计算确认的代扣代缴个人所得税

B. 占用耕地建设厂房缴纳的耕地占用税

C. 计算确认的教育费附加

D. 签订购销合同购买印花税票缴纳的印花税

22. 下列各项中,属于增值税一般纳税人应在"应交税费"科目下设置的明细科目有(　　)。(考点:应交税费)

A. 待抵扣进项税额　　B. 预交增值税

C. 简易计税　　D. 待转销项税额

23. 下列各项中,增值税一般纳税人当期发生(增值税专用发票已经税务机关认证)准予以后期间抵扣的进项税额,应记入的会计科目是(　　)。(考点:应交增值税)

A. 应交税费——待转销项税额

B. 应交税费——未交增值税

C. 应交税费——待抵扣进项税额

D. 应交税费——应交增值税

## 【分录题】

资料一:

(1) 甲企业 2021 年 7 月应付工资总额 693 000 元,"工资费用分配汇总表"中列示的产品生产人员工资为 480 000 元,车间管理人员工资为 105 000 元,企业行政管理人员工资为 90 600 元,专设销售机构人员工资为 17 400 元。

(2) 甲企业根据"工资费用分配汇总表"结算本月应付职工工资总额 693 000 元,其中代垫职工房租 32 000 元,代垫职工家属医药费 8 000 元,代扣个人所得税 53 000 元,代扣个人负担的社会保险费和住房公积金 97 020 元,实发工资 502 980 元。

(3) 2021 年 7 月,甲企业根据相关规定,分别按照职工工资总额的 2%和 8%计提标准,确认应付工会经费和职工教育经费。

(4) 甲企业根据所在地政府规定,按照职工工资总额的 16%计提基本养老保险费,缴存当地社会保险经办机构。2021 年 7 月,甲企业缴存的基本养老保险费,应计入生产成本的金额为 76 800 元，应计入制造费用的金额为 16 800 元，应计入管理费用的金额为 14 496 元，应计入销售费用的金额为 2 784 元。

要求：请根据上述材料完成各项会计处理。

资料二：

乙公司实行累积带薪缺勤制度，每人每年可享受 5 天带薪年假，未使用的年假可以向后结转一个年度，超过一年未使用的权利作废。2021 年 12 月 31 日，每个职工当年平均未使用带薪年假为 2 天。预计 2021 年 90 名员工将享受不超过 5 天的带薪年假，剩余 10 名员工每天享受 7 天带薪年假。

1. 假设这 100 名员工的日工资均为 200 元，且均为管理人员，计算享受上一年度结转来的年假权利而导致应支付的追加金额，同时完成相应的会计处理。

2. 假定 2021 年底，上述 10 名职工中，有 5 人享受了 7 天的年假，另外 5 人享受了 5 天以内的年假，完成相应的会计处理。

资料三：

甲公司为家电生产企业，共有职工 200 名，其中 170 名为直接参加生产的职工，30 名为总部管理人员。2021 年 12 月，甲公司以其生产的每台成本为 900 元的电暖器作为春节福利发放给公司每名职工，该型号的电暖器市场售价为每台 1 000 元，甲公司适用的增值税税率为 13%。

1. 完成分配费用的会计处理。

2. 完成确认销售抵债 1 000 元×200 台的会计处理。

资料四：

甲公司为总部各部门经理级别以上职工提供汽车免费使用，同时为副总裁以上高级管理人员每人租赁一套住房。甲公司总部共有部门经理级别以上职工 20 名，公司为每人提供一辆桑塔纳汽车免费使用，假定每辆汽车每月计提折旧 1 000 元；该公司共有副总裁以上高级管理人员 5 名，公司为每人租赁一套面积为 200 $m^2$ 的公寓，月租金为每套 8 000 元(含税)。

1. 完成与自有汽车有关的会计处理。

2. 完成与租赁住房有关的会计处理。

资料五：

2021 年 5 月，甲企业实际交纳增值税 510 000 元、消费税 240 000 元，城市维护建设税税率为 7%、教育费附加率为 3%。

1. 计算应交城市维护建设税、应交教育费附加并完成会计处理。

2. 完成用银行存款交纳城市维护建设税的会计处理。

资料六：

甲企业为增值税一般纳税人，销售货物适用增值税税率为 13%。2021 年 9 月发生有关业务如下：

(1) 9 月 1 日，预收 A 企业租赁设备的定金 50 万元，已存入银行。

(2) 9 月 15 日，从乙公司购入生产用原材料一批，取得增值税专用发票注明的价款为 100 万元，增值税税额为 26 万元。按照购买协议规定，甲企业可以享受的现金折扣条件为 2/10，1/20，N/30(计算现金折扣时不考虑增值税)。甲企业以银行存款支付运费并取得增值税专用发票注明的运费 1 万元，增值税税额 0.09 万元。

(3) 9 月 24 日，甲公司向乙公司支付上述材料价款。

(4) 9 月 26 日，因欠丙公司货款 500 万元，向丙公司开具面值为 500 万元、期限 6 个月的无息银行承兑汇票一张。因向银行申请承兑汇票以银行存款支付的汇票手续费 0.25 万元。

要求：

1. 根据材料(1)，完成甲公司与 A 企业业务的会计处理。
2. 根据材料(2)，完成甲公司在购入原材料时的会计处理。
3. 根据材料(3)，完成甲公司支付货款时的会计处理。
4. 根据材料(4)，完成甲公司的会计处理。

## 【论述题】

1. 简述职工薪酬的内容。
2. 简述用“预收账款”科目核算的账务程序。

# 第四章　所有者权益·习题

## 【不定项选择题】

1. 下列各项中，关于制造业企业预提短期借款利息的会计科目处理正确的有（　　）。（考点：短期借款）

A. 贷记"应付账款"科目　　B. 借记"制造费用"科目

C. 贷记"应付利息"科目　　D. 借记"财务费用"科目

2. 甲公司初始设立时收到乙公司作为资本投入的非专利技术一项，合同约定的价值与公允价值相同，均为50 000元，经税务机关认证的增值税进项税额为3 000元(由投资方支付税款，并开具增值税专用发票)。乙公司投资额未超过其在甲公司注册资本中所占的份额。不考虑其他因素，甲公司应确认的实收资本金额为（　　）元。（考点：实收资本）

A. 47 000　　B. 53 000　　C. 50 000　　D. 3 000

3. A有限公司收到B企业作为资本投入的不需要安装的机器设备一台，该设备的原价为150万元，已提折旧90万元，投资合同约定该设备价值为70万元，增值税税额9.1万元，占注册资本40万元，则下列关于A公司会计处理的表述正确的有（　　）。（考点：实收资本）

A. A公司固定资产的入账价值为60万元

B. A公司固定资产的入账价值为70万元

C. A公司应当确认的资本公积为49.1万元

D. A公司应当确认的资本公积为39.1万元

4. 下列各项中，会导致企业实收资本增加的有（　　）。（考点：实收资本）

A. 资本公积转增资本　　B. 接受投资者追加投资

C. 盈余公积转增资本　　D. 接受非流动资产捐赠

5. 某公司由甲、乙投资者分别出资100万元设立。为扩大经营规模，该公司的注册资本由200万元增加到250万元，丙企业以现金出资100万元享有该公司20%的注册资本。不考虑其他因素，该公司接受丙企业出资相关科目的会计处理结果正确的有（　　）。（考点：实收资本）

A. 贷记"实收资本"科目100万元

B. 贷记"盈余公积"科目100万元

C. 贷记"资本公积"科目50万元

D. 借记"银行存款"科目100万元

6. 2020年6月30日，某股份有限公司的股本为5 000万元(每股面值为1元)，资本公积(股本溢价)为1 000万元，盈余公积为1 600万元。经股东大会批准，该公司回购本公司股票200万股并注销，回购价格为每股3元。不考虑其他因素，下列各项中，关于该公司注

销全部库存股的会计处理结果正确的是(　　)。(考点:资本公积)

A. 盈余公积减少 600 万元

B. 股本减少 600 万元

C. 资本公积减少 400 万元

D. 盈余公积减少 400 万元

7. 某上市公司经股东大会批准以现金回购并注销本公司股票 1 000 万股,每股面值为 1 元,回购价为每股 1.5 元。该公司注销股份时“资本公积——股本溢价”科目余额为 2 000 万元,“盈余公积”科目余额为 800 万元。不考虑其他因素,下列各项中,该公司注销股份的会计科目处理正确的是(　　)。(考点:资本公积)

A. 借记“盈余公积”科目 500 万元

B. 借记“库存股”科目 1 000 万元

C. 借记“股本”科目 1 500 万元

D. 借记“资本公积——股本溢价”科目 500 万元

8. 某公司期初的所有者权益为:股本 5 000 万元(每股面值为 1 元),资本公积 1 000 万元(其中股本溢价 800 万元),盈余公积 500 万元,未分配利润 600 万元。本期经董事会批准以每股 7 元的价格回购本公司股票 200 万股并按期注销。下列各项中,该公司回购并注销股票的相关科目会计处理结果正确的有(　　)。(考点:资本公积)

A. 注销时,借记“股本”科目 1 400 万元

B. 回购时,借记“库存股”科目 1 400 万元

C. 注销时,借记“盈余公积”科目 400 万元

D. 注销时,借记“资本公积——股本溢价”科目 800 万元

9. 甲公司委托乙证券公司代理发行普通股 2 000 万股,每股面值 1 元,每股发行价值 4 元,按协议约定,乙证券公司从发行收入中提取 2%的手续费。甲公司发行普通股应计入资本公积的金额为(　　)万元。(考点:资本公积)

A. 6 000　　B. 5 840　　C. 5 880　　D. 6 160

10. 下列各项中,企业应通过“资本公积”科目核算的有(　　)。(考点:资本公积)

A. 投资者实际出资额超出其在企业注册资本中的所占份额

B. 盈余公积转增资本

C. 回购股票确认库存股科目的账面价值

D. 股份有限公司溢价发行股票扣除交易费用后的股本溢价

11. 某股份有限公司按法定程序报经批准后采用收购本公司股票方式减资,回购股票支付价款高于股票面值总额的,所注销库存股账面余额与冲减股本的差额有可能记入的科目有(　　)。(考点:利润分配)

A. 盈余公积　　B. 营业外收入　　C. 资本公积　　D. 利润分配

12. 甲有限责任公司注册资本总额为 500 万元,收到乙公司投入的现金 120 万元,乙公司在原注册资本中占 20%的份额。甲公司进行账务处理时,涉及的科目有(　　)。(考点:实收资本)

A. 银行存款　　B. 实收资本　　C. 资本公积　　D. 盈余公积

13. 下列各项中,属于资本公积来源的是(　　)。(考点:资本公积)

A. 盈余公积转入

B. 直接计入所有者权益的利得

C. 资本溢价或股本溢价

D. 从企业实现的净利润中提取

14. 下列各项中,应记入“资本公积”科目的有(　　)。(考点:资本公积)

A. 注销的库存股账面余额低于所冲减股本的差额

B. 投资者超额缴入的资本

C. 交易性金融资产发生的公允价值变动

D. 溢价发行股票中发生的手续费

15. 下列各项中,不影响当年可供分配利润的是(　　)。(考点:利润分配)

A. 当年资本公积转增资本　　B. 年初未弥补亏损

C. 当年盈余公积补亏　　D. 当年实现净利润

16. 某企业年初“利润分配——未分配利润”科目借方余额为 100 万元,当年实现净利润为 300 万元。不考虑其他因素,该企业年末可供分配利润为(　　)万元。(考点:利润分配)

A. 100　　B. 400　　C. 300　　D. 200

## 【分录题】

资料一:

2021 年年初某股份有限公司股东权益共计 8 600 万元,其中,股本 5 000 万元,资本公积 1 000 万元(均为股本溢价),盈余公积 2 000 万元,未分配利润 600 万元。2021 年度该公司发生有关股东权益业务如下:

(1) 2 月 1 日,经批准增发普通股股票 500 万股,每股面值 1 元,每股发行价格为 4 元,按照发行收入的 3%支付手续费和佣金。股票已全部发行完毕,所收股票款已存入该公司开户银行。

(2) 10 月 8 日,经股东大会批准,该公司以每股 3 元价格回购本公司股票 600 万股(每股面值 1 元),并在规定时间内注销回购的股票。

(3) 2021 年度实现净利润 1 000 万元。年末,按净利润的 10%提取法定盈余公积;经股东大会批准,按净利润的 5%提取任意盈余公积,并宣告发放现金股利 100 万元。

要求:根据上述资料,不考虑其他因素,分析回答以下小题。

1. 根据资料(1),计算该公司发行股票记入“资本公积——股本溢价”科目的金额并完成相关的会计处理。

2. 根据期初资料、资料(1)和(2),完成该公司注销股票的会计处理。

3. 根据期初资料和资料(3),完成该公司利润分配业务会计处理。

## 【论述题】

试论债务融资与权益融资的差异与联系。

# 第五章　收入、费用和利润·习题

【不定项选择题】

1. 下列各项中，按现行收入准则，属于收入确认原则的是（　　）。（考点：收入确认的原则）

A. 销售方发出商品时确认收入

B. 在客户取得相关商品控制权时确认收入

C. 将商品所有权上的主要风险和报酬转移给购货方时确认收入

D. 客户收到商品时确认收入

2. 下列关于收入确认的前提条件表述正确的是（　　）。（考点：收入确认的前提条件）

A. 合同明确了合同各方与所转让的商品相关的权利和义务

B. 合同有明确的与所转让的商品相关的风险和时间分布

C. 合同如不具有商业实质，可以根据合同各方已批准的合同确认收入

D. 企业因向客户转让商品而有权取得的对价可能收回

3. 收入确认与计量的五个步骤中，主要与收入的计量相关的有（　　）。（考点：收入确认和计量的步骤）

A. 识别与客户订立的合同

B. 履行各单项履约义务时确认收入

C. 将交易价格分摊至各单项履约义务

D. 确定交易价格

4. 下列各项中，属于制造业企业“主营业务收入”的是（　　）。（考点：收入分类）

A. 销售原材料收入　　B. 出租包装物租金收入

C. 出售生产设备净收益　　D. 销售产品收入

5. 下列各项中，制造业企业应通过“其他业务收入”科目核算的是（　　）。（考点：收入分类）

A. 销售原材料的收入　　B. 出售固定资产的净收益

C. 出售无形资产的净收益　　D. 接受现金捐赠利得

6. 下列各项中，关于收入确认和计量表述正确的是（　　）。（考点：在某一时间段内履行履约义务确认收入）

A. 对于在某一时段内履行的履约义务，企业应当在该段时间内履约义务完成时确认收入

B. 当履约进度能合理确定时，企业已经发生的成本预计能够得到补偿的，应当按照已经发生的成本金额确认收入

C. 资产负债表日，企业按照合同的交易价格总额乘以履约进度确认当期收入

D. 可以采用实际测量的完工进度、评估已实现的结果、时间进度、已完工或交付的产品等产出指标确定恰当的履约进度

7. 甲公司 2020 年 10 月承接了一项安装服务，合同总收入为 1 000 万元，合同预计总成本为 500 万元，合同价款已收取。甲公司按照履约进度确认收入，2020 年已经确认 400 万元的收入，至 2021 年年底，该项安装服务的履约进度累计为 70%。2021 年甲公司应确认的收入为(　　)万元。(考点：在某一时间段内履行履约义务确认收入)

A. 1 000　　B. 700　　C. 300　　D. 500

8. 某公司给客户办理健身会员卡收取了一年的费用，收取的年费应计入(　　)。(考点：在某一时间段内履行履约义务确认收入)

A. 合同负债　　B. 其他应付款

C. 主营业务收入　　D. 其他业务收入

9. 甲公司向乙公司销售商品一批，商品已发出但不符合确认销售收入的条件，甲公司应借记的会计科目是(　　)。(考点：在某一时点履行履约义务确认收入)

A. 合同负债　　B. 主营业务成本

C. 发出商品　　D. 其他业务成本

10. 甲工业企业为增值税一般纳税人，2019 年 6 月销售一批原材料，售价为 100 万元，增值税税额为 13 万元，款项已收妥并存入银行。该批原材料的实际成本为 70 万元，该项销售商品业务属于在某一时点履行的履约义务并满足收入确认条件。不考虑其他因素，下列各项中正确的有(　　)。(考点：在某一时点履行履约义务确认收入)

A. 确认主营业务收入 100 万元

B. 确认主营业务成本 70 万元

C. 确认其他业务收入 100 万元

D. 确认其他业务成本 70 万元

11. 甲公司 2020 年 7 月 1 日发给乙公司商品 500 件，增值税专用发票注明的货款为 10 000 元，增值税税额为 1 300 元，代垫运杂费为 800 元，该批商品的成本为 5 000 元。甲公司发出货物后得知乙公司资金周转十分困难，预计暂时不能收回货款，但纳税义务已经发生。甲公司下列相关会计处理中，正确的有(　　)。(考点：在某一时点履行履约义务确认收入＋销项税)

A. 借：发出商品　　5 000
　　贷：库存商品　　5 000

B. 借：营业外支出　　5 000
　　贷：主营业务成本　　5 000

C. 借：应收账款　　800
　　贷：银行存款　　800

D. 借：应收账款　　1 300
　　贷：应交税费——应交增值税(销项税额)　　1 300

12. 某企业为增值税一般纳税人，适用的增值税税率为 13%。2021 年 11 月 1 日，对外销售 M 商品 20 000 件，每件不含增值税销售价格为 15 元，给予 10%的商业折扣，符合收入确认条件。下列各项中，该企业销售商品会计处理正确的是(　　)。(考点：商业折扣)

A. 确认应交税费 3.9 万元

B. 确认主营业务收入 27 万元

C. 确认管理费用 3 万元

D. 确认财务费用 3 万元

13. 下列各项中,关于现金折扣的会计处理表述正确的有(　　)。(考点:现金折扣)

A. 收回销货款发生的现金折扣,应计入当期财务费用

B. 收回销货款发生的现金折扣,应冲减当期商品销售收入

C. 销售商品附有现金折扣条件的,应当按照扣除现金折扣前的金额确认商品销售收入

D. 销售商品附有现金折扣条件的,应当按照扣除现金折扣后的金额确认应收账款

14. 下列各项中,属于与合同直接相关的成本有(　　)。(考点:合同成本)

A. 直接材料

B. 直接人工

C. 组织生产发生的劳动保护费

D. 组织生产发生的办公费

15. 下列选项中,不应计入主营业务成本的是(　　)。(考点:成本费用的分类)

A. 工业企业遭受暴雨导致商品毁损的净损失

B. 咨询公司提供咨询发生的成本

C. 工业企业销售自产产品的成本

D. 服务企业提供相关服务所发生的成本

16. 下列各项中,工业企业应记入"其他业务成本"的有(　　)。(考点:成本费用的分类)

A. 销售材料的成本

B. 随同商品销售单独计价包装物的成本

C. 出租包装物的成本

D. 经营租出设备计提的折旧

17. 甲企业 2021 年 5 月发生的下列相关税费中,不应通过"税金及附加"科目核算的是(　　)。(考点:成本费用的分类)

A. 房产税

B. 城市维护建设税

C. 城镇土地使用税

D. 进口应税物资在进口环节交纳的消费税

18. 下列各项中,不应计入企业管理费用的有(　　)。(考点:成本费用的分类)

A. 行政管理部门的办公费

B. 董事会成员公务差旅费

C. 聘请会计师事务所的咨询费

D. 计提销售商品的预计产品质量保证损失

19. 制造业企业销售商品时发生的下列支出,应通过"销售费用"科目核算的有(　　)。(考点:成本费用的分类)

A. 装卸费　　B. 保险费　　C. 包装费　　D. 代垫运费

20. 下列各项中,属于"财务费用"科目核算内容的有( )。(考点:成本费用的分类)

A. 支付的公开发行普通股的佣金

B. 支付的银行承兑汇票手续费

C. 确认的财务部门人员薪酬

D. 确认的生产经营用短期借款利息费用

21. 下列各项中,不会引起企业利润总额发生增减变动的是( )。(考点:利润结构)

A. 计提存货跌价准备　　B. 确认提供服务收入

C. 确认所得税费用　　D. 取得持有国债的利息收入

22. 下列各项中,影响企业当期营业利润的有( )。(考点:利润结构)

A. 生产车间使用固定资产的日常修理费用

B. 计提的车间机器设备减值损失

C. 出租机器设备取得的收入

D. 车间使用固定资产的折旧费

23. 下列各项中,影响企业净利润的有( )。(考点:利润结构)

A. 计提生产车间固定资产折旧

B. 交易性金融资产公允价值上升

C. 购买交易性金融资产时支付的相关交易费用

D. 所得税费用

24. 下列各项中,属于直接计入当期利润的利得和损失的有( )。(考点:利润结构)

A. 财务费用　　B. 管理费用　　C. 营业外支出　　D. 营业外收入

25. 下列各项中,应计入营业外收入的有( )。(考点:营业外收支)

A. 转销无法支付的应付账款

B. 收发计量差错造成的原材料盘盈利得

C. 出租包装物的租金收入

D. 无法查明原因的现金溢余

26. 下列各项中,应计入营业外支出的是( )。(考点:营业外收支)

A. 确认的房屋减值损失

B. 出售闲置设备的净损失

C. 原材料因管理不善发生的盘亏净损失

D. 行政罚款支出

27. 下列各项中,计算应纳税所得额需要进行纳税调整的项目有( )。(考点:所得税费用)

A. 税收滞纳金

B. 超过税法规定标准的业务招待费

C. 国债利息收入

D. 超过税法规定标准的职工福利费

28. 某企业 2019 年发生亏损 400 万元,2020 年实现税前会计利润 1 000 万元,其中包括国债利息收入 40 万元,税收滞纳金 60 万元,适用所得税税率为 25%。不考虑其他因素,该企业 2020 年的应交所得税为( )万元。(考点:所得税费用)

A. 112　　B. 130　　C. 155　　D. 140

29. 下列各项中，应将其发生额结转至“本年利润”科目的有(　　)。(考点：本年利润)

A. 营业外收入　　B. 管理费用　　C. 财务费用　　D. 制造费用

30. 下列各项中，年末应无余额的有(　　)。(考点：本年利润)

A. 主营业务成本　　B. 所得税费用

C. 本年利润　　D. 长期待摊费用

## 【分录题】

资料：甲公司为工业企业，系增值税一般纳税人，适用的增值税税率为13%。2021年12月发生如下经济业务：

(1) 将外购的一批原材料对外销售，取得销售价款35万元，增值税税额为4.55万元，该批原材料的成本为22万元。以上款项已存入银行。

(2) 将自产产品一批用于建设某生产线工程，该批产品成本为160万元，市场售价为200万元。

(3) 向乙公司销售M产品8 000件，开具的增值税专用发票上注明的价款为80万元，增值税税额为10.4万元。商品当日已发出，并且控制权已转移，甲公司上月已预收乙公司30万元货款，余款于当日收讫并存入银行。

(4) 销售一批产品给丙公司，该批产品标价200万元。由于该批产品已经陈旧过时，甲公司给予丙公司30%的商业折扣，同时在合同中约定现金折扣条件为2/10，1/20，N/30(计算现金折扣时不考虑增值税)。

(5) 将自行研发的一项专利权出租给丁公司使用，月租金为10万元(不含税，税率6%)，当日已收到本月租金。已知该专利权年摊销额为12万元。

要求：不考虑其他因素，编制上述业务的会计分录(答案中金额单位用万元表示)。

## 【论述题】

1.《企业会计准则第14号——收入》中规定，企业应当在履行了合同中的履约义务，即在客户取得相关商品控制权时确认收入。请简述收入确认的“五步法”模型。

2. 简述利润的概念，并写出不同层次利润的构成公式。

# 第六章　财务报表·习题

**【不定项选择题】**

1. 在下列各个会计报表中，属于反映企业对外的静态报表的是（　　）。（考点：财务报表）

A. 利润表　　B. 现金流量表

C. 成本报表　　D. 资产负债表

2. 编制会计报表时，以“资产＝负债＋所有者权益”会计等式作为编制依据的会计报表是（　　）。（考点：资产负债表）

A. 利润表　　B. 成本报表

C. 资产负债表　　D. 现金流量表

3. 确定资产负债表中各资产项目排列顺序的依据是其项目的（　　）。（考点：资产负债表的结构）

A. 重要性　　B. 流动性　　C. 收益性　　D. 时间性

4. 我国企业资产负债表采用账户式结构，下列各项中，在资产负债表右方列示的项目有（　　）。（考点：资产负债表的结构）

A. 持有待售负债　B. 预付款项　　C. 未分配利润　　D. 其他收益

5. 资产负债表中“期末余额”栏的填列方法主要有（　　）。（考点：资产负债表的填列）

A. 根据几个总账科目的余额计算填列

B. 根据有关科目的余额减去其备抵科目余额后的净额填列

C. 根据明细科目的余额计算填列

D. 直接根据总账科目的余额填列

6. 下列各项中，资产负债表中的“期末余额”根据总账科目余额直接填列的项目是（　　）。（考点：资产负债表的填列方法）

A. 开发支出　　B. 在建工程　　C. 应付账款　　D. 短期借款

7. 下列各项中，应在资产负债表“存货”项目中列示的有（　　）。（考点：资产负债表的填列方法）

A. 生产成本　　B. 原材料　　C. 工程物资　　D. 周转材料

8. 下列选项中，关于资产负债表“应收账款”项目填列方法表述正确的是（　　）。（考点：资产负债表的填列方法）

A. 根据“应收账款”科目期末余额填列

B. 根据“应收账款”所属明细账借方余额与“预收账款”所属明细账借方余额之和减去相关“坏账准备”的期末余额填列

C. 根据“应收账款”所属明细账借方余额与“预收账款”所属明细账借方余额之和填列

D. 根据“应收账款”所属明细账借方余额与“预付账款”所属明细账借方余额之和减去相关“坏账准备”的期末余额填列

9. 2018 年 12 月 31 日，某公司有关科目期末余额如下：“固定资产”科目借方余额 1 000 万元，“累计折旧”科目贷方余额 400 万元，“固定资产减值准备”科目贷方余额 80 万元，“固定资产清理”科目借方余额 20 万元。2018 年 12 月 31 日，该公司资产负债表中“固定资产”项目的期末余额为(　　)万元。(考点：资产负债表的填列方法)

A. 62　　B. 540　　C. 600　　D. 520

10. 某企业一笔长期借款将于 2020 年 7 月 1 日到期，该笔长期借款应列于 2020 年 12 月 31 日资产负债表的(　　)项目。(考点：资产负债表的填列方法)

A. 一年内到期的非流动负债　　B. 其他非流动资产

C. 短期借款　　D. 长期借款

11. 依照我国会计准则的要求，利润表所采用的格式为(　　)。(考点：利润表的结构)

A. 报告式　　B. 混合式　　C. 账户式　　D. 多步报告式

12. 利润表是反映企业在(　　)的会计报表。(考点：利润表)

A. 特定日期财务状况　　B. 一定时期经营成果

C. 特定日期经营成果　　D. 一定时期财务状况

13. 多步式利润表是通过多步骤计算求出当期损益，其计算步骤分为(　　)。(考点：利润表的结构)

A. 营业利润、利润总额、净利润

B. 主营业务利润、营业利润、利润总额

C. 营业收入、营业利润、利润总额

D. 营业利润、营业外收支净额、净利润

14. 下列各项中，利润表编制时会涉及的科目有(　　)。(考点：利润表的编制)

A. 公允价值变动损益　　B. 其他综合收益

C. 资产减值损失　　D. 坏账准备

15. 下列各项中，属于企业利润表中“营业成本”项目列报内容的是(　　)。(考点：利润表的编制)

A. 税金及附加　　B. 研发费用　　C. 管理费用　　D. 其他业务成本

16. 2018 年 10 月，某企业“主营业务收入”科目贷方发生额为 2 000 万元，“其他业务收入”科目贷方发生额为 500 万元，“其他收益”科目贷方发生额为 300 万元，本月在结转本年利润前上述科目均没有借方发生额。不考虑其他因素，该企业 2018 年 10 月利润表中“营业收入”项目“本期金额”的列报金额为(　　)万元。(考点：利润表的编制)

A. 800　　B. 2 800　　C. 2 500　　D. 2 000

17. 下列各项中，关于利润表项目本期金额填列方法表述正确的有(　　)。(考点：利润表的编制)

A. “营业成本”项目应根据“主营业务成本”和“其他业务成本”科目的本期发生额分析填列

B. “营业利润”项目应根据“本年利润”科目的本期发生额减去“管理费用”科目下的“研发费用”“无形资产摊销”明细科目发生额分析填列

C. “税金及附加”项目应根据“应交税费”科目的本期发生额分析填列

D. “营业收入”项目应根据“主营业务收入”和“其他业务收入”科目的本期发生额分析填列

18. 下列各项中，属于所有者权益变动表“本年增减变动金额”项目的有(　　)。(考点：所有者权益变动表的编制)

A. 盈余公积转增资本　　B. 提取盈余公积

C. 盈余公积弥补亏损　　D. 资本公积转增资本

19. 下列项目中，属于附注的主要内容有(　　)。(考点：附注)

A. 重要会计政策和会计估计

B. 报表重要项目的说明

C. 财务报表的编制基础

D. 或有事项、资产负债表日后非调整事项、关联方关系及其交易等信息。

20. 下列关于企业财务报表附注的表述中不正确的是(　　)。(考点：附注)

A. 附注是对财务报表的文字描述和说明

B. 附注的主要作用之一是对报表中未能列示项目的说明

C. 附注是企业财务报表的组成部分

D. 企业应在附注中对财务报表的所有项目进行说明

## 【分录题】

1. 利润表的编制

资料：盛光机械公司2×21年12月有关损益类账户累计发生额如下表所示。

**损益类账户累计发生额表**

2×21年12月　　单位：万元

| 收入类账户 | 贷方发生额 | 费用类账户 | 借方发生额 | 费用类账户 | 借方发生额 |
|---|---|---|---|---|---|
| 主营业务收入 | 1 820 | 主营业务成本 | 740 | 管理费用 | 340 |
| 其他业务收入 | 310 | 其他业务成本 | 200 | 财务费用 | 70 |
| 投资收益 | 300 | 税金及附加 | 120 | 资产减值损失 | 15 |
| 营业外收入 | 170 | 销售费用 | 220 | 营业外支出 | 95 |
| | | 所得税费用 | 200 | | |
| 收入合计：2 600 | | 费用合计：2 000 | | | |

要求：根据以上资料，编制盛光机械公司2×21年12月利润表。

2. 资产负债表的编制

资料：2×21年12月31日，华盛机械公司有关总账及所属明细账户的期末余额如下表所示。

**总账及所属明细账户的期末余额表**

2×21 年 12 月 31 日　　单位:万元

| 总账账户 | 明细账户 | 借方金额 | 总账账户 | 明细账户 | 贷方金额 |
|---|---|---|---|---|---|
| 库存现金 | | 4 | 短期借款 | | 350 |
| 银行存款 | | 744 | 应付票据 | | 70 |
| 交易性金融资产 | | 53 | 应付账款 | | 52 |
| 应收票据 | | 281 | | 红星公司 | 35 |
| 应收账款 | | 63 | | 华旗公司 | 41 |
| | 碧水公司 | 57 | | 长征公司 | −24 |
| | 蓝天公司 | −43 | 预收账款 | | 13 |
| | 大地公司 | 49 | | 黄河公司 | −34 |
| 预付账款 | | 11 | | 海河公司 | 59 |
| | 天路公司 | 8 | | 大海公司 | −12 |
| | 空港公司 | 7 | 应付职工薪酬 | | 147 |
| | 雄鹰公司 | −4 | 应交税费 | | 85 |
| 其他应收款 | | 2 | 应付利润 | | 528 |
| 在途物资 | | 14 | 应付利息 | | 1 |
| 原材料 | | 65 | 其他应付款 | | 1 |
| 生产成本 | | 80 | 实收资本 | | 2 000 |
| 库存商品 | | 90 | 资本公积 | | 103 |
| 固定资产 | | 2 464 | 盈余公积 | | 228 |
| 工程物资 | | 3 | 利润分配 | | 100 |
| 在建工程 | | 20 | 累计折旧 | | 558 |
| 无形资产 | | 72 | 累计摊销 | | 28 |
| 长期股权投资 | | 300 | 坏账准备 | | 2 |
| 合计 | | 4 266 | 合计 | | 4 266 |

要求:根据以上资料,编制盛光机械公司 2×21 年 12 月 31 日的资产负债表。

## 【论述题】

简述财务报表的构成。

# 第七章　管理会计基础·习题

## 【不定项选择题】

1. 下列各项中,关于产品成本计算方法运用表述正确的是(　　)。(2017 年)

A. 同一产品的各个生产步骤应采用同一种成本计算方法

B. 同一车间生产的不同产品应统一采用同一种成本计算方法

C. 同一产品各个成本项目之间可以采用不同的成本计算方法

D. 同一企业只能采用同一种成本计算方法

2. 某企业本月生产甲、乙两种产品分别耗用机器工时 50 000 小时和 70 000 小时,当月车间设备维修费 96 000 元(不考虑增值税),车间管理人员工资 24 000 元,该企业按照机器工时分配制造费用。不考虑其他因素,当月甲产品应分担的制造费用为(　　)元。(2017 年)

A. 14 000　　B. 10 000　　C. 40 000　　D. 50 000

3. 下列关于确定成本核算对象的表述中正确的有(　　)。(2018 年)

A. 成本核算对象确定后,通常不应中途变更

B. 成本核算对象的确定是设立成本明细账、正确计算成本的前提

C. 多步骤连续加工产品,且管理上要求提供生产步骤成本信息的,以每种产品及生产步骤为成本核算对象

D. 小批或单件生产产品的,以每批或每件产品为成本核算对象

4. 下列各项中,属于制造企业设置的成本项目有(　　)。(2018 年)

A. 制造费用　　B. 废品损失　　C. 直接人工　　D. 材料成本

5. 下列各项中,属于管理会计要素的有(　　)。(2018 年)

A. 工具方法　　B. 信息与报告　　C. 应用环境　　D. 管理会计活动

6. 某企业产品入库后发现可修复废品一批,生产成本为 20 万元,返修过程中发生直接材料 2 万元,直接人工 3 万元,制造费用 4 万元,废品残料作价 1 万元,返修废品已验收入库。不考虑其他因素,该企业可修复废品的净损失为(　　)万元。(2018 年)

A. 28　　B. 29　　C. 8　　D. 20

7. 某企业不可修复废品按定额成本计价。2017 年 10 月,可修复废品的修复费用为每件 100 元。不可修复废品 10 件,每件定额材料成本为 200 元;每件工时定额 10 小时,每小时直接人工 5 元、制造费用 6 元;不可修复废品回收残值每件 150 元,并按照辅助产品入库。该企业生产成本废品损失是(　　)元。(2018 年)

A. 2 950　　B. 3 100　　C. 3 050　　D. 3 200

8. 某企业生产费用在完工产品和在产品之间采用约当产量比例法进行分配。该企业甲产品月初在产品和本月生产费用共计 900 000 元。本月甲产品完工 400 台,在产品 100

台，且其平均完工程度为50%。不考虑其他因素，下列各项中计算结果正确的有（　　）。（2018年）

A. 甲产品在产品的约当产量为50台

B. 甲产品的单位成本为2 250元

C. 甲产品的完工产品成本为800 000元

D. 甲产品的在产品成本为112 500元

9. 适用于大量大批单步骤生产企业的产品成本计算方法是（　　）。（2018年）

A. 分类法　　B. 品种法　　C. 分步法　　D. 分批法

10. 下列各项中，关于管理会计指引体系表述正确的有（　　）。（2019年）

A. 管理会计指引体系包括基本指引、具体指引、案例库

B. 应用指引起统领作用，是制定基本指引和建设案例库的基础

C. 应用指引居于主体地位，是对单位管理会计工作的具体指导

D. 基本指引对应用指引中未作出描述的新问题提供处理依据

11. 下列各项中，不属于管理会计要素的是（　　）。（2019年）

A. 管理会计活动　　B. 信息与报告

C. 工具方法　　D. 评价指引

12. 下列各项中，可应用于企业成本管理领域的工具方法是（　　）。（2019年）

A. 敏感性分析　　B. 变动成本法

C. 平衡计分卡　　D. 本量利分析

13. 下列各项中，可应用于企业营运管理的管理会计工具方法是（　　）。（2019年）

A. 变动成本法　　B. 贴现现金流法

C. 本利量分析　　D. 弹性预算

14. 下列各项中，属于管理会计工具方法的有（　　）。（2019年）

A. 经济增加值　　B. 本量利分析

C. 平衡计分卡　　D. 作业成本法

15. 单位应结合自身管理特点和时间需要选择适用的管理会计工具方法。下列各项中，这种方法体现的管理会计应用原则是（　　）。（2019年）

A. 战略导向原则　　B. 适应性原则

C. 融合性原则　　D. 成本效益原则

16. 下列各项中，企业应用管理会计进行管理活动应当遵循的原则有（　　）。（2019年）

A. 融合性原则　　B. 战略导向原则

C. 适应性原则　　D. 成本效益原则

17. 某企业期初无在产品，本月完工甲产品600件，乙产品400件，共耗用直接人工费用12万元，采用定额工时比例法分配甲产品和乙产品直接人工费用。甲产品每件定额工时6小时，乙产品每件定额工时3小时。甲产品负担的直接工人费用是（　　）万元。（2019年）

A. 7.2　　B. 7.3　　C. 4.8　　D. 9

18. 某企业按照产品的定额消耗量比例分配材料费用。2018年8月该企业为生产M、

N 两种产品耗用某材料 1 680 kg，每千克 10 元。本月投产 M 产品 100 件，N 产品 200 件。M 产品的材料消耗定额为 6 kg，N 产品的材料消耗定额为 4 kg。不考虑其他因素，本月 M 产品应分配的材料费用为（　　）元。（2019 年）

A. 9 000　　B. 5 600　　C. 9 600　　D. 7 200

19. 某企业有甲、乙两个辅助生产车间，采用交互分配法分配辅助生产费用。2017 年 5 月分配辅助生产费用前，甲车间通过"生产成本——辅助生产成本"归集辅助生产费用 21.6 万元；当月交互分配时，甲车间由乙车间分入辅助生产费用 1.4 万元，向乙车间分出辅助生产费用 1.8 万元。不考虑其他因素，由甲车间向辅助生产以外的其他部门分配的辅助生产费用为（　　）万元。（2019 年）

A. 21.6　　B. 21.2　　C. 22　　D. 23

20. 某企业采用计划成本分配法分配辅助生产费用时，应将辅助生产车间实际发生的费用与按计划单位成本分配转出的费用之间的差额记入的会计科目是（　　）。（2019 年）

A. 制造费用　　B. 管理费用　　C. 生产成本　　D. 销售费用

21. 下列各项中，属于废品损失的是（　　）。（2019 年）

A. 产品入库后由于保管不善导致产品损坏变质的生产成本

B. 产品生产过程中超定额的不可修复废品所发生的生产成本

C. 经质检部门鉴定不需要返修、可降价出售的不合格品的生产成本

D. 企业实施"三包"措施，出售后发现废品的生产成本

22. 下列各项中，属于企业生产费用在完工产品和在产品之间分配的方法有（　　）。（2019 年）

A. 在产品按定额成本计价法

B. 交互分配法

C. 约当产量比例法

D. 不计算在产品成本法

23. 生产费用在完工产品与在产品之间分配，可以采用不计算在产品成本法。下列各项中，属于该方法适用的前提条件是（　　）。（2019 年）

A. 各月在产品数量变动很小

B. 各月在产品数量变动很大

C. 各月末在产品数量很大

D. 各月末在产品数量很小

24. 下列适合用品种法核算的企业有（　　）。（2019 年）

A. 发电企业　　B. 供水企业　　C. 造船企业　　D. 采掘企业

25. 下列各项中，关于分批法的表述正确的有（　　）。（2019 年）

A. 成本计算期与产品生产周期基本一致

B. 一般不需要在完工产品和在产品之间分配成本

C. 以产品的批别作为成本核算对象

D. 需要计算和结转各步骤产品的生产成本

## 【论述题】

1. 简述管理会计的基本假设内容。
2. 简述变动成本法的优缺点。
3. 管理会计与财务会计的联系与区别。
4. 简述确定现金流量的假设。
5. 简述目标利润的预测步骤。
6. 管理会计与财务会计的区别表现在哪些方面?
7. 简述变动成本法的优缺点。
8. 简述现金流量的内容。
9. 简述销售预测的定义和基本方法。
10. 简述成本控制的原则包括哪些方面?
11. 简述制定标准成本的意义。
12. 如何控制最优生产批量?
13. 简述标准成本控制系统的内容及相互关系。
14. 简述责任成本与可控成本之间的关系。
15. 简述责任成本与产品成本之间的区别。

# 第八章　政府会计基础·习题

**【不定项选择题】**

1. 下列关于政府综合财务报告的表述正确的有(　　)。(2018 年)

A. 反映政府年度预算收支执行情况

B. 以财务会计核算生成的数据为准

C. 以合并的方法进行编制

D. 需报本级人民代表大会常务委员会审查和批准

2. 下列各项中,属于政府财务会计要素的是(　　)。(2018 年)

A. 预算结余　　B. 预算收入　　C. 净资产　　D. 预算支出

3. 下列各项中,关于政府决算报告的表述不正确的是(　　)。(2018 年)

A. 综合反映政府会计主体预算收支的年度执行结果

B. 政府综合财务报告的重要组成内容

C. 以预算会计核算生成的数据为准

D. 主要以收付实现制为编制基础

4. 下列属于政府会计核算模式的有(　　)。(2018 年)

A. “双功能”　　B. “双预算”　　C. “双基础”　　D. “双报告”

5. 下列各项中,关于政府单位“零余额账户用款额度”科目表述正确的是(　　)。(2018 年)

A. 该科目年末应无余额

B. 该科目属于负债科目

C. 借方登记收到财政直接支付到账额度

D. 贷方登记收到财政授权支付到账额度

6. 在预算会计中,单位期末应将“事业预算收入”科目本期发生额中的专项资金收入结转记入的会计科目是(　　)。(2018 年)

A. 非财政拨款结转　　B. 经营结余

C. 事业基金　　D. 事业结余

7. 下列各项中,属于政府非流动资产的有(　　)。(2018 年)

A. 公共基础设施　　B. 文物文化资产

C. 保障性住房　　D. 在建工程

8. 下列各项中,属于政府财务会计要素资产计量属性的有(　　)。(2019 年)

A. 重置成本　　B. 历史成本　　C. 名义金额　　D. 现值

9. 下列各项中,属于事业单位净资产的有(　　)。(2019 年)

A. 专用基金　　B. 专用结余　　C. 经营结余　　D. 无偿调拨净资产

10. 下列各项中，除以名义金额计量的固定资产之外，政府单位一般应计提折旧的有（　　）。(2019 年)

A. 陈列品　　B. 动植物　　C. 钢结构的房屋　　D. 电影设备

11. 下列各项中，属于政府会计核算中财务会计报表的是（　　）。(2019 年)

A. 预算收入支出表

B. 预算结转结余变动表

C. 收入费用表

D. 财政拨款预算收入支出表

12. 下列各项中，属于政府预算会计报表的是（　　）。(2019 年)

A. 收入费用表　　B. 资产负债表

C. 净资产变动表　　D. 预算结转结余变动表

13. 下列各项中，关于政府综合财务报告表述正确的有（　　）。(2019 年)

A. 数据来源于预算会计核算结果

B. 年度预算执行情况是其反映的对象

C. 编制基础为权责发生制

D. 编制主体是各级政府财政部门、各部门、各单位

14. 下列各项中，事业单位预算会计应通过"事业(预算)收入"科目核算的是（　　）。(2019 年)

A. 从同级政府其他部门取得的横向转拨财政款

B. 开展专业业务活动取得的收入

C. 从上级财政部门取得的经费拨款

D. 从同级政府财政部门取得的各类财政拨款

15. 下列各项中，事业单位预算会计按规定提取专用结余应借记的会计科目是（　　）。(2019 年)

A. 非财政拨款结余分配　　B. 财政拨款结转

C. 非财政拨款结转　　D. 非财政拨款结余

16. 下列各项中，应在事业单位资产负债表中"净资产"部分单独列示的是（　　）。(2019 年)

A. 财政拨款结余　　B. 其他结余

C. 累计盈余　　D. 经营结余

17. 下列各项中，属于事业单位负债的是（　　）。(2019 年)

A. 应缴财政款　　B. 零余额账户用款额度

C. 财政拨款结余　　D. 财政应返还额度

18. 下列各项中，属于事业单位资产的是（　　）。(2020 年)

A. 零余额账户用款额度　　B. 累计盈余

C. 财政拨款结转　　D. 财政拨款收入

19. 下列各项中，属于政府会计要素负债计量属性的有（　　）。(2020 年)

A. 现值　　B. 公允价值　　C. 名义金额　　D. 历史成本

20. 下列各项中，事业单位当月应计提折旧的有（　　）。(2020 年)